İRADE EĞİTİMİ

JULES PAYOT
Aix-Marseille Üniversitesi Rektörü

Fransızcadan Çeviren:
Prof. Dr. Mehmet AYDIN

İrade Eğitimi

LITERATÜRK academia 317
İnceleme-Araştırma 295

Bu kitap ve kitabın özgün özellikleri tamamen Nüve Kültür Merkezi'ne aittir. Hiçbir şekilde taklit edilemez. Yayınevinin izni olmadan kısmen ya da tamamen kopyalanamaz, çoğaltılamaz. Nüve Kültür Merkezi hukukî sorumluluk ve takibat hakkını saklı tutar.

Mayıs 2021

Yayınevi Editörleri: **Salih TİRYAKİ – Emre Vadi BALCI**
Genel Yayın Yönetmeni: **İsmail ÇALIŞKAN**

ISBN 978-605-74654-8-1

T.C.
Kültür ve Turizm Bakanlığı
Yayıncı Sertifika No: **16195**

Kapak Tasarım:
Baskı Öncesi Hazırlık: **Mehmet ATEŞ**
meh_ates@hotmail.com

Baskı & Cilt: **Şelale Ofset**
Fevzi Çakmak Mh. Hacı Bayram Cad. No. 22   Karatay/KONYA
Tel: +90.532.159 40 91 selalemat2012@hotmail.com
KTB S. No: **46806** - Basım Tarihi: **MAYIS 2021**

KÜTÜPHANE BİLGİ KARTI
- Cataloging in Publication Data (CIP) -

PAYOT, Jules
İrade Eğitimi

ANAHTAR KAVRAMLAR
1. Eğitim, 2. İrade, 3. Fikirler, 3. Terbiye, 4. Akıl, 5, Kamu, 6. İnanç
key concepts
1. Educatipon, 2. Will, 3. İdeas, 4. Training, 5. Puplic, 6. Faith

"LITERATÜRK academia", **Nüve Kültür Merkezi kuruluşudur.**
www.literaturkacademia.com

/ Nkmliteraturk

M. Muzaffer Cad. Rampalı Çarşı Alt Kat No: 35-36-41
Meram / KONYA Tel: 0.332.352 23 03 Fax: 0.332.342 42 96

Ул. М. Музаффер, рынок Рампалы, нижний этаж № 35-36-41
Мерам, КОНЬЯ, тел.: +90 332 352 23 03,
факс: +90 332 342 42 96

Dağıtım: **EMEK KİTAP**
Akçaburgaz Mah. 3137. Sk. Ali Rıza Güvener İş Merkezi No: 28
Esenyurt / İSTANBUL
www.emekkitap.com - Telefaks +90 212 671 68 10
Дистрибьютор: **EMEK KİTAP**
Район Акчабургаз, ул. Али Рыза 3137, бизнес центр «Гювенер» № 28,
Эсеньюрт / СТАМБУЛ
www.emekkitap.com – Телефакс: +90 212 671 68 10

ORTA ASYA OFFICE:
Mikrareyon Kok Jar/23   Bishkek / KYRGYSZTAN
Tel: +996 700 13 50 00 - Telefaks +996 552 13 50 00
ОФИС В ЦЕНТРАЛЬНОЙ АЗИИ:
Микрорайон Кок Жар/23   Бишкек / КЫРГЫЗСТАН
Тел.: +996 700 13 50 00 – Телефакс: +996 552 13 50 00

İRADE EĞİTİMİ

JULES PAYOT
Aix-Marseille Üniversitesi Rektörü

Fransızcadan Çeviren:
Prof. Dr. Mehmet AYDIN

Jules PAYOT

Jules Payot 10 Nisan 1859'da Chamonix'de doğmuştur. Bir Fransız pedagogu ve akademisyenidir. 1907 yılında laik eğitimin önde gelen simalarından birisidir. 1907 yılında Chambéry Akademileri ve Aix-En-Provence Üniversitesine rektör olarak atanmıştır.

Ekol normal fakültesinin sekreteri tarafından tutulan rapora göre daha önce Ferdinand Buisson tarafından yönetilen, pedagoji başkanlığına adaylığını koymuştur. Payot seçimde on rey almış ve Malapert'in arkasında seçimi kaybetmiştir. Daha sonra o da Durkheim'e karşı kaybetmiş ve Durkheim pedagoji başkanı olmuştur.

Payot'nun eserlerinin en önemlisi "İrade Eğitimi"dir. Bu kitap, 1909'da yayımlanmış ve en az otuz iki defa basılmış ve Türkçe dâhil birçok dile tercüme edilmiştir. Bu kitap Vatikan tarafından İndex'e konmuştur. Bunlardan ikisi hâlâ 1948 index'inde bulunmaktadır. "Okulda Ahlâk" kitabı, 14 Eylül 1909 tarihli kardinallerin, Arşeveklerin ve Fransa piskoposlarının pastoral mektubunun konusu olacak on üç yasak kitaptan birisidir ve çocukları bu kitapları okuyan ebeveynlere ayinlerin reddedilmesini haklı göstermektedir. Payot, 30 Ocak 1940 yılında Aix-En-Provence'de vefat etmiştir.

Bu kitabı, Torunum Dr. Didar'a, Mehmet Emre'ye, Ayşe Beren'e, Mustafa Eren'e ve Eslem Meyra'ya gençlik yıllarında okumaları için özellikle tavsiye ediyorum.

Prof. Dr. Mehmet AYDIN

TERCÜME EDENİN ÖNSÖZÜ

Fransızcadan çevirdiğim Jules Payot'nun bu kitabı, bugün Otuzda fazla dünya dillere çevrilmiş ve Batı medyasında yirminci yüzyılın yarısında büyük ses getirmiş bir kitaptır. Bu kitabın böylesine dikkat çekmesinin temel sebebi, Birkaç temel probleme dayanmaktadır. Bu problemlerden birincisi, eğitim sisteminden kaynaklandığını, yazar durmadan tekrar etmektedir. Eğitim sistemi, ezberci, papağan modeli, bilgiyi depolayan ve sonunda hiçbir işe yaramayan bir modelin içinde bulunduğunu söylemektedir. Bunun yerine, öğrenciyi düşündüren, kendisini gösteren ve öğrenciye kendisine güven veren bir eğitim modelini sunmaktadır. Bu kitapta, yazarın durduğu ikinci temel konu, gençlerin orta öğretim boyunca, anne-babalarının, öğretmenlerinin himayesi altında yetiştiklerini ve kendi kendilerini yönetecek bir cesaret verilmediğini söylemektedir. Böylece hep koruyucuların kontrolü altında yetişen ve kendilerini yönetmeyi bilmeyen geçliğin, Üniversite yıllarında büyük şehirlerde okumaları, onlara büyük bir hürriyet kazandırdığı, zaten disiplinsiz yetişen gençlerin bu büyük şehirlerde, birçok zararlı alışkanlıklara sahip olduklarını yazar, acı acı dile getirmektedir. Bu konuda yazarın üzerinde durduğu konu, gençlerin çok uyudukları, vakitlerini boşa geçirdikleri, kefelerde ve lokantalarda, barlarda boş zaman geçirdiklerinden bahsetmektedir. Yazara göre gençler, en büyük zamanı, üniversite döneminde bulacaklarını ve bu dönemi bir şeyler öğrenerek geçirmelerinin ne kadar önemli olduğunu hatırlatmaktadır. Öğrencilerin bunun farkında olmadıklarını ve en güzel günlerinin ellerinin altında uçup gittiğini söylemektedir.

Yazarın bu kitapta üzerinde durduğu diğer bir konuda, Üniversite yıllarında gençlerin mütefekkir aydınlarla düşüp kalkmalarıdır. Serseri, başıboş ve hovarda arkadaş gruplarından uzaklaşarak, bu insanların sohbetinde bulunmalarını, kişiliklerini ve düşünce şahsiyetlerini kazanmalarını tavsiye temektedir. Aslında bu yıllarda, Üniversite öğrencilerinin sığınakları öğretim üyeleri olması gerekirken, onların fildişi kulelere kendilerini çekmeleri öğrencilerin onlara yakınlaşmalarını engellediğini, yazar üzülerek dile getirmektedir.

Jules Payot, sonuç olarak şunları söylüyor: Sosyal problemler, eğitim sistemimizi köklü şekilde değiştirme zaruretini yakın zamanda önümüze çıkaracaktır. Geçlerin irade terbiyesine temel teşkil edecek olan milletimizin temel değerlerini ilkokuldan liseye kadar veremediğimiz için bu konularda yeterli başarı elde edemiyoruz. Doğru davranmayı öğretemediğimiz insanlar, bencil, agresif, tembel, cinsellikle kafası karışmış insan tipleri haline gelmekteler ve kendilerine egemen olacak bireyler olmamaktadırlar. Okullarda, kimse onlara, zaferi garanti edecek taktiği öğretmiyor. Kendisine egemen olma savaşının ateşini kimse onlarda yakmıyor.

İşte bu kitabı okuyanlar, içinde bulunulan bu acı durumların çözüm yollarını açık öğrenmiş olacaklardır.

Bu kitabı, hararetle bütün anne-babalara, eğitimcilere, Eğitim camiasının önderlerine, Türk eğitim sisteminin yükünü omuzlayan Milli eğitim camiasına ve özellikle gençlere, okumalarını tavsiye ediyorum.

Prof. Dr. Mehmet AYDIN
Konya - 2021

I. BASKININ ÖNSÖZÜ

Takdire şayan olan diğer bütün şeyler için, bir üstada ve eğitime ihtiyaçları olduğunu bilmeleridir. Onlar, onları özenle incelemektedirler. Onların hiç öğrenmedikleri ve öğrenmeyi hiç arzu etmedikleri yegâne şey yaşama bilimidir.
Pierre Nicole

XVII. asırda ve XVIII. asrın bir kısmı boyunca din, zihinler üzerinde tartışmasız şekilde egemendi: İrade eğitimi ve terbiyesi genel olarak söz konusu değildi. Katolik kilisesinin sahip olduğu karakterlerin eğiticisi durumundaki güçler, büyük oranda inananların hayatını yönlendirmek için kâfi geliyordu.

Fakat bugün bu yönlendirmenin, düşünen beyinlerin büyük çoğunluğu için artık önemi yoktur. Fakat bunun yerine de hiçbir şey konmamıştır. Yine bugün gazeteler, dergiler, romanlar bile[1], iradenin bu düşük seviyesine karşı teessüflerini takdim ediyorlar.

Bu genel irade hastalığı, birçok doktorun ortaya çıkmasını sağlamıştır. Fakat bu ruh doktorları maalesef, hâkim olan psikolojik doktrinlere bağlı kalmışlardır. Onlar irade konusunda zekâya, çok büyük bir önem vermişlerdir. Onlar bizim ihtiyaç duyduğumuz şeyin, öteki dünya konusunda ispatlanmış metafizik bir kuramın olmayışını düşünmektedirler.

---

[1] Bu konu için bkz: L'Effort, Par Bérenger, Armond Colin. 1893. Bu kitaba karakteristik bir anlam kazandıran nokta, daha yakınlara kadar yazarının Paris Üniversite Öğrencileri Derneğinin başkanı olmasıydı.

Onların bilgisizlikleri pekâlâ mazur görülebilir. Ekonomik politikada kabul edilen bir yasaya göre, tarımın daima verimsiz ama işlenmesi kolay topraklardan en verimli ama işlemesi çok zor topraklara doğru geliştiği kabul edilmektedir. İşte aynı şey, psikoloji biliminde de geçerlidir. Bunun için önce davranış konusunda önemli sonuçlara ulaşmak için en kolay olaylar incelenmiş, sonra da ulaşılması zor olanlar incelenmiştir. Karakterdeki fikrin önemsizliğini ve karmaşık eğilimlerdeki değersiz çaresizliğini, net bir şekilde görmeye henüz başlıyoruz.

Buna göre irade, duygusal bir güçtür ve onu etkilemeye yönelen her fikir, kaprise bürünmek zorundadır. Ancak iradenin mekanizması daha dikkatli incelenmiş olursa, metafizik teorilerin öneminin az olduğu anlaşılacaktır ve bilerek seçilmiş bir duygunun, psikolojik kaynaklarımızın akıllıca kullanılması ile bütün yaşam istikametini tayin edeceğini göreceğiz. Bir cimri, bütün bedensel tatminleri kurban ederek, kötü beslenir, sert yerde yatar, dostu olmaz ve zevksiz yaşar. Bütün bunları para aşkıyla yapar. Buna göre siz, daha yüksek bir duyguyu seçerek şuurunuzda hayatın istikametine yön verecek şekilde güçlü kılmaya ulaşamayacağınızı mı zannediyorsunuz? Bu durumda psikolojinin, olmak istediğimiz şeye ulaşmamız için ne kadar çeşitli fırsatlar sunduğunu bilmiyorsunuzdur.

Maalesef bugüne kadar kaynaklarımızı bu açıdan incelemeye çok az önem verdik. Son otuz yıl boyunca Avrupa düşüncesini yöneten zihinler, irade terbiyesinin açık olarak reddini ve basitliğini teşkil eden iki teoriyi benimsemişlerdir: **Birinciler**, karakter üzerinde hiçbir şeye sahip olmadığımız değişmez bir blok olarak bakmaktadırlar. İleride bu çocuksu teori üzerinde duracağız. **İkinciler** zahiren irade eğitimine taraftarmış gibi görünüyorlar. Bu hür irade teorisidir. Bizzat Start Mile[2] bu teori konusunda şöyle diyecek kadar ileri gitmiştir: "Bu teori, 'Kişisel Kültürün' canlı duygusunu savunanlarda görülmektedir." Bir determinanistin bu iddiasına rağmen biz, hür irade teorisini insanın benliğine egemen olması konusunda diğeri kadar tehlikeli ve cesaret kırıcı olarak telâkki etmekte hiçbir endişe duymuyoruz. Hakikatte bu teori, insanın benliğini azat etmesinin kolay ve doğal olduğunu düşünmeye kadar götürmektedir. Aksine, bu iş çok itina isteyen uzun soluklu bir iştir ki psikolojik kaynaklarımızın çok kesin bir bilgisini gerektirmektedir.

Bu teori, bizzat sadeliğiyle, irade eğitiminin incelenmesine kendisini veren nüfuz edici birçok zekâyı caydırmıştır: Böylece bu teori, psikolojiye ve insanlığa, telafi edilemeyen bir zarar vermiştir.

Bu kitabı bunun için M. Ribot'ya armağan ediyoruz. Yine bize psikoloji incelemeli zevki borçlu olduğumuz, inisiyatif adamına armağan ediyoruz. O, Fransa'da ilk olarak psikolojiden metafiziği kovan ve ilk defa entelektüel istekli durumların öncüllerini ve koşulsuz refakatçilerini bilimsel olarak incelemek için şuurun fenomenlerinin doğasını kararlı şekilde bir kenara bırakın ilk kişidir. Belirtmemiz gerekir ki bu metot, hiçbir zaman metafiziği inkâr etmemektedir: Psikolojiyi, metafizikten dışlamıyor, sadece metafiziği, psikolojiden dışlamaktadır. Bu ise çok farklıdır.

Bu metot, psikolojiyi bir ilim olarak işlemekten ibarettir. Oysa bilim adamının hedefi bilmek değil; önleyebilmek için öngörmektir. Meselâ, ışığın dalgalanmaları teorisinin ispat-

---

[2] Logique, II. VI. Kitap, II. Bölüm, Paris, F. Alcan.

lanamaz bir hipotezden başka bir şey olmaması, bu teori başarılı olduğu sürece bir fizikçinin çok az umurunda olduğu gibi, bir psikolog için de başarılı olduğu sürece, sinirsel ve psikolojik hallerin mutlak korelasyonu hipotezinin ispatlanamaz olmasının da pek önemi yoktur. Başarmak, geleceği önceden görmek, olayları arzumuza göre değiştirmek ve sonuç itibariyle geleceği olmasını istediğimiz gibi yapmak... İşte bilim adamının rolü budur. Aynı şekilde psikologunki de böyledir. En azından yaptığımız işin adı da budur.

İşte şimdi irade zayıflığının sebeplerini araştırmak zorundayız. İnanıyoruz ki bu zayıflığın yegâne ilacı, duygusal hallerin zekice yönetilmesindedir. Hür duyguları ortaya çıkartmanın, güçlendirmenin ve bizzat kendimiz olmaya engel olan duyguları yok etmenin veya bastırmanın bir takım yolları... İşte, halka sunduğumuz kitabın alt-başlığı böyle olabilirdi. Bu yolda yapılması gereken bütün şey budur. Bu önemli konuya, kendi payımıza düşen önemli çabayı burada sunmaya çalışıyoruz.

İradenin terbiye konusunu soyut olarak (in abstracto) işlemek yerine, irade terbiyesini temel bir konu olarak ele aldık. Öyle ki bu, uzun süreli ve sebatlı bir çalışmayı gerekli kıldı. İnanıyoruz ki, öğrenciler ve genel olarak bütün zihinsel çalışma yapanlar, onda çok yararlı bilgiler bulacaklardır.

Birçok gencin, kendisine hâkim olmak için bir metot yokluğundan sızlandıklarına şahit oldum. İşte şimdi bu konuda, dört yıla yakın bir dönemdeki çalışma ve düşüncelerimin sonucunu onlara sunuyorum.

Jules Payot
Chamonix-8 Ağustos 1893

II. BASKININ ÖNSÖZÜ

Fransız basınının ve dış basının oldukça önemli ilgileri ve okuyucuların bir kaç haftada birinci baskıyı tüketmeleri, bu kitabın tam zamanında çıktığını ve aydın okurların derin bir ihtiyacına cevap verdiğini göstermektedir.

Çok sayıda mektup gönderen ve özellikle beşinci kitabın birinci bölümü için oldukça bol ve değerli belgeler gönderen Hukuk ve Tıp öğrencilerine şükranlarımızı sunuyoruz. Bazıları bize "**kötümser**" olduğumuzu ileri sürmektedirler. Onlar şöyle demektedirler: Gençlik, hiçbir zaman bu kadar aksiyondan ve harekete geçmekten bahsetmemiştir. Ne yazık ki harekete geçmek gerekirken konuşmanın önemi yoktur. Bize öyle geliyor ki, gençlerin çoğu, gürültü ile yaratıcı aksiyonu karıştırıyorlar gibi. Bazıları, üstelik en yetkili olanlar, okul gençliğinin önemli bir kısmının dik kafalılardan ve sinirlilerden oluştuğuna inanmaktadırlar. Bu durumda dik kafalı olmak ve hiddetli olmak, tedavi edilmesi gereken iki irade hastalığıdır.

İrade terbiyesinin pratik kısmı, katıksız övgüden başka bir şeyle karşılaşmamıştır. Üçüncü kitabın birinci kısmı ve ikinci kitabın birinci kısmı için aynı şey söz konusu değildir. Bu noktalar üzerinde eleştirileceğimizi bekliyorduk. Fakat öyle görünüyor ki tenkitlerin çoğu, problemi bir kenara bırakmaktadır.

Öncelikle şuna işaret edelim ki, irade üzerinde fikrin, tesirinin olmadığını hiçbir zaman söylemedik. Aksine, isteklerimizde, içgüdülerimizin ve alışkanlıklarımızın payını oldukça geniş tuttuk. Fakat bizim savunduğumuz şey, bir taraftan yüksek iradenin, eğilimlerimizi fikirlere boyun eğdirmeye çalışırken, diğer yandan fikrin, aşağı eğilimlerin kaba akımı karşısında hiçbir güce doğrudan ve ani olarak sahip olmaması konusudur. Böylece fikrin, böyle hasımlar karşısında, dolaylı bir gücü vardır. Başarısızlıklar altında iken, orada olanlardan ödünç bir şeyler almak zorunda kalmaktadır. Yani duygusal hallere muhtaç olmaktadır.

Burada tuhaf bulduğumuz şey hürriyet teorimizin, hür irade savunucuları tarafından şiddetle eleştirisini tahmin ederken, bizi tenkit edenler daha çok karakterin doğuştan olduğunu söyleyenlerin olmasıdır. Yine hür irade teorisi, soyutlamalardan daha çok, gerçeklerle yüzleşen eğitimciler tarafından gittikçe terk edilmektedir. Bu konuda bana, bu alanda büyük bir otorite olan Marion'un hür irade üzerindeki metafizik hipotezinin 1884-1885, bize yaptığı kötülük hatırlatılıyor. Yani, kendi çabalarımızla elde etmemiz gereken gerçek, doğal olarak sınırlı hürriyetin şartlarını incelememiz engellenerek M. Marion, ruhsal dayanışma konusundaki tezinin girişinde açıkça, M. Fovillée'nin formülüne karşı çıkmaktadır. Bu formül, hürriyet fikrinin, bizi hür kıldığı formüldür. Bu görüşe göre kendimizi oldukça hür hissediyoruz ki, hürriyetle ne elde edeceğimizi unutuyoruz. M. Marion'un şu sözü ne kadar doğru: Hürriyetimizi büyük bir mücadeleyle elde etmeyi öğrenmedikçe, kesinlikle hür olamayız.

Doğuştan karaktere yeterince yer vermediği için yazara yönetilen siteme gelince, o bize, bu sitemin, karakterin ne olduğunu tam olarak bilmemesinden kaynaklanmaktadır.

Karakter basit bir olay değildir. O, eğilimlerin ve fikirlerin çok karmaşık bir sonucudur. Buna göre, karakterin doğuştan olduğunu iddia etmek, birçok saçmalığı kabul etmek demektir.

Önce bir sonucun, heterojen unsurlar topluluğunun, güçler yönetiminin, doğuştan geldiğini savunmak, anlaşılmaz bir durumdur. Ayrıca, doğuştan gelen bir unsurun kusursuz saf halinin elde edilebileceğini savunmak, onu kuşatan çevre ve eğitimin tesirinden uzak kalabileceğini söylemek de imkânsızdır. İşte bu imkânsızlık bizi, herhangi bir karakterin doğuştan olduğunu belirtirken büyük bir güvensizliğe sevk etmektedir.

Nihayet karakterin doğuştan geldiğini iddia etmek, öyle bir iddia içeriyor ki ona karşı, bizim bütün samimi tecrübelerimiz, eğitimcilerin bütün tecrübeleri ve bütün insanlık baş kaldırmaktadır: Bu iddia, karakterin temel esaslarının, eğilimlerinin hiçbir zaman değiştirilemeyeceğidir. Zaten biz bunun böyle olmadığını ve bir duygunun değiştirebileceğini, bastırılabileceğini veya güçlendirilebileceğini ispatlıyoruz. Şayet bütün insanlık, bu fikirde olmasaydı, hiç kimse çocuklarını yetiştirme zahmetine girmezlerdi. Doğa tek başına, değişmez kanunlarıyla bunu üstlenirdi.

Bu teorik yaklaşımlar, karakterin doğuştan geldiği doktrinini geçersiz kılmaya yetmektedir. Bu kanaati sağlamlaştırmak isteyenler, karakter konusundaki yeni çalışmalara bakabilirler[3]. Özellikle, M. Paulhan'ın eserinin üçüncü kısmı okunursa, aynı kişide çoğu zaman, farklı kişiliklerin olduğu görülecek ve evrimin yaşla birlikte bazı eğilimleri kaldırdığı

---

[3] Ribot, Revue Philos. Nov. 1892, Paulhan, Les Caractères I. Vol. 237, 1894; F. Alcan; Perez, Le Caractère de l'Enfant l'Home, 1892, Alcan.

ya da yenilerini getirdiği fark edilecektir. Diğer yandan aynı kişide farklı karakterlerin birbirinin yerine geçtiği de ortaya çıkacaktır. Bütün bunlar, bir karakterin, oldukça nadir olmasından başka neyi ifade eder?

Çocukların çoğu bir eğilimler anarşisi göstermektedirler: Eğitimin amacı da tam olarak bu düzensizliği düzenlemek, eğilimlerde bir istikrar ve birlik meydana getirmek değil midir? Çoğu zaman bu konunun bittiğine inanırken, her şeyi alt-üst eden bir kasırga gibi ergenlik krizi gelmektedir. Artık anarşi yeniden başlamaktadır. Eğer toplumdan uzaklaşmış olan genç insan kendisi, ruhsal birliğini temin edemezse ve karakterini oluşturamazsa, bahsedeceğimiz "kuklalardan" biri olacaktır.

Şayet doğuşta herkes bu karakterle meydana gelseydi, çevrimizde bu karakterlerle karşılaşılacaktık. Pekiyi bunlar nerede? Bunları bize politik dünya mı verecek?

Karşıtlığı zorlaştıran yüksek istisnaları bir kenara bırakırsak çevrimizde, yüce hedeflere yönelmiş hayatları asla göremiyoruz: Fikirlerin ve duyguların dağılımı oldukça dağınık, ajitasyon oldukça yaygın ve verimli aksiyon ise oldukça nadir ki, çoğu zaman iri adam bedenlerinde çocuk ruhlarıyla karşılaşıyoruz.

1870 yılındaki korkunç fırtınanın ardından bütün edebiyat dünyasında eli kalem tutanların hepsi bütün gayretlerini, hayvan-insanı onurlandırmaya adadıklarını müşahede etmedik mi? Manzoni'nin kanaatinin doğruluğunu gösteren şey, uyarımlar çoğaldığı ölçüde doğum oranının azalmasıdır. Bizde olan en yüce ve en asil şeyleri teşvik etmek yerine, hemen hemen bütün yazarlarımızın, en aşağı içgüdülerimize yönelmişlerdir: Onlar bizi, omurilik soğanı ve omurilik gibi telakki ettiler. Bunun için bize, bir düşünce edebiyatı yerine, bir yeteneksizler edebiyatı verdiler.

O zaman neye devam edelim? Şayet karakter birlik ve istikrarın yanı sıra yüce hedeflere doğru bir yönelim ihtiva ediyorsa, doğuştan olmayacağı anlaşılmıyor mu? Doğal olarak bizim olan anarşiden tiksinen bu birlik ve istikrar yavaş yavaş elde edilmelidir. Bunu yapamayanlar veya yapmak istemeyenler beşeri kişiliğin büyüklüğünü teşkil eden bu şeyden yani özgürlükten ve kendine egemen olmaktan şu anda vazgeçsinler[4].

---

[4] Yazar sık sık şu soruya cevap vermemekle sitem edilmiştir: Kendine egemen olduktan sonra ne olacak? Yazar, eserinin bir psikologun eseri olduğunu söyleyebilirdi ve bu yeterli olurdu. Ancak o, kitabının tamamlayıcısı olarak gördüğü ve uzun zamandan beri onun hazırlığını yapan hayat felsefesi olmadan İradenin Terbiyesinin eksik kalacağını düşünmektedir.

İÇİNDEKİLER

TERCÜME EDENİN ÖNSÖZÜ 5
I. BASKININ ÖNSÖZÜ 7
II. BASKININ ÖNSÖZÜ 11
İÇİNDEKİLER 17

I. KAVRAMSAL BÖLÜM - BİRİNCİ KISIM 19

BİRİNCİ KİTAP
Konuya Giriş

Birinci Bölüm: Mücadele Edilecek Kötülük: Öğrenci ve
  Entelektüelde Abuli'nin (İrade Zayıflığı) Farklı Şekilleri 21
İkinci Bölüm: Takip Edilecek Hedef 33
Üçüncü Bölüm: İrade Terbiyesiyle İlgili Cesaret Kırıcı ve
  Yanlış Teorilerin Reddi 37

İKİNCİ KİTAP
İradenin Psikolojisi

Birinci Bölüm: İradedeki Fikirlerin Rolünün İncelenmesi 49
İkinci Bölüm: İradedeki Duygusal Durumların Etüdü 59
Üçüncü Bölüm: Zihnin Krallığının İmkânı 77

ÜÇÜNCÜ KİTAP
Dâhili Vasıtalar

Birinci Bölüm: Tefekkürî Düşünce 97
İkinci Bölüm: Tefekkür Nedir? Tefekkür Nasıl Yapılır? 129
Üçüncü Bölüm: İrade'nin Terbiyesinde Aksiyonun Rolü 135
Dördüncü Bölüm: Öğrencinin İrade Terbiyesinde Beden
  Temizliğinin Yeri 155
Beşinci Bölüm: Genel Bakış 175

II. PRATİK BÖLÜM - İKİNCİ KISIM 177

DÖRDÜNCÜ KİTAP
Özel Tefekkürler

Birinci Bölüm: Mücadele Edilecek Düşmanlar Boş Duygusallık
ve Cinsellik...179
İkinci Bölüm: Savaşılacak Düşmanlar: Arkadaşlar-İlişkiler................203
Üçüncü Bölüm: Savaşılacak Düşmanlar: Tembellerin Yanlışları........209
Dördüncü Bölüm: Çalışma Zevki...219

BEŞİNCİ KİTAP
Muhitin Kaynakları

Birinci Bölüm: Kamuoyu-Öğretmenler vs. 227
İkinci Bölüm: Büyük Ölülerin Tesiri 239

SONUÇ 243

I. KAVRAMSAL BÖLÜM
BİRİNCİ KISIM

BİRİNCİ KİTAP
Konuya Giriş

BİRİNCİ BÖLÜM
MÜCADELE EDİLECEK KÖTÜLÜK: ÖĞRENCİ VE ENTELEKTÜELDE ABULİ'NİN (İRADE ZAYIFLIĞI) FARKLI ŞEKİLLERİ[5]

Caligula, bir tek darbede Romalıların koparılacak bir tek kafalarının olmasını arzuluyordu. Mücadele edeceğimiz düşmanlar için de benzer bir istekte bulunmanın faydası yoktu: Hemen hemen bütün başarısızlıklarımızın, bütün huzursuzluklarımızın tek nedeni vardır. O da irademizin zayıflığıdır. Yani, çabalamaya, özellikle de sürekli çabalamaya karşı hissettiğimiz korkudur. Pasifliğimiz, hafifliğimiz, dağınıklığımız gibi şeyler, evrensel tembelliğin derecelerini belirtmek için kullandığımız birçok isimden biridir. Bu, madde için olan yer çekimi gibidir.

Çok açıktır ki güçlü iradenin gerçek hasmının, sürekli bir güçten başka bir şey olmadığı kesindir. İhtiraslar, tabiatı gereği geçicidirler, onlar şiddetli oldukları ölçüde kısa sürerler. Çabayı sürdürmede gerçek engeller olan, fikri sabitliğe ve bir kafa bulanıklığına kadar varan nadir vakalar hariç zaman

---

[5] Aboulie, Türkçeye irade zayıflığı veya isteksizlik şeklinde tercüme edilebilen zor bir kelimedir.

zaman gelen ihtirasları, bizzat değerlendirmek imkân dâhilinde değildir. İhtirasların atakları arasında, belli miktarda çalışma yapmak için zaman olmaktadır. Fakat bu esas ruh hali, mutlak olarak devam eden aksiyon halidir ve biz onu, gevşeklik, tembellik, aldırmazlık olarak isimlendiriyoruz. Aynı çabaları tekrarlayıp durmak, bu tabii duruma karşı mücadeleyi de tekrarlayıp durmaktır. Zaten ona karşı da kesin zafer elde edilemez,

Biz buna, temel ve doğal durum diyoruz: Hakikatte, uzun süre devam eden çaba, insan tarafından sadece ihtiyacın baskısı altında kabul edilmektedir. Seyyahlar, bütün medeniyetten uzak toplumlarda her çeşit kararlı çabanın mutlak yokluğunda hem fikirdirler. M. Ribot haklı olarak, ilk iradî dikkat çabalarının, bu beyefendiler dinlenirken, uyurken, dayak tehdidiyle düzenli çalışmaya zorlanmış kadınlar tarafından yapılmış olduğuna işaret etmektedir. Gözümüzün önünde Kızılderililerin nasıl yok olduklarını görmüyor muyuz? Belki de onlara büyük geçim kolaylığını temin edecek düzenli bir çalışma denenebilirdi.

Fakat çok bilinen örnekleri bulmak için çok uzağa gitmeye gerek yok. Mesela, çocuğun, düzenli çalışmaya nasıl yavaş alıştığını bilmiyor muyuz? Kendilerinden önce yapılandan ve çevrelerinde yapılmakta olandan daha iyisini yapmaya gayret eden köylülerin ve işçilerin sayıları oldukça az değil midir? Spencer'le birlikte[6] günlük hayatta kullandığımız eşyaları yeniden gözden geçirebilirsiniz: Sadece hafif bir zihinsel gayretle işimize daha uygun gelmeyecek bir tek eşya bile bulunmadığını göreceksiniz ve siz de onun gibi insanların birçoğunun kendilerini, hatta mümkün olan en az

---

[6] Spencer, İntroduction à la Science Sociale, s.327, 328. Alcan.

İrade Eğitimi

düşünceyle geçirmeye vakfetmiş oldukları sonucuna varacaksınız.

Şimdi öğrencilik hatıralarımızı sorgularsak, arkadaşlarımızın arasında çalışkan kaç kişi sayabiliriz? Bütün öğrenciler, sınavlarını geçmek için gerekli gayreti göstermediler mi? Zaten kolejden itibaren kişisel gayret, zahmetli düşünme çabası içindedirler. Bütün ülkelerde öğrenciler, basit hafıza gayretleriyle sınavlardan pekâlâ geçiyorlar. Aslında onların bu dönemde çok yüksek idealleri de yoktur. M. Maneuvrier, ülkemizle ilgili olarak, onların gelecekten beklediklerini mükemmel terimlerle ifade etmiştir: "İstedikleri makamlar, kötü maaşlı, itibarı az, istikbali olmayan, ufku olmayan, deri bir koltuk üzerinde insanın yaşlandığı, kısır bir döngünün içinde yeteneklerin köreldiği ve uyuşukluğun belirginleştiği, düşünmeden, karar vermeden, eyleme geçmekten muaf olmanın tadının hissedildiği bir memuriyettir. Koruyucu bir sistem, onun aksiyonuna bir saatin düzenli hareketini verirken, eyleme geçmesi ve yaşaması gibi yorucu bir onurdan onu, muaf tutmaktadır."[7]

Bu durumda sadece memurları itham etmemek gerekir. Ne kadar yüksek olursa olsun bütün meslekler, bütün kariyerler hiçbir zaman kişiliği, gücü ve enerjiyi korumak için yeterli değildir. İlk yıllarda zihin, aktif olarak icraat yapabilir. Fakat kısa zamanda yeni kombinezonların sayısı, düşünme ve araştırma çabası gerektiren imkânların sayısı azalmaktadır. En yüksek görevlerin ifası, görünüşte, güçlü zihni bir çaba gerektirirken, zamanla alışkanlık halini almaktadır. Avukat, hâkim, doktor ve profesör vaktiyle elde edilmiş ve oldukça yavaş biçimde ve nadiren artan bir bilgi üzerinde

---

[7] L'Education de La Bourgeoisie, 3. Baskı, Léopold Cerf, 1888.

yaşamaktadırlar. Böylece çaba, yıl ve yıl azalır ve zihnin yüksek yeteneklerini ortaya koyma fırsatları gittikçe tükenir. Rutin alışkanlıklar gittikçe derinleşir, akıl egzersiz eksikliğinden körelir ve onunla birlikte dikkat, muhakeme gücü, düşünme becerisi de tükenir. Şayet bu mesleğin yanında, entelektüel bir meşgale düzeni yaratılmazsa, bu tedrici enerji uyuşukluğundan kurtulmak imkânsızdır.

Fakat özellikle kitabımızın öğrencilere ve zihinsel çalışanlara hitap ettiği için "mücadele edilecek kötülüğün" onlarda aldığı şekillere çok yakından bakmak gerekmektedir.

Öğrencilerdeki en ciddi kötülük şekli, genç insanın bütün aksiyonlarında görülen uyuşukluk ve ruh bitkinliğidir. O, fazladan saatlerce uyumakta, kalktığında uyuşuk, halsiz, kedersiz kalkmakta, bakım ve temizliğini yavaş yavaş yapmakta ve bunlar için çok zaman kaybetmektedir. Diğer yandan kendisini iyi hissetmez ve hiç çalışma arzusu da yoktur. Her şeyi isteksiz, canı sıkılarak yapar. Tembelliği yüzüne yansımaktadır: Yüzünde, isteksizliği okunabilir, dalgın görünümlüdür, aynı zamanda hem tasasız hem de endişelidir. Hareketlerinde ne kararlılık ne de belirginlik vardır.

Boşa geçmiş sabahtan sonra, öğlen yemeğini yemekte, kafeye gitmekte, ilanlara kadar gazeteleri okumaktadır. Çünkü bunlarda herhangi bir çabaya gerek olmamaktadır. Böylece, öğleden sonra biraz enerji toplar. Fakat bu enerjiyi, boş söyleşilerde, kısır tartışmalarda ve bilhassa dedikodularda harcamaktadır. Çünkü bütün tembeller kıskançtır: Politikacılar, edebiyatçılar, profesörler, herkes bu eleştirilerden nasibini alırlar. Akşam olunca zavallı genç, bir gün öncesine göre biraz daha hırçındır. Çünkü bu isteksizliği çalışmaya yansıtıyor ve çoğu zaman da zevke yansıtıyor: Ancak hiçbir zevk,

İrade Eğitimi

zahmetsiz elde edilemez, her mutluluk çaba gerektirir. İşte genç bu mutsuzlukla uyumaktadır. Bir kitap okumak, müzeyi ziyaret etmek, bir ormanda yürüyüş yapmak, girişim ve aktiflik isteyen zevklerdir. Ama ne var ki aktiflik isteyen zevkler bir anlam taşıyan ve insanın istediği kadar tekrarlayacağı zevkler oldukları için, tembel insanın yapacağı şeyler değildir. Çünkü o, kendisine en boş hayatı reva görmektedir. Tembeller avuçlarını bile kapatmaya üşendikleri için, parmaklarının arasından zevklerin kaçmasına izin vermektedirler. Saint Jérôme, esprili bir şekilde onları, gravürlerdeki kılıçları devamlı havaya asılı olan ama asla vurmayan askerlerle kıyaslar.

Derinlemesine işlemiş olan tembellik, birden yükselen enerjilere hiçbir zaman engel değildir. Medenileşmemiş halklara iğrenç gelen şey, asla aşırı çabalar değildir: Devamlı, sürekli çalışmadır. Sonuçta, daha az miktarda enerji sarf ediliyormuş izlenimi verse de, devamlılığından dolayı uzun istirahatlarla bölünmüş olmasından daha çok enerji harcamaya götürür. Tembeller ise, uzun pasiflikten sonra, şiddetli çabaları gerektiren yoğun savaşa katlanmaktadırlar. Araplar, fetihlerle geniş bir imparatorluğa sahip oldular. Ancak onlar, bunu koruyamadılar. Çünkü bir ülkeyi yöneten organizasyon çabasından yoksundular. Yani yollar yapan, okullar açan ve üretim çabasından mahrumdular. Aynı şekilde hemen hemen tembel öğrencilerin tamamı, yaklaşan sınavın kamçılamasıyla, büyük bir çaba gösterebilirler. Onları tiksindiren şey, her gün, aylar ve yıllar boyunca tekrarlanan ılımlı çabalardır.

Gerçek çabanın ılımlı-ölçülü ama sürekli çalışmada bulunduğu kabul edilmekte ve bunun haricindeki her türlü çalışma, tembel bir çalışma olarak telakki edilmektedir. Devamlı çaba, istikametin sürekliliğini içermektedir. Zira iradenin enerjisi, çok miktardaki çabadan daha çok, zihnin, bütün güçleriyle aynı hedefe yönelmesiyle meydana gelir. İşte, çok sık rastlanan bir tembel tipi: Genç adam, canlıdır, neşelidir ve enerjiktir. Çoğu zaman hiç bir şey yapmadan durur. Bütün gün, birkaç jeoloji eseri okur, Brunétier'in Racine hakkındaki makalesini okur, birkaç gazeteye göz gezdirir, bir kaç notu yeniden okur, bir tez taslağı hazırlar ve birkaç sayfa İngilizceden çeviri yapar. Bütün gün boş ama bir an bile boş kalmaz. Arkadaşları onun çalışma gücüne ve meşguliyetlerinin çeşitliliğine hayran kalmaktadırlar. Yine de biz bu genç adamı tembel olarak kabul ediyoruz. Çünkü bir psikolog için bu çalışma çeşitliliği içinde, belli bir zenginliğe sahip kendiliğinden bir dikkatten başka bir şey yoktur. Bu gayret, henüz iradi bir dikkat değildir. Değişik çalışmaların iddia edilen bu gücü, sadece büyük bir irade zayıflığını göstermektedir. İşte bu öğrenci bize, çok sık rastlanılan ve dağınık tip dediğimiz bir öğrenci tipini göstermektedir. Şüphesiz bu zihin gezintisi oldukça hoştur. Ancak sonuç olarak, eğlencelik bir gezintiden başka bir şey değildir. Nicole, faydasız yere, oraya buraya konan bu tip tembellere "sinek zihinler" adını vermektedir. Fénelon'un güzel sözünü hatırlarsak "onlar, rüzgara karşı yakılmış bir mum gibidirler."

Çabaların böyle dağınıklığı büyük bir uyumsuzluktur. Hiç bir intiba, tamamlanacak zamanı bulamaz. Denilebilir ki, entelektüel çalışmayı yöneten kanuna göre, fikirlerimiz ve duygularımız, bizde belli bir zaman için, gelip geçici yolcuların bir otelde konaklamaları gibi, konakladığı sürece, kısa zaman sonra unutacağımız yabancılar olurlar. Gelecek bölümde göreceğiz ki, gerçek entelektüel çalışma, bütün çabaların belli bir istikamete yönelmesini içermektedir.

İrade Eğitimi

Gerçek çabaya, yani özel çabaların hepsinin korelasyonu için duyulan bu isteksizlik, kişisel çabaya karşı duyulan ve diğerinden daha az olmayan isteksizlikten dolayı korkunçtur. Bir eseri yaratmak, bir icat, orijinal bir şeye sahip olmak ile başkalarının yaptıklarını zihinde tutmak başka şeydir. Zaten kişisel çabanın bu kadar zor olmasının sebebi mutlaka korelasyon gerektirmesindendir. Entelektüel çabanın en üstün iki şekli, bütün üretim çalışmalarında ayrılmaz bir bütündür. Gelecekte yönetici sınıf olacak olan öğrencilerin büyük çoğunluğunun bu çalışmadan ne kadar hoşlandıklarını da tespit edebiliriz. Mesela, felsefe öğrencilerinin, final sınavıyla uyarıldıklarında iyi öğrenciler oldukları söylenebilir. Onlar, iyi çalışıyorlar ve çalışmalarında doğrudurlar. Ne yazık ki hiç düşünmüyorlar. İşte bu zihinsel tembellik, sadece sözcüklerle düşünmeyle kendini göstermektedir.

Böylece, psikoloji dersine çalışırken hiçbirinin aklına, doğdukları günden beri sabahtan akşama kadar uygulamalı psikoloji yaptıklarından dolayı Jourdain'in bilmeden kırk yıldır nesir şeklinde konuştuğu gibi, kitapların naklettiği örnekleri ezberlemek yerine, kendilerini incelemenin ve kişisel örnekler bulmanın çok daha kolay olacağı görülüyor. Evet, onların araştırmadan çok öğrenmeye yönelik karşı konulmaz bir eğilimleri var. Böylece, zihinlerine yüklemeleri gereken aşırı yük, onları, en hafif kişisel gayretten daha az korkutuyor. Bunlar her yerde pasiftirler. Ancak küçük sayıdaki elit öğrencileri hariç tutmak gerekir.

Kişisel çabanın bu kapasitesizliğinin tecrübî tespitini, birincilik için üç ayda bir yapılan yarışma bize vermektedir. Öğrencilerin çoğu bu yarışmadan korkarlar. Kendilerinin bulmak zorunda olmadığı her hangi bir konu üzerinde kompozisyon yazma mecburiyeti onlar için açıkça hoş olmayan bir egzersizdir. Konu çoğu zaman derslerde edinilmiş bilgilerin yeni bir plan çerçevesinde, okurun istediği netlik ve anlaşırlılık (lucidus ordo) dikkate alınarak yeniden yazılmasına dayanmaktadır.

Şüphesiz kişisel çalışmayla ilgili bu korku, kendileriyle birlikte üniversiteye taşınacaktır. Ne yazıktır ki hiç bir sınav, adayın ne olduğuyla ve de ne değer taşıdığıyla ilgili değildir. Bu sınavlar sadece onun, hafızasını ve daha önce öğrenilen konulardaki seviyesini ölçmektedir. Bilinçli ve düşünen her tıp, hukuk, tabiat bilimleri veya tarih bölümü öğrencisi, dönem boyunca hafıza kullanımı haricinde kalan çabalarının tamamının ne kadar az olduğunu bizzat itiraf edecektir.

Yine tembelliğin büründüğü bu incelikli şekillerini, bilim adamların da bile görmek çok ilginç. Kuşkusuz tembellik sadece büyük işlerde değil, mühim görevlerde görülmektedir. Çünkü burada nicelik hiçbir vakit kalitenin yerini almıyor. Üstelik işin niceliği çoğu zaman kalitesine zarar veriyor. Mesela Alman bilim adamları bizimle bilerek alay ediyorlar. Masaldaki Raton gibi, onlar bizim kıtır kıtır yediğimiz kestaneleri ateşten çıkarıyorlar. Mukayese bize çok doğru görünüyor. Kedi Raton burada, öğrenilmiş bilginin sembolüdür:

"…. Raton ayağıyla

    Çok nazik şekilde

    Külü biraz itiyormuş çekiyormuş parmaklarını geri

    Sonra itiyormuş onları birçok defa ileri,

    Çekip alıyormuş bir iki ve sonra üç kestane."

Hakikatte bu bırakılan ve sonra devam edilen bir iştir. Devamlı metinlerle desteklenen zihin, hiçbir zaman yaratıcı bir eser ortaya koymaz ve ince kavrayış yeteneğini kaybettiğinde bile, önceki öğrendiklerinin meyvesinden yararlanır. Bu konuda zaman, Renan'ın saf bilgiye dayalı bilimler hakkındaki tahminlerini doğrulayacaktır. Ona göre, bu ilimlerin istikbali yoktur, vardıkları sonuçları geçicidir ve çok tartışmalı konuları vardır. Üstelik milli kütüphanenin raflarına her sene yirmi bin yeni kitap yığılmakta ve elli yıla varmadan arşive, gazete ve dergiler hariç, bir milyon yeni cilt ilave edilecektir. Tam bir milyon kitap! Her cildin, yaklaşık iki santim olduğunu düşünürsek, bunlar üst üste yığıldığında yüksekliği Mont-Blanc'ın dört katına ulaşmaktadır. Tarih, sebep ve sonuçları daima tahmini olan büyük sosyal olaylara dayanmak için, özel isimlerden gittikçe daha çok kurtuldukça, materyal yığınlarının çokluğundan öldürülmüş saf öğrenilen bilginin, düşünen zihinler nezdinde bütün çalışma olarak telakki edilecektir. Böylece gerçek ismiyle çalışmalar noktasına geleceğiz. Çalışma ismini, ortaya bir eser koymaya lüzumsuz teferruatı elimine etmeye, düşüncenin yüce gayretinin meydana getirdiği yoğunlaşmaya tahsis edeceğiz. Hakikatte, yaratmak, temel silueti arayıp bulmak ve bütün açıklığıyla onu belirtmektir. Boş teferruatlar, bir yandan hakikati bozmakta diğer yandan da içimize sinmiş tembelliğin entelektüel enerji fışkırmalarımıza bile nüfuzunu görebilen göze işaret etmektedirler.

Bu entelektüel tembelliğe yazık denilebilir! Çünkü bütün eğitim sistemimiz bunu ağırlaştırmaktadır. Orta öğretim programları her öğrenciyi dağınık yapmaya yönelmiş gibi görünüyor. Bu sistem, bu zavallı ergenleri her şeye tutunmaya zorluyor ve onları öğrenmeleri gereken konuların aşırı çeşitliliğiyle, bir konuya derinlemesine girmekten uzaklaştırıyor. Genç adam, bütün aktüel orta öğretim sisteminin saçma olduğunu nasıl düşünecek? Hâlbuki bu sistem, öğrencideki girişim ruhunu ve çalışmadaki meşruiyet arzusunu öldürmeye yönelmiştir. Bir kaç yıl öncesine kadar topçu birliklerimizin gücü orta derecedeydi: Bugün ise, on kat daha güçlü. Niçin? Çünkü önceden obüs engele çarparak patlıyordu fakat büyük hasar vermiyordu. Bugün ise, özel bir fünye icadıyla birlikte, obüs çarptıktan sonra birkaç saniye daha yoluna devam ediyor ve hedefine derince girip, orada patlayarak çevresindekileri imha ediyor. Bugünkü eğitimde, zihne fünye eklemeyi unutmuşlar. Öğrenilen bilgilerin derinliğine inilmesine asla izin verilmiyor. Durmak mı istiyorsun? Marş! Marş! Sürekli gezen Yahudinin yeni versiyonu, durmadan gitmen gerekiyor, matematiği, fiziği, kimyayı, zoolojiyi, botaniği, jeolojiyi, bütün ulusların tarihini, dünyanın beş kıtasının coğrafyasını, iki yaşayan dili, birçok edebiyatı, psikolojiyi, mantığı, ahlâk bilgisini, metafiziği, sistemler tarihini bilmelisin... Güçsüzlüğe doğru marş! Marş! Böylece liseden yüzeysel görme ve görünüşlere bakarak yargılama alışkanlığını kazanarak mezun ol!

Bu hızlı koşuş üniversitede yavaşlamak yerine daha çok hızlanacak.

Buna modern hayat şartlarının, deruni yaşantımızı sıfırlama eğiliminde olmasını ve zihinsel dağınıklığı aşılması çok zor bir seviyeye ulaştırmasını da ekleyelim. İletişim kolaylığı, seyahatlerin çoğalması, deniz ve dağlara yapılan seyahatler, düşüncemizi daha da dağıtıyor. Okumak için bile vakit yok. Bir anda hem hareketli hem de boş bir hayat yaşıyoruz. Gazete, onun zihne yüklediği yapmacık heyecan, haberlerin ilgimizi dünyanın beş kıtasından çeşitli olaylarla oradan oraya dolaştırmasındaki hafiflik, birçok insan için kitap okumanın çok basit bir şeymiş gibi görünmesine yol açıyor.

İrade Eğitimi

İçinde bulunduğumuz eğitim, bizi bu mukavemete hiç hazırlamadığından, çevrenin meydana getirdiği dağınıklığa nasıl direnilecektir? Burada temel konu, irade terbiyesinin hiçbir yerde doğrudan ve bilinçli olarak öğretilmediğini düşünmek esef verici değil midir? Bu konuda yapılan her şey, başka bir şey için yapılmaktadır: Önem verdiğimiz şey, aklı donatmak, iradeyi yalnız entelektüel gayret için, gerekli olduğu ölçüde geliştirmektir. Tabir caizse, şimdi sadece meşgul oluyoruz. Sadece, şimdiki zaman düşünülüyor. Bugün bir bastırma ve pekiştirme sistemi mevcut: Bir tarafta öğretmenin kınaması, arkadaşların olayları, cezalar var, diğer taraftaysa mükâfatlar ve övgüler var. Yarın için ise, hukuk lisans sınavının, tıpta doktora sınavının uzak, müphem görünümünden başka bir şey yok. Hâlbuki bunlara sınıfın en tembelleri bile ulaşabilmektedir. Böylece irade terbiyesi, küçümseniyor: İnsanı bütün insan yapan, enerji değil midir? Enerji olmasaydı, zihnin en parlak yetenekleri kısır kalmaz mıydı? İnsanların yaptığı bütün büyük ve güzel şeylerin mükemmel âleti o değil mi?

Garip olan şu! Bizim burada söylediğimiz şeyi herkes içinden kendi kendisine söylemektedir. Herkes, zihnin aşırı yüklenmesiyle iradenin zayıflığı arasındaki bu ölçüsüzlükten üzüntü duymaktadır. Fakat henüz, irade terbiyesinin nasıl olacağı konusunda hiçbir kitap yazılmamıştır. Eğitimcilerimizin, taslağını bile yapmadıkları böyle bir esere nasıl başlayacakları bile bilinmiyor. Tembel, öğrencilerin arasından tesadüfen seçilmiş on üniversite öğrencisi sorgulayalım. Onlar özetle şunu diyeceklerdir: Dün lisede öğretmenler her gün, her saat için yapmamız gereken ödevleri bize veriyorlardı. İşlenecek dersler açık ve kesindi: Tarihten şu bölüm, geometriden şu teoremi öğrenmemiz, belli bir görevi yapmamız, belli bir tercümeyi yapmamız gerekiyordu. Üstelik destekleniyorduk, gayrete getiriliyorduk veya azarlanıyorduk. Bugün artık hiçbir şey böyle değil. Hiçbir şey belirlenmiş değildir. Zamanı istediğimiz gibi kullanıyoruz. Daha önce çalışmamızın dağılımında asla inisiyatifimiz olmadığı için, zayıflığımıza uygun hiçbir metot öğretilmediğinden dolayı, tam da yüzmeyi itina ile takılmış yüzme kemerleriyle öğrendikten sonra çırılçıplak suya atılmış insanlar gibiyiz, kesin boğuluyoruz. Çünkü ne çalışmayı ne de istemeyi bilmiyoruz. Üstelik irademizi kendi kendimize terbiye etmenin vasıtalarını nereden öğreneceğimizi de bilmiyoruz. Bu konuda hiçbir pratik kitap yok. Böylece boyun eğiyoruz ve kaybettiklerimizi düşünmemeye çalışıyoruz. Bu çok acı bir durum. Sonra kafe, bistro ve izafi neşeli arkadaşlar, zaman birden geçiyor.

Bunun için bunca gencin arayıp da bulamadığından şikâyet ettiği bu kitabı biz yazmaya çalıştık.

İKİNCİ BÖLÜM
TAKİP EDİLECEK HEDEF

Her ne kadar eğitim programları, çocuğun ve genç insanın iradesine önem vermeseler de, biz enerjimiz nispetinde değerli olduğumuzu ve güçsüz bir insana hiçbir şey yapılamayacağını hissediyoruz. Diğer yandan çalışmamız, irade gücümüzü yaklaşık ölçüde gösterdiğinden dolayı bu konuda değerlendirmekten asla rahatsızlık duymuyoruz. Yaptığımız işi daima abartırız. Sabahın dördünce kalktığımızı söylemek, kimsenin gelip dediklerimizi kontrol etmeyeceğini bildiğimiz için, bize zarar vermez. Fakat saat sekizde sizi ziyarete gelen biri sizi yatakta bulduğunda, nadiren yapılan ziyaretin büyük bir şanssızlık olduğunu söylemekten, sabahın dördünden beri işin başında olmamızı geç saatte biten tiyatroya veya gece toplantısına bağlamaktan hiç sakınmayız. Bu çalışma delisi, sınavlarda da başarısızdır.

Öğrenciler arasında bu kadar, hiçbir yalan yaygın değildir. Üstelik kendi kendisine yalan söylemeyen ve kendi çalışmasıyla, kendi çalışma kapasitesiyle ilgili hayale kapılmayan genç adam da yok gibidir. Yoksa bu yalanlar, insanın değerinin ancak enerjisiyle ölçülür hakikatine mi dayanmaktadır? Başkalarının iradesinden şüphe etmeleri bizi ciddi şekilde yaralar. Çalışma gücümüze itiraz etmek, bizi zayıflıkla ve korkaklıkla itham etmek değil midir? Liberal mesleklerle çekişen insanların birçoğunun muzdarip olduğu entelektüel fukaralığın üstüne çıkmaktan vazgeçmenin gerekli olacağı kesin değil midir? O çabaları sarf etme iradesinden aciz olduğumuzu zannetmek, bizi içinden çıkılmaz şekilde sıradan biri olmamıza inanmaya götürmüyor mu?

Çalışmaya karşı olan bu saygı, bütün öğrencilerde olan bir çalışma arzusunu ispatlamaktadır. Bu kitabımız, kararsız genç bir insanın, kendindeki çalışma arzusunu, kesin ve sürekli bir kararlılığa, vazgeçilmez bir alışkanlığa, dönüştürünceye kadar güçlendirmek için göstereceği süreçlerin araştırılmasından başka bir şey değildir.

Öncelikle, entelektüel çalışma ile, doğanın ve başkalarının eserlerinin incelenmesi veya kişisel üretim çalışmaları anlaşılmalıdır. Üretim çalışması önce araştırma ister ve bütün entelektüel çabaları içine alır. İlk etapta, zihinsel çalışanın aleti, tam bir dikkattir, sonra tefekkür ve yoğunlaşmadır. Fakat her iki halde de önemli olan dikkattir. Çalışmak, dikkatli olmaktır. Maalesef dikkat stabil ve kalıcı bir durum değildir. O, sürekli gergin bir yayla kıyaslanamaz. O, az ya da çok yoğun halde ve birbirini takip eden çabaların, gerginliklerin sayısız tekrarlanmasına dayanmaktadır. Bu enerjik ve savaşçı çabalar, birbirini oldukça yakın takip ederler ve süreklilik duygusu uyandırırlar. Bu zahiren her gün bir kaç saat süreyle devam edebilir.

Buna göre takip edilecek hedef, yoğun ve sebatlı çabalara sahip olmaktır. Şüphesiz kendimiz üzerinde kontrolü sağlamanın en güzel sonuçlarından birisi, her gün cesaretle kabullenilen ödevlerin tekrarı olacaktır. Ancak bu, öğrencilerin oldukça can sıkıcı buldukları bir şeydir. Çünkü gençlikte olan ateşlilik ve taşkınlık, hayvanî hayatı zihinsel çalışanların çoğunun devam ettirdiği zahirde soğuk, renksiz ve insan tabiatına aykırı hayata tercih etme eğilimindedir.

İrade Eğitimi

Fakat yoğun ve kararlı çabalar, hiçbir zaman yeterli değildir. Onlar, düzensiz ve dağınıktırlar. Onları, aynı amaca yönlendirmek gerekmektedir. Bir fikrin, bir duygunun bize yerleşmesi ve kalıcı olması için yerleşmesinin ve birlikteliğin belli şartları vardır. Bu fikrin, bu duygunun yavaş ve kararlı bir şekilde ilişkiler çemberini genişletmesi, kişisel değerini küçük küçük ortaya koyması gerekmektedir. Sanat eserlerinin nasıl ortaya çıktığına bakınız: Bir düşünce, çoğu zaman bir gençlik düşüncesi, dâhi bir insanda, belirsiz ve saklı kalır. Bir okuma, karşılaşılan bir olay, başka bir şeyle meşgul olan veya bu tür düşüncelere alışık olmayan, ne yapılacağını bilmeden onu fark eden bir yazar tarafından sıradan söylenmiş mutlu bir ifade, saklı olan fikre değerinin ve muhtemel rolünü kazandırır. Bundan sonra bu fikir artık her şeyden gıdalanacaktır. Seyahatler, konuşmalar ve çeşitli okumalar ona, özümsenebilir unsurları sağlayacaktır ve kuvvetlendirecektir. İşte Goethe, otuz yıl boyunca Faust kavramını böylece içinde gezdirmiştir. Bu fikir, bu sürede filizlendi, büyüdü, giderek kökleşti ve dâhi bir eserin hammaddesini teşkil eden besleyici özleri tecrübeyle elde etti.

Bütün önemli fikirler için, saklanan zaman oranları hep böyle olmalıydı. Şayet fikirler gelip geçici ise değersizdirler ve boşturlar. Onlara, tekrar tekrar özen göstermemiz gerekmektedir. O fikri, kendi başına yaşayabilmesinden önce, bir organizasyon merkezi haline gelmesinden önce, terk etmemeliyiz. Onu, şuurumuzda saklamalı ve sıklıkla ona atıfta bulunmalıyız. Böylece o, hayatiyet elde edecek, esrarlı bir manyetik güç vasıtasıyla kendine çekmesi için gerekli enerjiyi kazanacaktır. Bu duygu ve fikir organizasyonu işi, yavaş yavaş, sakin ve sabırlı bir tefekkürle gerçekleşir. Bu gelişmeler, laboratuvardaki hayranlık veren kristallere benzemektedir. Yani sakin bir sıvının içindeki binlerce moleküllere benzemektedir. İşte böylece, bütün keşifler hangi anlamda iradenin eseridir? Mesela, Newton, evrensel yer çekimiyle ilgili keşfini, onu sürekli düşünerek gerçekleştirdi. Şayet dehanın uzun bir sabırdan başka bir şey olmadığından hâlâ şüphe ediyorsanız, Darwin'in şu itirafına kulak verin: "Tefekkür ve okuma konusu olarak, seçtiğim şey gördüğüm ve göreceğim şeyi bana düşündüren şeydir... Eminim ki bana, bilim alanında yapabildiğim şeyleri sağlayan bu disiplindir." Oğlu buna şunu ekliyor: "Babamın, uzun yıllar bir konuyu, gözünün önünde kaybetmeme gücü vardı."

Bu kadar açık bir gerçek üzerinde neye ısrar ediyoruz? Özetlersek, zihinsel çalışanın takip etmesi gereken hedef, iradî dikkatin enerjisidir. Bu enerji sadece canlılık ve çabaların sıklığıyla değil, aynı zamanda bu özellikle, bütün düşüncelerin net bir şekilde tek amaca doğru yönelimi ve isteklerimizin, duygularımızın, fikirlerimizin gerekli sürede uğrunda çalıştığımız hâkim, baskın, büyük fikri bağlılıklarıyla meydana çıkar. Bizi bu hedeften, beşeri tembellik daima uzaklaştıracaktır. Fakat biz onu, imkân ölçüsünde gerçekleştirmek zorundayız.

Kararsız, zayıf bir iradeyi, sürekli bir iradeye dönüştürmenin vasıtalarını iyice incelemeden önce, birbirine zıt fakat kendine egemen olma yolunda aynı şekilde uğursuz iki felsefî teoriden kurtulmamız oldukça önemlidir.

ÜÇÜNCÜ BÖLÜM
İRADE TERBİYESİYLE İLGİLİ CESARET KIRICI VE YANLIŞ TEORİLERİN REDDİ

Polemik, yazarın dikkatle yapması ve sadece kendine saklaması gereken bir hazırlık çalışmasından başka bir şey olmamalıdır. Hiçbir şey, sadece reddetme kadar güçsüz değildir: İkna etmek için eleştirmek, hiçbir şeye hizmet etmez. Yapılması gereken, bir şey inşa etmektir.

Kitabımız, tamamıyla bir inşa çalışması ortaya koymaktadır. Çünkü o, özellikle psikolojinin daha açık sonuçlarına sağlamca dayanan, daha sağlıklı bir doktrin ortaya koymaktadır. Buna dayanarak, çok yaygın ama sonuçları itibariyle yanlış yorumlarıyla oldukça üzücü olan iki doktrine doğrudan hücum edeceğiz.

Karakterin değişmezliğini kendi içinde bizatihi yanlış ve pratik olarak kabul eden teori, bizzat acınacak durumdadır. Bu teori, Kant tarafından açıklanmış, Schopenhauer tarafından yenilenmiş ve Spencer tarafından da desteklenmiştir.

Kant, karakterimizi numenal dünyadan aldığımızı söyleyerek bu seçimin artık reddedilmez olduğunu ifade etmektedir. Uzay ve zaman dünyasına indikten sonra, karakterimiz sonra iradermiz olduğu gibi kalmaktadır. Onu, az da olsa, değiştiremeyiz. Yine Schopenhauer, farklı karakterlerin, doğuştan olduğunu ve değişmez olduğunu beyan etmektedir. Meselâ bir egoistin iradesine tesir eden dürtülerin tabiatı asla değiştirilemez. Ancak bir egoisti, eğitimle kandırabilir, fikirlerini düzeltebilir, mutluluğa ulaşmanın daha güvenli bir vasıtası varsa, bunun aldatmaca ile değil, çalışma ve dürüstlükle olduğunu ona anlatabilirsiniz. Fakat egoistin ruhunu başkasının acısına hassas kılmaya gelince, bundan vazgeçmek gerekir: Çünkü bu, kurşunu, altına çevirmekten daha imkânsızdır. "Bir egoiste, küçük bir avantajından vazgeçerek, çok daha büyüğünü elde edeceği bir kötüye, başkasında bir acıya neden olursa, kendisinin çok daha büyük acı ile karşılaşacağı gösterilebilir. Fakat bizzat onlardaki bencilliği, kötülüğü reddetmeye gelince, bu bir kediye fareleri bu kadar sevmesinin yanlış olduğunu ispatlamak kadar zordur."

Herbert Spencer, bu olaya, oldukça farklı yaklaşmasına rağmen, beşeri iradenin, dış güçlerin ve hayat şartlarının zorlamasıyla uzun sürede değişeceği konusundaki İngiliz ekolünü benimsemektedir. Fakat bu iş, asırlar isteyen ve pratik olarak cesaret kırıcı bir teoridir. Çünkü bir öğrenci olarak ben hayatımı on asır üzerinden hesap edemem, ben sadece yirmi yıl üzerinde hesabımı yaparım. Eğer kendimi, ahlâkî olarak, şimdi iyi yapmaya başlasam bile, bunu başaramam.

Bana ecdadımdan miras kalan ve binlerce, belki de milyonlarca yıllık tecrübeyle beynime işlemiş olan karakterime karşı, mücadele edemem. Bana intikal eden bu mirasın birazından kurtulmak istediğimde, zayıf irademe karşı mukavemet edecek bu muazzam atalar topluluğuna karşı ne yapılabilir? İsyana kalkışmak makul bir teşebbüs değildir: Başarısızlık önceden bellidir. Yine de elli bin yıl içinde neslimin, sosyal çevre ve mirasımın sürekli oyunu ile girişim ruhunu, değirmenci payı olarak sunarak, yüzyıllar boyunca geliştirilmiş, mükemmelleştirilmiş makinelere benzeyeceklerini düşünerek teselli buluyorum.

İrade Eğitimi

Bu açıdan belirtilen karakter problemi, konumuzun çerçevesinin dışına da taşsa, onu genel olarak ve rakiplerimiz açısından, en güçlü olduğu durumda incelemek istiyoruz.

Az önce belirttiğimiz teoriler bize, en büyük beyinlerin ilk günah gibi silinmez olan, onları dilin telkinine pasif şekilde boyun eğdirten zihinsel tembelliğin dikkat çekici bir örneği gibi görünmektedir. Kelimelerle düşünmeye o kadar alışmışız ki, kelime, işaret ettiği hakikati bizden saklamaktadır. Çünkü o, tektir. Bunun için kelime, bizi eşyanın gerçek teklifine inanmaya güçlü şekilde sürüklemektedir. Değişmez karakterin tembel teorisini, karakter kelimesinin tahrik ettiği bu telkine borçluyuz. Buna göre, karakterin bir sonuçtan başka bir şey olmadığını görmeyen var mı? Güçlerin sonucu olan bir şey daima değişime maruzdur. Karakterimizin Avrupa karakterine benzer bir birliği var: İttifak oyunları, bir devletin refahı ve gerilemesi, devamlı sonucu değiştiriyor. Aynı şey, bir yandan devamlı bir oluşum içinde olan, diğer yandan kurdukları ya da bozdukları ittifaklarla neticenin yoğunluğunu, hatta doğasını değiştirebilen ihtiraslarımız, duygularımız ve fikirlerimiz için de geçerlidir. Bunun için kitabımızda bir bütün olarak karakterin değişim olasılığının bir ispatı olacaktır.

Şimdi bu teori lehine olan delillerin neler olduğunu inceleyeceğiz. Kant'ta, a priori görüşlerden başka bir şey bulamıyoruz ve o, bu a priori görüşlerin, hürriyetin ihtimalini tesis için gerekli olduklarını ve ölü bir dal gibi sistemden ayrıldıklarına hükmetmektedir. Böylece Kant'ın, kadercilikle Determinizmi karıştırıp karıştırmadığını az sonra göreceğiz.

Schopenhauer'de ise, delillerden çok, keşişleri buluyoruz. Çünkü onun bilgisini sergilemek ve otoriteleri yığmak hoşuna gidiyor. Ancak otoritelerin bu olayda en ufak bir değeri yoktur. Onda bulduğumuz yegâne deliller şunlardır:

1. Şayet karakter elde edilebilecek bir şey olsaydı, fazilet, gençlerden ziyade insanlığın daha yaşlı yarısında özellikle bulunacaktı.

2. Kim kötü bir insan olarak görünürse, ebediyen güvenimizi kaybetmektedir. Bu bize, karakterin değişmezliğine inandığımızı ispat etmektedir.

Ancak bir an düşünen birisi için, buna benzer deliller neyi ispatlamaktadır? Bu iddiaların hepsi doğru olsa bile, hiçbir şeyin karakteri değiştiremeyeceğini ispatlar mı? Bunlar, sadece yaşayan insanların büyük çoğunluğunun ciddi anlamda karakter reformuna teşebbüs etmediklerini ispat etmektedir. Bunu iddia edenlerin, hayatın bütün unsurları içine, iradeyi dâhil etmeden yaklaştıklarını ortaya koymaktadır. Aslında, insanların çoğu, dış tesirlerle yönetilirler: Onlar, modayı, kamuoyunu takip ederler. Tıpkı, güneşin etrafında dönen dünyayı bırakmak nasıl aklından geçmediği gibi. Tembelliğin hemen hemen evrensel olduğunu biz mi tespit edeceğiz? İnsanların çoğu hayatlarını varlıklarını devam ettirmek için çalışarak geçirirler: İşçiler, fakirler, kadınlar, çocuklar, dünyaya önem verenler, asla düşünmezler. Bunlar kukla gibidirler, bunlar, karmaşık bilinç sahibidirler. Fakat bütün hareketleri isteksiz arzuların ve yabancı telkinlerin etkisi altındadır. Hayat mücadelesinin acımasız zaruretlerinin baskısı altında, yavaş bir evrimle hayvanlıktan çıkmış olan bu insanlar, dış şartların onları tahriki bittiği anda gerileme eğilimi yaşarlar. Hararetli bir ideal susuzluğunun ve belli bir ruh asaletinin, hayvanlıklarını tedrici olarak aşmayı gerektiren zahmetli işi devam ettirecek içsel sebepleri takdim etme-

İrade Eğitimi

yen kişilerin hepsi, kendilerini rastgele gitmeye bırakırlar. Buna göre, faziletli yaşlıların sayısının asla gençlerden fazla olmamasının tespiti hiç de şaşırtıcı değildir. Diğer yandan, başıboş birisine de güvenmemekte haklıyız.

Burada geçerli olacak yegâne delil, bütün mücadelemizin faydasız olduğunu ve bir egoistin, istese bile, faydalı şeyler yapamayacağının ispatlanmasıydı. Böyle bir iddia, incelemeyi bile hak etmez. Para kazanmak için ölümle karşılaşan serserileri görüyoruz. Ölüm korkusuyla başarısızlığa uğramayacak hiçbir ihtiras yoktur. Belki de egoistin sahip olduğu en önemli şey, hayattır. Geçici bir heyecanla hayatlarını vatan için veya asil bir dava için veren egoistleri hiç görmedik mi? Şayet bu geçici hal mümkünse, o zaman, meşhur operari sequituresse (eylem hazırlığı) ne olacak? Köklü bir biçimde değişen bir karakter, yarım saatliğine bile ola, değişmez bir karakter değildir ve bu değişimlerin daha sık yenilenmeleri ümit edilir.

Buna göre Schopenhauer, mutlak şekilde uyumlu ilk düşünceden sonuncuya, ilk duygudan sonuncuya kadar olan bencil karakterlere nerede rastlamıştır? İnsan tabiatının böylesine basitleştirilmesi asla hiçbir zaman gerçekleşmemiştir. Karakterin bir blok olduğu ve homojen bir blok olduğu kanaati, yüzeysel bir gözleme dayanmaktadır. Karakter, heterojen güçlerin bir sonucudur. Bu iddia, soyutlamaya değil, canlı insanların gözlemine dayanmaktadır. Bunun için, Kant'ın ve Schopenhauer'ın teorilerini reddetmek için bunlar yeterlidir. Spencer'e gelince ona, iyi eğilimlerin de kötüler kadar kalıtsal olduğunu, sağlam organize olduklarını ve insanın benliğindeki atalardan gelen gücün, insanın lehine olduğu kadar, aleyhine de olabileceğini ona göstermek yeterli olacaktır. Her halükarda, bu problemin, kitabın sonraki sayfalarında çözüme ulaşacağını umuyoruz.

Buna göre, karakterin bu değişmez teorisini bırakalım. Çünkü bu teori, ayakta duramaz. Bu teoriyi, Almanya'ya aşılayan Schoepenhauer'i hatırlayalım. Şayet cesaret kırıcı teorisyenlerimiz özellikle, hayret verici bir dar görüşlülükle, kadercilikle, determinizmi ayırt etmeyi bilmeyen ve **Cousinci** spiritüalizme karşı tepki olarak hayatımızı, iradeмizden ayrı olarak, fazileti ise şeker gibi bir şey olarak girecek kadar ileri giden Tain olmasaydı bu, bize iki kolorduya mal olurdu. Kabalığıyla uzun zaman zihinleri, psikolojik determinizmi incelemeye kapatan ve M. Ribot'un irade hastalıkları hakkındaki kitabının anlamını ilk çıktığında ve yıllar sonra da yanıltan naif ve çocuksu imge... Böylesine hassas konularda, dalgacı ve beceriksiz bir dostun olacağına, bir alay hasmın olsun daha iyidir.

Şimdi bize, yolumuzu daha çekici görünen bir teoriden temizlemek düşmektedir. Bu teori, kendine egemen olma ihtimalini tasdik eden fakat bu işin atlatılmasını çok kolay olarak görerek kaderci teorilerden daha baskın bir sonucu olan bir teoridir. Yani, hür irade teorisinden bahsetmek istiyoruz. Hür iradeyi, ahlâkî özgürlükle bağdaştırmaya çalışanlar, boş bir şeyle uğraşmaktadırlar. Çünkü bunlar, birbirlerine tamamen zıt durumdadırlar. Çünkü kendine egemen olma uzun, zahmetli ve tam bir kararlılık gerektiren böyle bir işi, genç insanlara kolay bir şeymiş gibi takdim etmek, önceden cesaretsizliği kabul etmektir. Sekiz yıllık sebatlı ve düzenli eğitim boyunca Antikitenin irade insanlarıyla senli benli olan heyecanlı genç insan, hiçbir zorluğu saklamadan sebat ederse, zafer ona gösterilerek bu önemli işe kendisini verebilir.

İrade Eğitimi

Fransa, 1870 sonrası bir temenniyle, bugünün güçlü Fransa'sı olmadıysa, insan da böyle olmayı temenni etmekle kendisine egemen olamaz. Bunun için Fransa ayağa kalkmak için yirmi yıl kararlı ve zahmetli bir işe girişmiştir. Bizim de ayağa kalkışımız bir sabır işi olacaktır. Nasıl mı? Kırlarda bir ev sahibi olarak dinlenmek için, otuz yıl boyunca zor bir mesleği icra eden insanları görüyoruz. Kendine egemen olmak gibi oldukça büyük ve çok asil bir hedefe ulaşmak için hiç mi zaman harcamayacaktık? Değerimizin bağlı olduğu şey, bundan hareketle oynayacağımız role bağlıdır. Biz, onunla herkese saygı empoze ve takdir empoze edeceğiz. O, bize bütün mutluluk kaynaklarımızı sağlayacak ve bundan dolayı hiç kimse endişe duymayacaktır. Bunun için gösterdiğimiz hor görme, hepimizin tecrübe ettiği gizli bir acıyı, kesinlikle saklamaktadır. Hangi öğrenci, iyi şeyler yapmak arzusuyla, iradesinin zayıflığı arasındaki orantısızlıktan acı çekmemiştir. Öğretmenlerimiz bize, hürsünüz diyorlardı. Ancak biz bunu, ümitsiz bir yalan olarak hissediyorduk. Kimse bize, iradenin yavaş bir şekilde elde edileceğini öğretmiyordu ve nasıl elde edileceğini düşünmüyordu. Kimse böyle bir savaşla ilgilenmiyordu, kimse bizi desteklemiyordu. Biz de doğal bir tepkiyle, Taine'nin ve kadercilerin doktrinlerini öfke ile benimsiyorduk. Çünkü bu doktrinler bizi teselli ediyordu ve bu konudaki savaşın faydasızlığını öğretiyorlardı. Biz de böylece, tembelliklerimizin teselli eden bu doktrinlerin yalanlarını hissetmemek için duygusuz halde kendimizi sakince bırakıyorduk. Evet, iradenin bu kaderci teorilerinin temelini, hür irade filozoflarının uğursuz ve aynı zamanda naif teorileri teşkil etmektedir. Ahlâkî hürriyet, politik hürriyet gibi, bu dünyadaki değerli her şey gibi, büyük bir savaşla elde edilmelidir ve devamlı savunulmalıdır. O, güçlülerin, maharetli olanların ve sebat edenlerin başarısıdır. Hür olmaya layık olmayan, hür olamaz. Hürriyet, ne bir haktır ve ne de bir olaydır. O, bir mükâfattır, hem de en yüksek mükâfattır, verimli bir mutluluktur: Manzara için güneş ışığı ne ise, hayatın bütün olayları için de hürriyet odur. Bunu elde edemeyen kimse, hayatın sürekli ve derin sevinçlerinden yoksun kalacaktır.

Ne yazık ki, hiçbir problem, hürriyetin hayati problemi kadar karartılmış değildir. Bain, onu, metafiziğin paslanmış kilidi olarak belirtir. Şu kesindir ki, biz hürriyetle, kendimize egemen olmayı, kendimizde asil duyguların hâkim olmasını ve hayvanî dürtülerimize ahlâkî fikirlerin üstün gelmesini kastediyoruz. Mükemmel bir kendine egemen olma durumunu, asla aklımıza getirmiyoruz: Mağaralarda yaşamış olan vahşi ecdadımızın, bize miras bıraktıkları bencillikten, sinirlilikten, tembellikten ve bedensel şehvetlerden mutlak olarak kurtulabilmemiz için çok zaman geçmiştir. Beşerî tabiatımız ile hayvanî tabiatımız arasındaki savaşta zafere ulaşmış olan büyük azizler, tartışmasız ve açık zaferlerin sevincini tanıyamamışlardır.

Fakat bir defa daha belirtelim ki, bizim burada çizdiğimiz ana hatlar, insanın kendisini kutsaması kadar zor bir uğraş değildir. Çünkü insanın, tembelliğiyle ve ihtiraslarıyla savaşması ayrı bir şey, bencillikten kurtulması ayrı bir şeydir.

Bu terimlerle belirtildiğinde bile, savaş meşakkatli ve uzundur. Ne cahiller ne de gururlular onu, yenemezler. Bunun için, takip edilmesi, bilinmesi gereken bir taktik ve uzun bir çalışma gerekmektedir. Psikoloji kurallarını bilmeden veya bilenlerin önerilerine uymadan arenaya girmek, deneyimli bir hasım karşısında, parçaların hareketlerini bilmeden başarısızlığı yenmeyi istemek gibidir. Fakat hayali hür irade taraftarları şöyle diyecekler: Şayet hiçbir şey yaratamıyorsanız, istekle bir şeye bir hareket veremiyorsanız, siz hür değilsiniz. Evet, biz hürüz ve başka da hür olmak istemiyoruz: Sizin gibi, bütün bilimsel kuralları ters biçimde tatbik etmek suretiyle basit bir istek veya garip bir eylem sayesinde bir dürtüye güç verme yerine, biz bu gücü ona, çağrışım kuralını zekice tatbikiyle vereceğimizi iddia ediyoruz. Biz beşeri tabiata, sadece ona itaat ederek kumanda edebiliriz. Hürriyetimizin yegâne garantisi psikoloji kurallarıdır. Bunlar aynı şekilde bizim azat olmamızın yegâne vasıtalarıdır. Bizim için hürriyet, sadece determinizmin merkezindedir.

İşte şimdi tartışmanın ana noktasını ele alıyoruz: Bize şöyle deniyor: Şayet siz, istek olmaksızın, sadece hür inisiyatifle iradenin, güçlü Saikler üzerinde güçsüz bir sebebin üstünlüğünü kabul etmiyorsanız, siz peşinen arzuyu kabulleniyorsunuz. Öğrenciniz çalışmak istemiyorsa, asla çalışmayacaktır. İşte yeniden kader konusuna geldik. Kalvinci kadercilikten daha kötü bir kaderciliğe geldik. Çünkü cehenneme giden Kalvinist kadercilik, kaderinin ne olduğunu bilmiyor ve Allah'tan ümidini hiçbir zaman kesmiyor. Fakat sizin öğrenciniz, derinleştirilmiş vicdanî bir incelemeyle, orada arzunun olmadığını, inayetin yokluğundan hareketle bütün çabanın faydasız olduğunu bilebilir: O, bu durumda bütün ümidini kaybetmiştir.

İşte mümkün ölçüde net olarak ortaya konulan problem budur. Bende daha iyiyi yapma ve yapmama arzusu var. Şayet buna sahip değilsem, bütün çaba boştur. Arzu bana bağlı olmadığı gibi, inayet de Allah'ın isteğine bağlıdır. Böylece gelip kaderciliğe, dahası ilâhî takdire dayandık. Çok güzel! Fakat çok güzel derken, görünmeyenden daha azına güzel diyoruz. Unutmayınız ki iyi arzusu ne kadar zayıf olursa olsun, bize yetmektedir. Çünkü biliyoruz ki, uygun kültür vasıtalarını kullanarak, onu geliştirebiliriz, sağlamlaştırabiliriz, onu, kararlı ve sağlam bir şekle sokabiliriz. Bu arzuyu ne kadar zayıf tasarlarsanız tasarlayın, ona muhtaçsınız ve o yoksa hiçbir şeye gücünüz yetmez.

Bunu tam olarak kabul ediyoruz: Biz önce, ıslah edilme arzusuna dayanmayan bir ıslah kararının asla temeli olmadığı konusunda, salt hürriyet sempatizanlarının bize katılacaklarına inanıyoruz. Uzun soluklu bir işi isteksiz tamamlamak, onun gerçekleşmesini araştırmayı sevmemek, bütün başarı şansını yok etmektir. Böyle olmazsa, işte bu, başarısızlığı yok etmektir. Aynı şeyi söylemiyor muyuz? Evet, arzu şarttır. Bundan kurtulma arzusu yoksa hürriyet de yoktur. Fakat bu kaderin acı sonuçlarına sadece bir grup insan maruz kalmaktadır. Ancak en açık şekilde hür irade taraftarları da, onları, kader mahkûmları olarak kabul etmektedirler.

Hakikatte, bizim kader grubumuz, ahlâkî deliliğe maruz kalmış bu talihsizler grubuyla aynıdır. Bu doğrudur ama ispatlanamaz. Çünkü negatif olaylarda karşılaşmadık ve aklını kaybetmemiş herhangi bir insana, bir rahibin onurlu mesleğini bir alkoliğin sefih hayatına tercih edip etmeyeceğini sorsak, bu adamın cevabı evet olurdu. Burada açık olarak bir ön gerçek var ve o, bizim gerçeğimiz. Fakat ona kim itiraz edecek?

Dehanın parlaklığına, güzelliğe, ahlâkî büyüklüğe, mutlak surette kanıtsız kalan insanları kim görmüş. Şayet böyle birisi varsa ben ona karşı ilgisiz olduğumu itiraf ediyorum.

İrade Eğitimi

Şayet benim ön gerçeğim, bütün insanlar için doğru ise ki doğrudur, bu, benim için yeterlidir. Bir insan türünün en iğrenç tiksindirici örneklerine, Sokrate'ın, Regulus'un, Vincent de Paul'ün büyüklüğünü tercih ediyorsa, bu tercih, ne kadar zayıf olursa olsun yeterlidir. Çünkü tercih etmek, sevmektir, arzu etmektir. Bu arzu, ne kadar geçici de olsa, korunabilir ve sağlamlaştırılabilir. Şayet onu iyi korursak büyüyecektir ve psikolojinin mahir yasalarının oyunuyla, sağlam bir kararlılığa dönüşecektir. Bir karıncanın yemeği olan bir taneden de fırtınalara meydan okuyan güçlü bir meşe ağacı meydana geliyor.

Sonuç olarak bu kadere takılmak bizi hiçbir zaman zihin karışıklığına sevk etmiyor. Çünkü bir grup akıl hastası ki onları hür irade taraftarları feda etmekte ve belki de bir düzine eğitimsiz insan dışında hepimiz iyi bir şekilde kadere bağlıyız. Bu durumda ahlâkı, oldukça tesadüfî teorilerin kaderine bağlamaya gerek yok. Tekrar ediyoruz ki cesaret kırıcı olan şey, hür irade cesaretsizliğidir. Ahlakın, sadece hürriyete ihtiyacı vardır. Bu, çok farklıdır. Bu hürriyet, sadece determinizm içinde mümkündür. Hürriyetimizi temin için, hayat gücümüzün gerçekleştirecek bir hayat planını tasarlamaya sahip olması gerekir. Bilgimiz ve psikolojik yasaları uygulamamız, sapmalarla, uzlaşmalarla, seçilmiş planın üstünlüğünü ve bizdeki fikirden kurtulmanın büyük gücü olan zamanı, projelerimizin lehine kullanmaya imkân verecektir.

Hürriyet kavramımız, tembelliğimiz yönünden, hür irade teorisi kadar çekici olmayabilir. Fakat bizim psikolojik ve ahlâkî tabiatımızın realitesine uygun olduğu ve içimizdeki hasımlarımıza çok gerçek şekilde tâbi olduğumuz için, mutlak hürriyetimizi gururla tasdikimiz gülünçlüğüne düşürmeme gibi nihai avantajları vardır. Yine şayet bu tartışma gözlemci psikolog için zevkli olsaydı, bu durum o kadar kötü olmazdı. Fakat bu, iyi niyetli insanlarda bir cesaret kırıcılık meydana getiriyor. Yine şüphesiz bu hür irade teorisi, iradenin şartlarını incelemeye nüfuz edici birçok zekâyı da uzaklaştırmıştır.

Şimdi iradenin tabiatı konusundaki rağbette olan teorilerden kurtulmanın zamanı gelmiştir. Bunun için, konumuza daha canlı şekilde girebilir ve irade psikolojisini daha yakından ele alabiliriz.

İKİNCİ KİTAP
İradenin Psikolojisi

BİRİNCİ BÖLÜM
İRADEDEKİ FİKİRLERİN ROLÜNÜN İNCELENMESİ

Şayet psikolojik hayatımızın elemanları basit olsalardı, kendimize egemen olma konusunda onların takdim ettikleri tehlikeleri ve kaynakları incelemekten daha kolay hiçbir şey olmayacaktı. Fakat bu elemanlar, kendi arzularında, detaylı tahlil çalışmalarını nazikleştiren birleşikler oluştururlardı. Böylece samimi hayatımızın bütün samimi elemanlarını üçe indirmek kolaydır. Bunlar; fikirlerimiz, duygusal hallerimiz, hareketlerimizdir. Fikir kelimesi, farklı elemanları içermektedir. Zihinle irade arasındaki ilişkilerle ilgilenen bir psikologun, fikirlerimiz arasında merkezi fikirlerle, merkezkaç fikirler arasındaki en derin ayırımdır. Bize, fikirlerin çoğu dışarıdan gelmektedir. Montaigne'nin söylediği gibi onlar, geçici olan gerçek konuklardır. Onlar, hiçbir asimilasyona maruz kalmamışlardır ve hafızamızı, sadece bir depo olarak kullanmaktadırlar. Orada, zıt fikirler yan yana durmaktalar ve hepimiz kafamızda, okumalarımızdan, konuşmalarımızdan, rüyalarımızdan gelen bir düşünceler yığını taşımaktayız. Bunlar bize, nüfuz etmek için, zihinsel tembelliğimizden yararlanan yabancılardır ve birçoğu, bir yazarın veya üstadın otoritesiyle kaplıdır.

Bu bir arena gibidir. Orada iyi ve kötü bulunmaktadır ki tembelliğimiz ve duygusallığımız bir takım doğruları bulacaklardır. Bu doğal fikirlerin sahibi biziz, onları, dizebiliriz, arzumuza göre de geliştirebiliriz. Onlar üzerinde egemeniz ama onların bize karşı egemenliği yoktur. Çoğu bir takım kelimelerdir. Tembelliğimize ve duygusallığımıza karşı kelimelerin savaşı, toprak tencereyle, demir tencerenin vuruşması gibidir. M. Foulliée, fikirler-güçlerden bahsederek, genel olarak yanlış bir tez geliştirdi.

Bir fikrin itici gücünü, her zaman ittifak ettiği gerçek güçlere, duygusal hallere bağlı olduğunu hiç göremedi. Her an bize gelen tecrübe, fikirlerin gücünün zayıflığı konusunda bizi tatmin etmektedir. Formel rızayla, kişiye harekete geçiren inanç arasında çok fark vardır. Akıl, duygusal güçlere karşı tek başına, yardım almadan savaşmak zorunda kaldığından beri, güçsüzlüğe mahkûm edilmiştir. Sağlıklı halde, aklın bu izolasyonunun imkânı yoktur. Fakat hastalık bize, çok açık şekilde, en önemli eylemlerin, duygusallıktan geldiğini ispat etmektedir. Biz aklın, bizatihi bir güce sahip olmadığını iddia etmiyoruz. Fakat o, güçlü ve kararlı hayvanî eğilimleri redde ve temelden yok etmede güçsüzdür. İşte bize, kesin görünen budur. M. Ribot, belirli örnekler yardımıyla, duygusallık derin şekilde zarar gördüğünde, duygusallığı takip eden zevk, görünmediğinde, fikir kuru ve soğuk kaldığında, akıllı birinin bir imza için elini bile hareket ettiremeyeceğini ispatlamıştır. Kim, hareketli bir gece ve yeterli istirahat etmeden sabah uyandığında, buna benzer bir halde bulunmaz? Derin bir uyuşukluğa dalmış halde, akıl oldukça net, ne yapılacağını görüyoruz. Ama nafile. Bu durumda, fikrin bizatihi gücünün az olduğunu hissediyoruz. Bu sıra-

İrade Eğitimi

da, hizmetçi kadının bir ziyaretçiyle konuştuğunu duyuyoruz. Biz bunu unutmuşuz. Bu karışık duyguyla, yataktan aceleyle fırlıyoruz. Ribot tarafından zikredilen bu olaylarda, fikirlerle, duyguların sonuçları arasında canlı bir zıtlık vardır. Onun bahsettiği hastalardan birisi, aklı başında olmasına rağmen, en küçük iradeli bir hareket yapamıyor fakat bir araba, yolda bir kadını ezdiğinde, arabadan ilk atlayan o oluyor.

Maalesef, patolojik durumlar, ayrı durumlar olarak kabul ediliyor. Hâlbuki onlar, realitenin şişirilmiş halinden başka bir şey değillerdir. Nasıl ki bir cimri, Harpagon'un[8] maskaralıklarına gülmeye hazırsa ve hiçbirisini kendine mal etmezse, çok net durumlarda bile, zihinsel hastalıkları biz de kendimizde görmek istemeyiz. Sonuç olarak bütün tecrübelerimiz bize, fikrin zayıflığından nüfuz etmektedir. Sarhoşluklarının sonucunu çok iyi bilen alkoliklerden bahsetmiyorum. Onlar, ilk beyin kanamasına kadar bunu hissetmezler. Hissettiklerinde ise, vakit geçmiştir. Geleceğin felaketlerini hissetmeden beklemek hürriyetsizlik değil de nedir? Felaket geldiğinde, keşke bilseydim, deniliyor. Aslında bilinmektedir. Fakat bu duygusal, heyecan verici bilgi, irade açısından, dikkate alınacak bilgi değildir.

Bu çok derinilere nüfuz etmeyen yüzeysel fikirler tabakasının altında geçici duyguların desteğinden yararlanan fikirler bulunmaktadır. Mesela, yarım tembellik içinde günler geçer, belki biraz okuruz fakat ele alınacak kitap şurada beklemektedir. Kendimize verdiğimiz mükemmel desteklere rağmen, çabasızlık vardır: Tam da bu sırada postacı, bir ar-

---

[8] Yazar, Molière'ın cimri isimli eserine işaret etmektedir.

kadaşın başarı haberini getirince, rekabet duygusu zirveye çıkar, en yüksek ve en sağlam müşahedelerin meydana getiremediği şeyi, aşağı düzeyde bir heyecan dalgası meydana getirir. Fikirle heyecan farkını açıklıkla bize gösteren bir olayı daima unutmayız. Şafak sökmeden Buet'de, aşağı kısım karanlıkta yok olan kardan hızlıca kayıyordum. Aklımı bir an bile kaybetmedim. Durumumun ne kadar kritik olduğunun farkındaydım ve tehlike açıkça görünüyordu. Ölüme gideceğimi düşünürken, yavaşlamayı ve sonra yüz metre ileride durmayı başardım. Çük sakin olarak kayış sopasının yardımıyla buzlu karı çok yavaş geçtim ve kayaların içinde güvenli bir noktada kesin olarak kurtuldum. Belki de aşırı çabadan kaynaklanan bir yorgunluktan şiddetli bir titreme hissettim. Kalbim çarpıyordu, bedenim soğuk bir tere bürünmüştü. İşte o zaman, aşırı bir dehşet ve korkuyu hissetmiştim. Tehlikeyi görmek, bir anda, tehlike duygusunu meydana getirdi.

Geçici duygusal haller tarafından geçici olarak benimsenen dış kökenli bu fikirlerden daha derinde, temel duygularla ahenk içinde bulunan anlarla oldukça sıkı bir ittifak oluşturan fikirler bulunmakta ve duygunun mu fikri, fikrin mi duygusu oluşturduğu bilinmemektedir. İşte bu noktada, bu fikirler, en derin eğilimlerimizden ve derinliklerimizden gelen ve bizzat karakterimizi en açık formülle oluşturan dâhili fikirlerle karışmaktadır. Hassas kişiliğimiz onlara sıcak bir uyum göstermektedir. Sanki onlar, bir çeşit duygudurlar. Yüzeyde soğumuş bir lav gibi, belli bir derinlikte, yıllarca yanmaya devam eden bu düşünceler, zihinde dönüşümler içinde duygusal kökenlerinin sıcaklığını muhafaza etmektedirler. Bu fikirler, aynı anda, belli bir istikamette uzanan bü-

İrade Eğitimi

tün faaliyetlerin, destekçileri ve ilham edicisidirler. Açıkça belirtmemiz gerekirse bu fikirler, tam olarak fikir değillerdir: Onlar, duyguların açık, kesin, evirip çevirdiği ek fikirlerdir. Yani, güçlü fakat yavaş, ağır ve kullanılması zor psikolojik durumlardır. Kelimelerden ve anlamları boşaltılmış "sözel insanı" meydana getiren bu yüzeysel fikirlerden onlar çok farklıdırlar. Onların enerjileri, onlara sanki köklerinden gelmektedir. Bu enerjiyi onlar, canlı duygulardan, tutkulardan tek kelimeyle duygusal hallerden ödünç almaktadırlar. Bizim bahsettiğimiz fikir, onu hararetle kabullenecek, ele alacağımız çifte ve esrarlı bir dıştan içe geçişme fenomeniyle oluşan fikir, kendisini verimli kılan duyguları kendisine çeker, onlardan gıdalaşır, güç alır, fikrin berraklığı duyguların içine dâhil olur, onlara güç değil fakat yön verir. Demirden yapılmış çubukların sayısız akımı için mıknatıslanma ne ise, duygular için de fikir odur. Fikir, duyguları aynı istikamette yönlendirir, çatışmaları yok eder, uyumsuz yığınlardan disiplinli bir akım, yüz kat büyüklüğünde bir güç oluşturur. İşte politikada meşhur bir kişinin ortaya koyduğu bir mutluluk formülünün, anarşik ve birbirine zıt olanların bütün güçlerini çok açık bir hedefe yönlendirmesi de buna benzer.

Fakat fikirler kendi olduklarında, eğilimlerinin kabalığı karşısında güçsüzdürler. Gecenin bir saatinde, hiç sebep yokken, saçma sapan bir korkuya kapılıp, kalbi çarpıp, kanın akın etmesiyle şişmiş şakaklarla yatakta kalan ve aklının başta olmasına rağmen panik yaşamayan ve paniği yatıştıramayan kimse var mı? Buna benzer bir olayı hiç yaşamamış olanlar, bir köy evinde, dışarıda kış rüzgârı uğuldarken, gece yarısından sonra Hoffmann'ın öykülerinden birisi olan "Uğursuz Mirası" okumalıdırlar: Korku duygusu karşısında, akıllarının, fikirlerinin bütün ağırlıklarını nasıl kaybettiklerini açıkça göreceklerdir[9]. Oldukça güçlü ve içgüdüsel fikirlerden bahsetmeden, fikirlerin ve duyguların gerçekleştirdikleri farkı elde edilmiş duyguları inceleyerek açık şekilde tespit edebiliriz. Küçük şehirlerin burjuvasının sırf entelektüel papağan vari inancını bir Dominiken'in inancıyla kıyaslayalım. Dominiken, dini gerçeği hissederek, kendisini feda edebilir, dünya nimetlerinden yoksun kalabilir, fakirliği, çileleri kabullenebilir. Burjuvazideki inanç ise, entelektüel düzeydedir, kilise ayinine gitmektedir fakat en çirkin bencilliğe karşı hiçbir tiksintisi yoktur, zengindir, kötü beslediği fakir hizmetçisini acımasızca sömürür ve ondan en zor işler ister. Şimdi de, zevki için, gösteriş için israftan kaçan, lafta bir sosyalizm taraftarlarıyla, zengin, soylu ve servet sahibi olmasına rağmen bir Rus köylüsünün hayat tarzını yaşayan Tolstoy'un hissettiği sosyalizmi mukayese edelim. Yine ölümün kaçınılmazlığı düşüncesi birçok insanda soyut olarak vardır. Böylece oldukça teselli edici, oldukça rahatlatıcı ve kaprisli duygularımızı, gururumuzu, bencilliğimizi zayıflatmaya ve ızdıraplarımızın kaynağını oldukça kurutmaya uygun olan bu ölüm fikrinin, hareketlerimiz üzerinde hiçbir etkisi görülmemektedir. Ölüme mahkûm olanlarda bile bu ölme fikri genelde, son ana kadar hissedilmemektedir. Aslında ölüm düşüncesi, akılda her zaman, müphem şekilde vardı ve onu aklına getirmiyordu. Böylece yakında öleceğini aklına getirdiğinde, titremesine ve kıpkırmızı olmasına rağmen, irade dışı, önündeki parmaklığın çubuklarını saymaya başlıyor, bir çubuğun kırık olduğunu fark etmek onu hayret-

---

[9] Hoffmann'ın kitabının Türkçesi, "Meşum Miras" olarak tercüme edilmiştir.

İrade Eğitimi

te bırakıyor ve onun tamir edilip edilmeyeceğini kendi kendisine soruyordu. Kaçınılmaz sonucunun yaklaştığı düşüncesi, son gecede, bu korkunç günde kafasını tamamen işgal ederek, bu kadar erken öleceğini o ana kadar sadece silik biçimde görür gibi olmuştu.

Başka örnekler vermeye lüzum yok. Herkes geçmiş tecrübelerini irdeleyerek bunu benzer olayları bulabilecektir. Evet. Fikir tek başına bir güç değildir. Şayet bilinçte, tek o olsaydı bir güç olurdu. Fakat orada fikir duygusal durumlarla çatışma halinde olduğundan gücü, duygulardan ödünç almak zorundadır.

Fikrin bu güçsüzlüğü, onun üzerinde mutlak hâkimiyetimizden daha da üzücüdür. Şuur hallerinin bir araya gelme determinizmi, entelektüel alanda bize, hemen hemen mutlak bir hüviyet vermektedir. Bu halden çıkmamızı ve içine yeni elemanlar dâhil etmemizi ve halkaları yeniden birleştirmemizi temin eden bizzat şuur hallerinin bir araya gelme yasalarıdır. Bu teorik kabulü aydınlatmak için bir örnek ararken, tesadüfen bir fikri takip eden insanların sadık tedarikçisi bu fikri bana lütfetti. Bu, bir fabrika sireniydi. Bu ses, takip ettiğim fikirlerin bağını kırdı ve şuuruma bir anda deniz imajını, Korsika dağlarının profilini sonra Bastika iskelesinden görülen olağanüstü manzarayı sokmuştu. Çünkü sirenin sesi, üç yıl süreyle sık sık duyduğum bir vapurun sireniyle aynıydı. İşte, bizim hürriyetimiz: Bu, daha güçlü olanın yasasıdır. Genel kural, hissedilebilen bir hal, temsili hallerden daha güçlüdür. Şayet işitilen siren, düşündüğümüz fikirleri kırabiliyorsa, aynı süreci bilinçli olarak kullanmamız yeterli olacaktır.

Ancak kendimizde, hissedilebilir duyguları meydana getirebilir ve istediğimiz zaman, kendimizi, zinciri şiddetle kıracak güçlü duygularımızın bir araya gelmesinden kurtarabiliriz. Özellikle, bu hissedilebilir duygulardan birisi kolay ve dikkat çekicisidir: Bu hareket, hareketler arasında dilin hareketidir. Kelimeleri yüksek sesle telaffuz ederek, okuyabiliriz. Hatta dindarların, vesveselerinin zirvesinde kendilerini kamçıladıkları gibi, hissettiğimiz duygular zincirini güçlü şekilde kırar ve yeni bir düşüncenin doğmasını meydana getirecek şekilde, kontrol altına almak istediğimiz fikri zorla ortaya koyabiliriz.

Bu işte, hafızanın büyük yasası bize, güçlü bir destek vermektedir. Bütün hatıraların, hafızamıza yerleşmesi için uzun ve sık tekrara ihtiyacı vardır. Yine hatıraların daha aktif ve sevgiye ihtiyacı vardır. Zihnimizden çıkardığımız fikirlerin meydana getirdiği zincirlerin beyinsel kalıntıları da zayıflar, yok olur ve kendileriyle ilgili fikirleri de yok eder. Buna göre, biz düşüncelerimize hâkimiz: Kötü bitkileri söküp atabiliriz. Hatta onları taşıyan toprağı da yok edebiliriz.

Aksine, duygularımızı korumayı ve geliştirmeyi istediğimiz zaman da, bize yabancı duyguları, zihnimize aniden gelen uzaklaştırmaya özen gösteririz. Bunun için, sakinlik ve sessizlik ararız. Şayet düşüncelerimiz dayanıksızsa, gözlerimizi kapatırız. Hatta işimize yarayacak ağır basan duyguları, yardıma çağırabiliriz: Yüksek sesle konuşur, düşüncelerimizi yazarız. Yazının özellikle uzun tefekkürlerde bize çok büyük faydası olmaktadır. Yazı, düşünceyi destekler, gözlerin ve elin hareketleriyle fikre destek olmaktadır. Mesleğim dolayısıyla bende güçlüce gelişmiş olan doğal durumum, sessiz okumama engel olmaktadır. Böylece düşünce, üç duy-

İrade Eğitimi

gusal zincirle hatta dörtle desteklenmektedir. (Çünkü kelimeyi işitmeden sesli okumak zordur.)[10]

Kısaca, duyu organlarımızın veya dille ilgili olan kaslarımızın üzerinde mutlak bir güce sahip olduğumuz içindir ki fikir topluluklarının köleliğinden kurtulabiliriz. Bu noktada hepimizin tabiatına göre bir takım farklılıklar olabilir. Bugün psikolojide, kendine özgü vakasını genelleştirme hevesinde olanlar vardır ve bunlar onların arasına karışmaktadır[11]. Yine kendimle ilgili olarak, sahip olduğu ve yönünü değiştirmek için düşüncemi önlemeyi istediğimde ilk hatırladığım hatıramın, bir hareketin ön imajı olduğunu ifade etmeliyim. Düşünceme egemen olmanın tek sebebi, kaslarıma sahip olmamdır.

Ne olursa olsun, kendi kendine irade terbiyesi noktasından bu bölümün sonucuna bakıldığında, oldukça cesaret kırıcı olduğu görülecektir. Aslında, fikirlerimiz üzerinde mutlak bir güce sahibiz. Fakat maalesef, tembelliğe ve duygusallığa karşı savaşta, fikirlerimizin gücü oldukça zayıftır. Kendine egemen olma savaşında duygusal durumların takdim ettiği kaynakları araştırırken daha mutlu olup olmayacağımızı göreceğiz.

---

[10] Kelimenin hatırasının çok karmaşık olduğu ve dört unsurdan oluştuğu bilinmektedir: 1. Telaffuz edilen kelime, 2. Yazılan kelime, 3. İşitilen kelime, 4. Yazılan kelime. Dil olmadan, düşünce olmaz. Bunun için her düşünce topluluğunun altında, imajlardan oluşan bir veya birçok düşüncenin geliştiği açıktır. Yazarken bu dört imge, düşünceyi destekler.
[11] Ribot, Revue Philosophique: Enquéte Sur Les İdées Générales. 1891 Ekim. Alcan.

İKİNCİ BÖLÜM
İRADEDEKİ DUYGUSAL DURUMLARIN ETÜDÜ

Duygusal hallerin irademiz üzerinde yapabileceği şey, abartılan bir şey değildir. Bu duygusal haller, her şeyi yapabilirler ve hatta bizi tereddütsüz ölümle ve ızdırapla karşı karşıya getirebilirler. Onların güçlerini tespit etmek, evrensel amprik bir yasayı tespit etmektir. Fakat bu amprik yasayı bilimsel bir yasaya çevirmek yani onu daha yüksek bir yasadan meydana getirmek, çok açık bir hakikatten çıkarılmış bir sonuç olarak telakki etmek mümkündür.

Şayet tahlille, duyguyu oluşturan unsurları ayrıştırırsak onun bir Beethoven müziği olduğunu göreceğiz: Temel bir motifin, bütün değişimleri altında, bazen onu kaplayan bazen de onu belirgin hale çıkaran bir şekil altında dolaştığını görüyoruz: Bin şekil altında doğan bu cümle, müzikal gelişmeye hayat veren, hem farklı hem de birleştirici ruh hali gibidir. Olağanüstü zenginliği ile müziğin tamamını destekleyen bu cümle temel bir eğilim duygusuna uygun gelmektedir. İşte bu eğilim, duyguya birlik sağlamaktadır. Yine işte, bunun üzerinde, hatıraların, açlıklarına, zevkin, duyguların çok zengin variasyonları gelişebilir. Fakat o, özel bir nüansla, bütün bu ikinci derecedeki unsurları renklendirir. Descartes'daki yaratıkların sadece Allah'ın sürekli yaratmasıyla oldukları gibi, zevklerimiz, acılarımız, duygularımız, hatıralarımız da hakikatte sadece bir çeşit devamlı yaratılışla olmaktadır: Yani, onlarda parıldayan eğilimin canlı enerjisiyle var olmaktadır. O, kaybolsaydı, ortada, sadece ölü, soğuk, etkisiz ve renksiz psikolojik bir yığından başka bir şey kalmazdı.

Bütün duygunun bu cevhersel fonu, niçin bu hallerin bizde bu kadar sağlam bir gücü olduğunu anlamamıza imkân vermektedir. Hakikatte, acıyla güçlü şekilde disipline edilmiş, yaşam istediğimiz, aktivitemiz olmasa da eğilimler, gelişmede birçok istikamette terke zorlanmış veya organize edilmiş özel eğilimlerden olan kanalların seyrine ya da yok oluşun kanununa maruz kalarak, izin verilen yollarda gelişmiş olan yaşama arzumuz, bizim doğal eğilimlerimizden başka ne olabilir?

Izdırabın ortaya koyduğu bu hareket, bundan sonra, bir eylem ya da diğerlerinden açık bir şekilde farklılaşmış eylemler dizisini teşkil eden ve birbiriyle alakalı olan bir dizi kas hareketiyle ortaya çıkacak olan bu eylem, her türlü eğilimin başlangıç şekli olacaktır. Izdırabın disipline etmediği aktivite, her yöne dağılır ve zayıflar: Tecrübe, onu temayüllerimize kanalize olmaya zorlar ve bu temayüller, görüldüğü gibi, elde edilmiş fikirlerin, harici ikincil duyguların, yüzeysel kabuğunda yakıcı seyirle yol alan, bir bakıma bizim merkezi ve ilkel enerjimizdir. Alışılmış hareketler olarak ifade edilmeye alışılmış olan ve kaslara yayılmış olan işte bu canlı gücümüzdür: Bu bile, eğilimlerimizin motorize gücünü açıklamaktadır. Bunlar, bir hareket grubunu oluşturur veya bir hareket yığınını teşkil ederler. Mesela öfkeyle, aşkla vs. ile söz konusu olan kas materyalidir ve her yerde her durumda aynıdır. Aynı şey, bütün insan türünde belirli şekilde vardır. Bugün için olan, varlığı bize aktaran, sayısız nesiller içinde olmuştur. Biraz pörsümüş bu yüzeyin üzerine herkes, kişisel yeniliklerini işlemektedir. Fakat bütün, o kadar tutarlıdır ki,

İrade Eğitimi

beşikteki çocuklar bile ondaki anlamı anlamaktadırlar. Kaslarla, eğilim arasındaki bu bağ, mirasla aktarılmıştır. Bu bağ, yüzyıllara dayanmaktadır. Böylece anlaşılıyor ki, benim şu fikirle veya şu kas hareketiyle şuurlu olarak kurduğum bağın, otomatik hale dönüşen diğer bağların yanında önemi yoktur. Eşit olmayan bu savaşta kırılmamak için, yegâne görüş, görüleceği gibi ittifaklar aramak ve kalıtımsal eğilimlerle ortak amaçlar bulmaktır. Aksi takdirde fikri eyleme bağlayan kırılgan ağın, şoka dayanamayacağı mücadele riskli bir mücadeledir.

Duygunun gücü, büyük bir tesir gücüyle kendisini göstermektedir. Canlı bir duygu, hissedilebilir eşyaların algısı gibi, zahiren ondan ayrı psikolojik halleri karıştırabilir. Gerçek olarak bir algı, en esas olanlar bile, bazı işaretlerin bir yorumudur. Meselâ, bu portakalı göremiyorum, sadece bazı işaretlerle onun portakal olması gerektiğine inanıyorum. Fakat bu yorum, alışkanlıkla, birden otomatik olarak bozulan bir hale dönüşmektedir. Böylece duygu, gerçek yorumu devamlı olarak kavramakta ve zihinde onun yerini alan hayali bir yorum almaktadır. Geceleri en açık gürültüler hakkında saçma yorumları provoke eden korkudan hiç bahsetmeden, nefretin en açık olgulara karşı bizi körleştirdiğini bilmeyen birisi var mı? Bu garip saçmalıkları daha iyi anlamak için, çocuklarının güzelliği konusunda yanılan anneleri düşünelim ve aşkın provoke ettiği yanılmalarla alay eden Molière'in güzel esprisini hatırlayalım:

"*Solgun kızın beyazlığı, Yasemin'le kıyaslanabilir;*
Gece korkutan kız, hayranlık veren bir esmerdir."[12]

---

[12] Misantrophe, II, V.

Fakat duyguyu kalpazanlaştıran sadece algı değildir. Çünkü güçlü duygular, zayıf duygulara hiçbir zaman saygılı değillerdir. Meselâ, ileride bu olayın önemine işaret edeceğimiz gibi, birçok insanda canlı olarak bulunan kendini beğenme, gerçekten tecrübe edilmiş duyguları, şuurdan kovabilir. Denenmesi uygun olan zarif duygular, kendimize duyduğumuz aşk tarafından telkin edilmektedir. Bu yabancı duygular, bilincimize yerleşirler ve gerçek duygular, bir duvarın önünde görülen bir hayaletin, halının desenlerini halüsinasyon olarak göreni saklaması gibi olurlar. İşte böyle bir kendi kendini telkinin sonucunda, kendini beğenme ve etrafın telkin ettiği duygulardan kurtulduklarında iddia edilen zevkler için, yaşının ve konumunun zevklerinden mahrum olmaktadır. Zevkleriyle ve kapasitesizlikleriyle yüzeysel dünyacılar, aynı anda hem meşgul, hem aptal, hem de kısır olan hayatlarının ortasında, duydukları gerçek duyguları asla kendi benliklerinin temelinde aramayacaklardır. Onlar, hissediyormuş gibi zahiri dünyada görünerek, iyi karşılanan duyguları, gerçekten hissettiklerini zannederek, kendilerinde gerçek, bir duyguyu öldürmeye kadar varırlar. Başkaları ne der? Endişesi, onları sevecen, nazik, hiçbir orijinalitesi olmayan varlıklara, ipleri başkasının elinde olan mekanik oyuncaklara dönüştürmektedir. En korkunç olanlar da bile, sadece uygun olanları hissederler.

Şurası açıktır ki şayet sağlam ve istikrarlı şeyler olan algılarımızın ve duygularımızın içine başka şeyler dâhil edebiliyorsak, duygusal durumlar, kırılgan olan hatıraları, alt-üst etmekte hiçte zorlanmayacaktır. Her karar gibi, her inanışta, az veya çok tamamlanmış anketlerin gelişimine dayanır. Böylece duygu, olağanüstü birtakım sonuçlara sahip olacak-

İrade Eğitimi

tır. Hakikat aşkımızdan kullandığımız temel şey, sevdiğimiz şeyin gerçek olduğu kanaatine varmaktır[13]. Herkesin seçilecek birçok yol arasında birini seçtiğini sanıyoruz. Ama öyle değil! Çünkü daima kararımız içimizde kalmakta ve bizim tarafımızdan alınmamaktadır. Bizim bilinçli arzumuzun onda hiçbir payı yoktur. Onların kesin zaferlerinden güven duymayan temayüller, aklın serbest olmasına izin veriyorlar. Kendisini kraliçe zannetme kısır tatminini ona bırakıyorlar. Fakat aslında o, kafadan bir kraliçedir, hava atıyor, konuşuyor fakat yönetimde bulunamıyor. Hakikatte, duygusal hallerin şiddetine uysalca uyan akıl, irade yönünden büyük bir tatmine sahip değildir. Çünkü irade, ondan aldığı kuru emirleri yerine getirmekten zevk almaz: İradenin istediği, heyecan düzeyinde ve ihtirasla yüklü güçlü patoloji bize, iradeden yoksun birinin, ezilen bir kadına itina gösteren kişinin ilki olduğunu göstermiştir[14]. İşte, özel bir isteğin örneği!

Güçlü ve sürekli bir irade, bizzat güçlü duygularla sık sık olmasa bile, az da olsa desteklenmelidir. Mill, "yoğun bir duygusallık" diyor. Bu, insanın üzerinde güçlü bir imparatorluk icra etmesine izin veren vasıta ve şartlardır. Fakat bunun, geliştirilmeye ihtiyacı vardır. Bu hazırlığı tamamladığı zaman sadece ilk hareketin kahramanlarını değil, sahip olduğu irade kahramanlarını da oluşturur. Tarih ve tecrübe, en güçlü karakterlerin, ihtiraslı bu istikamete yönlendirildiği zaman, vazife duygularında daha çok istikrar ve kararlılık gösterdiklerini ispatlamaktadır[15]. İnsan, kendisini dikkatli şekilde müşahede ettiğinde, alışkanlıkla otomatikleşen

---

[13] Nicole, De la Connaissance de Soi, 1.
[14] Ribot, Maladie de la Volonté, Loc. Cit. P.48 ve not, 52.
[15] Mill, Assujetissement des Femmes, 150.

davranışların yanında, her istekten önce, duygusal bir akımın, icra edilecek davranışın duygusal algısının meydana geldiğini müşahede edecektir. Bazen gördüğümüz gibi, çalışma fikri, bizi, yataktan fırlatacak kadar güçlü değilken, bir gün önce çok erken kalktığımızla ilgili yaptığımız açıklamanın ardından, yatakta yatarken yakalanmanın verdiği utanç duygusu çok acele giyinmemize yeterlidir. Yine bazen, bir adaletsizlik duygusu, bize, oldukça pahalıya mal olan bir protestoya sevk edebilir.

Zaten, bugün çocuklara sunulan oldukça az rasyonel olan eğitim, bir yönüyle gerçeğin belirsiz bir algısı üzerine oturmuştur. Bütün kompozisyonlar, ödüller ve cezalar, iradeleri harekete getirebilecek şeyin duygular olacağı kanaatine dayanmaktadır. Yine, çocuklarda, duygusallık çok aşağı seviyede olduğu için, iradelerin altında eğitilmeleri mümkün değildir, başka şeylere dayanarak eğitilirler. Şunu açıkça söylemek gerekirse; eğitimin en zor problemi, duygusallıktan yoksun çocukları eğitmeye çalışmaktır. "Onların bütün düşünceleri dağınıktır... Her şeyi dinlerler fakat hiçbir şey hissetmezler."[16]

Şayet, toplumların kolektif isteklerini, fertlerde olanların bir toplanması olarak kabul edersek, fikirlerin, dünyayı ancak dolaylı olarak duygulara dayanarak yönettiklerini çok açık bir şekilde göreceğiz. Michelet, bir fikrin hakim olması, formülünün ilk görünüşünden daha çok, aşkın güçlü hareketiyle kabul edilip kalbin gücüyle gelişmeye başladığında olmaktadır, diyor. Spencer, haklı olarak, dünyayı sevk edenlerin duygular olduğunu savunmaktadır[17]. Stuart Mill buna

---

[16] Fénelon, Education des Fille, ch. IV.
[17] Les Femmes de la Revolution, 1854, p.321.

İrade Eğitimi

şöyle itiraz etmektedir: "Dünyanın hareketini ortaya koyanlar, beşeri kaprisler ve duygular değildir."[18] Elbette ki hayır! Dünyanın hareketini ortaya koymak, güçlü duygularla mümkün oldu, onlar olmadan beşeri davranışlar üzerinde tesiri olmazdı. Fikir, Pascal'ın, Spinoza'nın ruhunda çimlendi. Bilhassa, Spinoza'nın ruhunda çimlenen, dünyanın, evrendeki önemsizliği, sonra da bizim hiç olduğumuz duygusu onu, derinden etkiledi. Böylece, ebedî şeylerin büyük sakinliğini hissetmeksizin, hiç kimse, onun eserlerine derin bir şekilde nüfuz edemez. Bu buluş, sadece düşünen filozoflarda, pratik sonuçlar meydana getirdi. Çünkü bu, sadece onlarda, derin duyguların gelişimini provoke etmiştir. Bir milletin, politik bir grubun iradesi duygusal durumların sonucudur (İlgililer, ortak korkular, ortak sempatiler) ve saf fikirler, halkın şevkinde az etkilidirler.

Okurlarımızın dikkatini bu noktaya çekmemiz yeterli olacaktır. Onlar, duyguların gücü ve seyri üzerindeki fikrin zayıflığının birçok tecrübesini, tarihte bulacaklardır.

Meselâ, saf fikirleri, duygudan, hepimizi heyecanlandıran vatanperverlik duygusu içindeki, ızdırapları, öfkeleri, korkuları ve ümitleri, ayırt etmeyi bileceklerdir. Ferdi delillere gelince, "insanlık komedyasına" bir göz atmak, bir düzine delili onlara verecektir. Bu kitabın birinci bölümünde zikrettiğimiz örneklerden başka, dini ödevlerini icra edemeyenler için endişe eden ve dostlarının onurunu yok eden birtakım dindar kadınları göreceklerdir. Yine, insan sevgisini dillerine dolayan, tiksindirici barakaları ziyaret etme, çok kere kirli ve pis fakirlerle temasa geçme düşüncesi karşısında, dehşetle

---

[18] Spencer, Pourquoi Jeme Sépare d'Aug. Comte.

kaçan politikacıları fark edeceklerdir. Bazı anlarda onlar, duygusallıkla vicdanlarında provoke olan karışıklıklara felçli olarak şahit olacaklar ve vücudun birçok yerinde toplanmış bir salgının çoğu zaman, kendisine egemen gibi davranan fikirde çimlenmeye muktedir olan iğrenç fikirlerle sarsılacaklardır. Bu sarsılma duygusunun sonucunda, mutlak olan ideal fikre yönelecek, sadece kendisinde değil, bir ruhta derin bir dinsel duygu meydana getirebilen bütün özel sevgiden de uzak kalacak hale maruz kalacaklardır. İmitation de Jesus Christ=İsa'nın taklidindeki şu deyimin hakikatine nüfuz edeceklerdir: qui amat non laboret=İşini kim severse, kolay yapar. Annelik duygusunun, vatanperverlik ve şeref duygusunu ne kadar rahatlıkla yok edeceğini göreceklerdir: O, yaşasın, rezil de olsa yaşasın! Ancak bunun tam tersi bir fenomenle, bir Cornélie'nin hararetli vatanperverliğinde, en sağlam duyguların ortaya çıkabileceğinin ispatını görebileceklerdir. Bu son misal, bizim için önemlidir. Çünkü o,en kuvvetli içgüdüsel duyguların temelinden koparılma ihtimalini ortaya koymaktadır. Böyle bir araştırma sonrası, hiç kimse, duygusal durumların irade üzerinde olan gücünü inkâr edemez.

Maalesef, tabiatımızın duygusal tarafının psikolojik hayatımız üzerindeki hâkimiyeti ne kadar acıksa, onun üzerindeki gücümüz de oldukça zayıftır. Daha ciddi olanı da, olayları incelememizle bu zayıflığın, sadece gerçek değil, aynı zamanda başka da olmasının mümkün olmadığı görülebilir. İşte bu zayıflık, gerçekte sadece, duygunun bizzat tabiatının bir sonucudur. Zaten, dış dünya üzerindeki her aksiyonun, zaruri olarak kaslarımıza ihtiyacı olduğunu göstermiştik: Kaslar yoksa dış aksiyonlar da yoktur. Buna göre, dışarıdan

İrade Eğitimi

gelen her dürtü, onu alan kişide bir yanıtı provoke eder ve bu yanıt, kaslarla olur. Fakat dış intibalar oldukça çeşitlidir: Sonuçta bu çeşitlilik kasların yanıtına da akseder. Fakat kasın hareketi hangi şekilde olursa olsun, bir güç sarf etmesi gerekir. Tabiat, bu gücü, olağanüstü bir şekilde sağlamaktadır. Meselâ, bir intiba, duygulara çarptığında, birden kalp daha hızlı çarpmaya başlar, nefes alma hızlanır, gıda fonksiyonlarının tamamı, bir darbe yemiş gibi olur. İşte bu anlık psikolojik heyecan, duyguyu oluşturmaktadır. Bu heyecanın güçlüğü kadar duygu da güçlü olacaktır. Heyecandan noksanlık, duyguda da görülecektir. Kısaca, bu heyecan otomatiktir ve irademizin kontrolünde değildir. Bu durum, kendimize egemen olmada sıkıntılı bir durumdur.

Çünkü kalbimizin çarpıntısını durduramadığımız gibi, ılımlaştıramayız da. Tamamen felçleşmiş dolaşım sistemimize mani olarak korkuyu gideremeyiz. Cinsel ilişkide, erkeklik tohumunun oluşumuna engel olamayız. Kendilerine egemen olan insanların çok az olduğunu, hürriyetin çok az kişinin yapmaya cesaret ettiği uzun gayretlerin bir ödülü olduğunu hiç kimse bizden daha iyi bilemez. Buna göre, bütün insanlar, determinizmin boyunduruğu altındadır. Onların davranışlarına, anlamsız şeyler, alt edilmez eğilimler yön vermektedirler. Sonuç olarak Nicole'un dediği gibi zavallı kuklalardır. Onlarda, aşağılık şeyler müşahede etsek de, bir filozofa yakışan tavır, onlara sükûnet ve sakinlik göstermesidir. Bunlar boş gayret olsa da, boş ver, hürriyete inanan Alceste öfkelensin. Çünkü tabiatın kanunu böyledir. Fakat biz, Philintéin'in gülümser sükûnetini tercih ediyoruz:

"Ruhumuza başkaldıran bütün kusurlar, bana insan tabiatının dâhili kusurları gibi görünüyorlar. Bana, bunun için dolandırıcı, acımasız, fırsatçı biriyle karşılaşmak, katliama aç akbabalar, kötülükçü maymunlar ya da öfkeden kudurmuş kurtlardan fazla acı vermiyor."[19]

İşte teorik olarak, bir düşünürün takınması gereken tavır. Şayet intikam peşindeyse bile bu, çok büyük bir sakinlikle olmalıdır. Açık konuşmak gerekirse bilge bir insan, intikam duygusu peşinde olmaz. O, sadece, onun istirahatına zarar verenleri cezalandırarak geleceğini teminat altına almaya çalışır. Artık böylece, herkes, onun daha sükûnette kalmasını öğrenir. Bu büyük kibirli sükûnetin yerine ne görüyoruz? Bir kendimize saygı yarası ve bize ulaşan bir nezaketsizlik, bize rağmen, psikolojik heyecanı provoke ediyor. Kalp, düzensiz atmaya başlıyor, sanki o, delirmişe benziyor. Kalp sıkışmalarının büyük bir çoğunluğu, eksik kalmış spazmatiktir ve ızdırap vericidir. Böylece kan, şiddetli sarsıntıyla hassas bir organ olan beyne itiliyor ve birçok düşünceler, intikam fikirleri, saçma ve mübalağalı tatbik edilemez fikirler topluluğuna neden oluyor. Felsefemiz, kınadığı bu hayvanî zincirden kurtulma karşısında güçsüz kalmaktadır. Pekiyi, bunun sebebi nedir? Bunun sebebi, duygunun bir dâhili karışıklık olması ve irademizin bu karışıklık üzerinde hiçbir kontrolünün olmamasıdır. Bu organik karışıklığa engel olamadığımız için, psikolojik terimlerle ifade edecek olursak, bunların zihnimizi işgal etmesine de mani olamıyoruz.

Örnekleri çoğaltmaya gerek var mı? Psikolojik karışıklığın organik sebebinin temel sebebinin deliline duygusallığımızla hiç sahip değil miyiz? Geçici delilik, kovulur kovulmaz, fikirlerimizin otomitizmi de sona ermiyor mu? Yukarı-

---

[19] Süleyman Doğru, İrade Terbiyesi, İstanbul, 2020, s.90.

İrade Eğitimi

da tahlil ettiğimiz korku örneğini tekrar etmeye ihtiyaç var mı? Duygular karşısında güçsüz olduğumuz açık değil midir? Çünkü onların esas sebeplerinin, onları yapan fizyolojik sebeplerin bizim dışımızda olmasıdır. İçgüdülerin ve düşüncenin eşit olmayan çatışmasını göstermek, kişisel tecrübeyi tahlil için bize imkân verecektir: Meselâ, bana biraz önce, arkadaşına giden çocuğumun, arkadaşlarının yanında olmadığı haber verildi. Hâlbuki o, orada olması gerekirdi. Kalbim hemen çok hızlı çarpmaya başladı. Fakat hemen düşünerek, çocuğun orada olmamasına makul bir açıklama buldum. Ancak yine de, çevremdekilerin aşırı kaygısı ve evden giden çocuğun evin yakınındaki selin kenarında oynayabileceği düşüncesi benim yine kafamı karıştırdı. Bu üzücü hipotezin imkânsız olduğunu hissetmeme rağmen, bahsettiğim ve zaten oldukça yüksek olan fizyolojik heyecanım birden zirveye çıkmıştı: Kalbim çok hızlı atıyordu, saçlarım diken diken olmuştu, ellerim titriyordu ve makul olmadığına inandığım bütün kaygıları aklımdan uzaklaştırmak için çok gayret etmeme rağmen, en kötü fikirler aklımdan geçiyordu. Çocuk yarım saat sonra bulunduğunda, kalbim hâlâ hızlı hızlı çarpıyordu. Garip olan taraf, inkâr ettiğim ve yoksun olan bu heyecan, kullanılmak istercesine, olayın şokunu hâlâ atlatamamış zavallı hizmetçiye kızmaya sevk etmişti. Bununla beraber, zavallı kızın muzdarip görüntüsü karşısında durdum ve fırtınanın yatışmasına karar verdim. Tabii ki bu da bir zaman aldı.

Herkes, kendi üzerinde benzer gözlemleri yaptığında şu üzücü sonuca varacaktır: Duygularımıza karşı, dogmalara hiçbir şey yapamayız.

İşte çaresizliğimiz, kendimize egemen olma işi, açıkça imkânsızdır. Kitabın ismi, kandırmaktadır. Çünkü kendimizi eğitmek bir avunmadır. Çünkü düşüncemin üzerinde gücüm yoktur. Determinizmin makul kullanımı beni serbestleştiriyor ve bana fikirlerin toplanma yasasıyla oynamama imkân veriyor. Ama fikir güçsüzdür. Diğer yandan, mücadele etmek zorunda olduğumuz kaba güçlere karşı da geçici bir gücü vardır.

Ayrıca şayet duygular bizde mutlak bir güce sahiplerse, algıları, hatıraları, muhakemeleri, akıl etmeleri onlar yapıyorsa, yine kuvvetli duygular, zayıf duyguları yok ediyor, baskı yapmıyorsa, onlar daima baskıcıdır ve onlara ne aklımız ne de irademiz egemen olamazlar.

Aksiyon vasıtalarımızın zengin olduğu yer, bu vasıtaların yararsız oldukları yerdir. Psikolojik hayatımızı yöneten yasa, bütün gücü, disiplinsiz ve yönetilmez bir çeteye vermektedir: Gücü olmayan hissedilen güçlerin, sadece ismi vardır. Onların danışma hakları var fakat oy hakları yoktur.

Bu durumda, ümitsizlikle mızrağımızı ve kalkanımızı atmaktan, savaş alanını terk etmekten, mağlubiyetimizi tevazu ile kabul etmekten ve bizim, küçülmelerimiz, tembelliğimiz ve bütün korkularımız için bize teselliler verecek bir kaderciliğe sığınmaktan başka çaremiz kalmıyor.

Hele ki pozisyon, inanılacak kadar ümitsizliğe sahip değil. Aklın sahip olmadığı gücü, şimdiye kadar zikretmediğimiz temel bir faktör ona verebilir Onun şimdi yapamadığını, büyük bir hürriyetleştirici güç olan zaman, ona, uzun vadede sağlamaya imkân verecektir. Hemen o zaman mümkün olmayan hürriyeti, bir stratejiyle ve dolaylı vasıtalarla sağlayabiliriz.

İrade Eğitimi

Fakat kendimizi kurtarmanın metodunu açıklamadan önce, kaynaklarımızın hiçbirini ihmal etmemek, duygusallığımızın temeli üzerinde hiçbir şey yapamazsak da, duygusallığın ikinci derecedeki elemanları üzerinde, bir etki yapıp yapmayacağımızı araştırmak gerekecektir.

İradeye boyun eğmeyen organların çoğunda meselâ kalbin üzerinde hiçbir psikolojik vasıtalara sahip değiliz. Yegâne aksiyon vasıtalarımız dıştandır ve terapötiktir. Çok şiddetli bir öfkeye, kalp atışlarını düzenleyen az bir dijital yutmakla sahip olunabilir.

Özel ilaçlarla, en güçlü şehvet arzularına son verilebilir. Kahve içmekle tembelliğin, fiziki ve zihinsel uyuşukluğun önüne geçilebilir. Fakat aynı kahve, kalbi hızlandırabilir, onlara spazmatik bir görünüm verebilir ve birçok kişiyi sinirlendirebilir. Diğer yandan kahve birçok sinirli kişide, nefes darlığına, boğulma hissine, organların titremesine neden olabilir. Kahve, onları, iç daralmalarına, sebepsiz endişelere, yersiz korkulara sürükler. Fakat aksiyon vasıtalarımız özellikle sıralanmışlardır. Esas uygulamalar üzerindeki doğrudan gücümüzün üzerinde durmayı hak ettiğine inanıyoruz.

Duygu materyali için, kaslarla ilgili olan her şey için aynı şeyi söyleyemeyiz. Duyguların dış ifadesi bize aittir. Çünkü hoşumuza giden hareketleri yapıp yapmamak bizim elimizdedir. Ancak duygu ile dış ifadesi arasında, daimi bir alaka bulunmaktadır. Buna göre, genel bir psikolojik kanuna göre, herhangi iki unsur, sık sık bir şekilde beraber oluyorsa, biri diğerini uyarma eğilimindedir. İşte bu kanunun sonucu olarak, pratik psikolojinin en iyi bilginleri olan İgnace ve Loyola ve Pascal, duygusal eğitimle meşgul olmuşlar ve imanın dış eylemlerini önemseyerek uygun duygusal hallerde ruha yerleştirmeyi tavsiye etmişlerdir. Hipnotik uyku halinde, bir duyguya uygun olan bir hareketin, heyecan telkin etmek için egemen olduğu bilinmektedir. Hastanın tutumuyla belirtmek istediğimiz ihtiras ne olursa olsun, bu ihtiras için gerekli kaslar devreye girdiği zaman, ihtirasın bizzat kendisi belirir ve bütün sistem ona cevap verir. Dugald-Stewart şunu anlatır: Burke, çok sık bir şekilde, öfkenin kendisinde bu tutkunun, dış alametlerin tersini yaptığında, belirdiğini deneyle ortaya koyduğunu ifade etmektedir. Mesela, köpekler, çocuklar, hatta büyük insanlar bile, şakalaşırken, birden ciddi şekilde kavgaya giriştikleri olmuyor mu? Gülmeler ve ağlamalar sirayet edici değiller mi? Halk, ne kadar deliysek ne kadar güldüğümüzü görmüyor mu? Kederli ve soğuk bir insan, ailesi için bir sevinç düşmanı, bir felaket değil mi? Otoriteye oldukça yüksek bir fikir veren Çin törenleri, bilinçli olarak Konfüçyüs tarafından kurulmadı mı? O da, Loyola gibi, uygun duyguları hareketlerin telkin ettiğini düşünmedi mi? oldukça derin bir psikolojiye sahip olan Katolik törenleri, inancı az olanların ruhları üzerinde garip şekilde etkili olmuyor mu? İlahilerin arkasından inananların, büyük bir huzur içinde secdeye vardıkları sırada her inançlı insanın ruhunda derin bir huzurun oluşacağından eminim. Yine, neşeli bir arkadaşı ziyaret, en yoğun endişelerin ortamında bizi rahatlatmıyor mu? Buna benzer misalleri çoğaltmanın faydası yoktur: Bunlar, arandığı zaman kolayca bulunacaktır.

Maalesef, bizi tahrik eden duygular, zaten önceden var olan duygulardır. Onlar, böylece uyandırılıyorlar, canlandırılıyorlar, onlar yoktan meydana getirilmiyor. Böylece, yenilenen duygular, oldukça zayıftırlar. Dışardan, içeriye giren süreç, değerli bir yardım olarak, asla kabul edilemez. O,

İrade Eğitimi

duyguyu, bilincin mutlak aydınlığında tutmaya yaramaktadır. Yukarıda gördüğümüz gibi hareketler, yazının düşünce için yaptığını yapmaktadır: Yani, dikkati dağıtacak dalgınlıklara mani olmak ve her an kırılıp yerini, yeni hallere bırakmaya hazır bilinç zincirini önce çıkarmak için çok önemli bir yardım sağlamaktadır. Fakat bir ruhun içinde henüz çimlenmemiş ve henüz bir çimlenmeden başka bir şey olmayan bir duyguya, böylece telkini düşünmek, bütün duygunun temelinin, egemenliğimiz dışında kaldığını bilmemek demektir.

Yine de bizde olan bir duygu belirdiğinde, onun dışarıda görünmesine engel olabiliriz. Öfkenin kendini göstermesi için yumruk sıkılmasına, gıcırdayan dişlere, gergin yüzlere ve hızlı nefes almaya ihtiyacı vardır. Anos ego!=Ben var ya siz! Bu durumda, kaslarımın yatışmasına, ağzımın gülmesine, spazmatik solumama sakinleşmesi için emir verebiliyorum. Fakat şayet, tezahür eden duyguları söndürmeye başarılı olamasaydım da onun büyümesine izin verseydim, sonra göstereceğim gayretlerin yararsız olacağı ihtimali çok yüksek olacaktı. Bilhassa, şayet onur duygusu, bir gürültü korkusu gibi başka duyguları içerden yardıma göndermeyi başaramasaydı, durum daha korkunç olacaktı. Aynı tespit, duygusal heyecan için de geçerlidir. Şayet ruh, arzunun ortağıysa, dâhili mukavemet zayıfsa, arzunun ajanı olan kasların mukavemeti, oldukça kısa devam eder. Genel kaide şudur: Şayet müstevli birlikler, başkanlarının zayıflığını ve boyun eğmeye hazır olduğunu hissederlerse, düşmanı kuşatmaya, ona karşı engeller yapmaya gerek kalmaz. Kasların, ihtirasa boyun eğmeyi reddetmesi, bütün sağlam dâhili güçler tarafından enerjik olarak desteklenmelidir. Buradan şu sonuç çıkmaktadır: İçimizde olanlara karşı, çok az şey yapmaya gücümüz yetmektedir. Kısaca, aklımızdaki bu duyguyu, tahrik etme, harekete geçirme, tesirsiz hale getirme konusunda doğrudan doğruya tesir etmemiz çok zayıf bir ihtimaldir. Bize bunu dış vasıtalar sağlamaktadır, bunlar değerlidir. Fakat güçler olarak var olan, bir dâhili aksiyona ilave olunamayan şeyden başka bir şey değildir.

Şayet, şimdiye kapanıp kalsaydık, günü gününe, peşin hükümle yaşasaydık, bütün mücadele faydasız olacaktı. Bizdeki ihtiraslara, duygulara, fikir çatışmalarına zayıf bir şekilde mukavemet ederdik. Bunlarla mücadele ilginç olurdu. Ancak akıl orada peşinen cesaretsiz bir seyirci olurdu. Bu durumda sadece, bahislerde olduğu gibi, kimin galip geleceğini tahmin ederek eğlenirdi: Hatta bu tahminde, isabet bile edebilirdi. Bunun için birçok insanda, aklın yegâne işlevi budur. Çünkü herkes, kendi tahminlerine güven içinde yanılmaktadırlar. Çünkü ne olacağını önceden tahmin ederler. Aslında bu, onların arzu ettiği şeydir. Buna dayanarak kendisini hür hissederler. Güçsüzlüğünden mahcup olan akıl, kendisine egemen tatlı hayaliyle görünmeyi sever. Fakat gerçekte temayüller bütün işleri onsuz yapar. Çatışmanın sonucu üzerindeki tesiri, ertesi gün yağmur yağacağını bilen bir meteoroloji uzmanının, atmosferin doygunluk derecesi üzerindeki tesirinden daha fazla değildir. Fakat bu kural, hürriyetlerini elde etmek için hiçbir şey yapmayanların hepsi tarafından sağlanmış, genel bir kural değildir. Kuralı, kendimiz yapabiliriz. Bugünün bize layık görmediği hürriyete sahip olmamız, zaman içinde gerçekleşir. Zaman; bizim, büyük hürriyet sağlayıcımızdır. Zaman; aklı hürriyete kavuşturan, ona ihtiraslarının ve hayvanîliğinin köleliğinden kurtulma imkânı veren hâkim bir güçtür. Çünkü her düzeydeki duygular kaba ve kör güçlerdir, bunu fark edemeyen kişilerin rolüyse, Herkül bile olsalar, bunu açıkça müşahede eden kişiler tarafından yönlendirilmektedir. Akıl, maharet kazanarak, süre ile oluşturduğu ittifakla, sabırlı, sakin fakat kararlı bir stratejiyle hareket eder ve bunun nihayetinde, yavaş şekilde fakat kesinlikle gücü, hatta sakinleştirici bir diktatörlüğü, tebaalarının geçici isyanlarıyla, hâkim olan tembellikle ele geçirebilir.

Şimdi araştırmamız gereken konu, zamanın bu hürriyetleştirici tabiatını ve sonuçlarını inceleyeceğiz. Sonra da, kendimizi hürleştirecek pratik vasıtaları inceleyeceğiz.

ÜÇÜNCÜ BÖLÜM
ZİHNİN KRALLIĞININ İMKÂNI

Kendine egemen olma işinde önemli olan, fikirler ve eylemler arasında sağlam bağ kurmaktır. Bu, öyle bir bağdır ki fikir zihne geldiğinde, eylem onu, açıklıkla ve bir refleks gücüyle birleştirmektedir. Fakat biz, sadece duygunun otomatik olarak eylemleri meydana getirdiği üzücü durumu bilmekteyiz. Bunun için, fikirle onun eyleme dönüşmüş durumu arasındaki bağ, asla soğuk birinde görülmeyecektir.

Sağlam olması ve kırılması zor olması için, ikisi arasındaki bağın, duygusal durumların sıcaklığı aracılığıyla icra edilmesi gerekmektedir.

Bu şekildeki bağ, son derece sağlam bir hal alabilir. Zaten eğitim de, öğrenciye düşünme ve eylem alışkanlıkları kazanması için yani, öğrencinin zihninde, fikirlere bağlı fikirlerle, duygulara bağlı fikirler, fikirlerin eylemlere bağlı olduğu sistemleri sağlayan duyguları yaratmaktan ibaret değil midir? Öğrenci, önce korkuyla, özel sevgiyle, anne babasının hoşuna gitme arzusuyla yavaş yavaş dikkatini kazanır, gürültü çıkarma eğilimini ve ifrad hareketlerini bastırır, temizliğine dikkat eder, derslerine çalışır, temayülleriyle onların tabii ifadesi arasındaki bağı koparmak ve o zamana kadar birbirine bağlanmamış fikirlerle bazı eylemler arasında sağlam bağlar kurmak için, maharetle tatbik edilen kuvvetli duygular icra eder. Derin inançla dolu olduğu devrelerde veya çevrelerde, dini duygular olağanüstü kuvvetli bir enerjiye sahiptir. Çünkü onlar, güçlü ve tutarlı ilişkiler halinde biriken esas hislerden meydana gelmişlerdir. Kamuoyundan korkma, kutsal bir karaktere bürünmüş kişilerin otoritesine saygı, eğitim döneminden kalan hatıralar, cehennem korkusu, cennet ümidi, her yerde hazır ve nazır, her şeyi gören, bilen, duyan, en gizli düşünceleri bile fark eden, âdil bir Allah'a karşı duyulan korku, son derece de karışık fakat vicdana basit görünen birçok şey. Bu oldukça keskin duyguların alevinde, fikirler ve eylemler arasında sağlam bağlar oluşmakta, sonuçta dindarlığı daha yüksek seviyede kişilerde teslimiyet duygusu oldukça güçlüdür ki bir hakaret, öfke yaratmıyor ve ahlâkî seviyesi düşük olan kişilerin beyinlerini ateşleyen cinsel dürtüler, onlarda silikleşmiş ve yok olmuş, bekâret andını muhafaza etmek, büyük bir mücadeleyi gerekli kılmamaktadır. İşte güçlü temayüllere karşı, üstün duyguların zayıflığıyla elde edilmiş güzel bir zafer örneği...

Renan şöyle diyor: "Hayatımın daima bende olmayan bir inanç tarafından yönetildiğini hissediyorum. Bu inanç kaybolduktan sonra bile, hareket etmektedir." Bu durum sadece, inanca ait değildir. Her samimi duygu, uzun süre, eylemleri, bazı fikirlere bağlayarak kaybolabilir. Ancak bu bağı, geride bırakmaktadır. Bu, felsefedeki orta teriminin kaybolup, sonucun elde edilebilir olmayı devam ettirmesine benzemektedir.

Fakat duygunun kolayca kurduğu bağlara benzer bağları, duygusal hallerin karmaşıklığı elde etmesi şartıyla, fikirler de meydana getirebilirler. Buna çok sık rast gelinmektedir. Lisede ve ailede aldığımız eğitimde, anne babalarımız ve öğretmenlerimiz, daha önce söylediğimiz gibi, biz de diledikleri bağlantı kaynaklarını tesis edebilirler. Dinde böyledir.

İrade Eğitimi

Fakat bu, kendimizi eğitme işinde böyle değildir. Bu iş, daha karışıktır. Bu iş, psikolojik tabiatımızın doğası ve bu tip kaynaklar konusunda derin bilgi gerektirmektedir. Liseyi bitiren gençler, o güne kadar, anne-babaları veya öğretmenleri tarafından yönlendirilmişler ve lise kuralının düzenli teferruatıyla belirlenmiş bir çalışmaya tabi tutulmuşlar, lise sonrası kendilerini, hiçbir ön hazırlığa tabi olmadan, tek başlarına büyük bir şehre atılmış oluyorlar. Artık bir müeyyide de yok. Tek müeyyide, sınıfta kalmaktır.

Fakat öğrencilerin büyük çoğunluğu, üniversiteye girmelerine rağmen, hiçbir ciddi endişe taşımıyorlar, finallere son aylarda çalışmaya başlıyorlar.

Bu kadar uygunsuz şartların ortasında, fikri hâkim kılmak ve öğrencide var olan duygularda birtakım dayanaklar bulmak gerekmektedir. Tabii ki bu, bir strateji işidir. Fakat önce, hiçbirini unutmadan, kaynaklarımızı gözden geçirmemiz ve fikirlerle, eylemler arasında gerekli olan bağları bilme problemini halletmemiz icap eder.

Kendimize egemen olma mücadelesinde önce, fikrin, elverişli güçlü duygularla ilişkilerini ele alacağız. Zihnin, duyguyla ilişkileri konusuyla ilgilenen az sayıdaki filozof, bilginin çeşitlerini tasnife gayret ettiler ve bilgiyi sadece zihinsel bilgi ve kalp ile bilinen bilgi olmak üzere ikiye ayırdılar. Ancak bu, temel bir gerçeğin yanlış ifadesiydi. Çünkü her bilgi, zihinseldi. Fakat duygu, bilgiyle birlikte bulunduğunda, zihinsel elemanların duygusal elemanlarla çok samimi bir kaynaşması olmakta ve fikre göre daha geniş, daha yoğun olan duygu, bilgi aydınlığının altında, kendisiyle alakalı fikri karanlığa atmaktadır. Geçen sayfalarda, şiddetli duygular meydana getiren soğuk fikir örneklerini görmüştük. Böylece, fikir, bilinçte her ortaya çıktığında, duygunun hatırasını, henüz yeni oluşmakta olan duygudan başka bir şey olmayan hatırayı da, daima beraberinde getirecektir. İşte bundan dolayı, şimdi kayak tecrübemden beri bir baş dönmesi duygusu hissetmeden kendimi aşağı doğru kayarken tasarlayamıyorum. İşte fikirle, duygusal durum arasında benim için önce meçhul olan ama bir defalık tecrübenin otomatik hale getirdiği bağ. Acaba bu gibi bağları, suni olarak meydana getirebilir miyiz? Şayet buna cevap, olumsuz olsaydı, iradeyi terbiye etme olmazdı. Fakat görüldüğü gibi, iradeyi terbiye fikri tamamen buna bağlıdır. Bu durumda, anne-babaların ve öğretmenlerin yaptıkları şeyi, kendine egemen olan hür bir öğrenci kendi başına yapamaz mı? Şayet buna hayır deniyorsa, kendini terbiye etmek imkânsız olacak demektir.

Bu şekildeki ilişkileri gerçekleştirmek, kesinlikle zordur. Bunlar, zaman ve sebat gerektirmektedir. Ancak bizim derinden inandığımız, bunların gerçekleşme ihtimalidir. İşte bu ihtimal, bizim hür olma ümidimizdir. Bunu belirtmek, özgür olduğumuzu belirtmektir. Gerçekten bunu belirtmekte tereddüdümüz yoktur. Evet, biz hürüz. Her birimiz, isterse, kolayca duyguları bağlayacaktır. Duygular diyoruz. Çünkü genelde, zihinsel çalışanlarda bu duygu, çok sayıda duygusal hallerle icra olunmaktadır. Üstelik yukarıdaki örnekte olduğu gibi tek tecrübenin olması nadir sonuçlardandır. Aynen bir ressamın yaptığı gibi kalem darbeleriyle, işlem yapıyoruz. Ard arda vurulan kalem darbesiyle, ilk tecrübeden sonra yapılmaya başlayan alışkanlık kanunu sayesinde şuurumuzda bir tür gelişigüzel taslak bırakmakta, yüksek enerjili saatlerde olanlar ise daha sonra, dikkatle ya-

İrade Eğitimi

pılacak düzeltmelerle nihayete erecek olan taslak resminin tamamlayıcısı olacak çizgileri meydana getirecektir.

Bu hazırlık safhası gereklidir. Çünkü düşüncenin tek çalışması, insan tabiatına zıttır. Sebatlı ve destekli dikkat, genç bir insan için oldukça zordur. Çünkü bu hareketsizlik halini ilham eden itişe ve bilhassa bir fikir üzerinde dikkatin toplanmasına, beşerî tembellik ve ataletin uğursuz gücüne karşı koymada iradeyi mukavemetli hale getirme, uygun olan bütün güçleri sağlam bir şekilde bir araya getirmek, elbette faydasız değildir.

Şayet uzun soluklu ve bütün gayretimizi bu kitabın meydana gelişinin gerekli gördüğü zor gayretler serisini devam ettirebilmek için lazım olan enerjinin nasıl olduğunu incelersek aynı hedefe yönelmiş güçlü bir duygular topluluğuyla karşı karşıya geliriz. Önce, çalışmanın oldukça yüksek derecede bize verdiği enerjiyi söyleyebiliriz. Bunun arkasından, sonuçlar ve keşfetme sevinciyle mükâfatlandırılmış bir tefekkür, yüksek bir hedefi takibin verdiği yükseklik duygusu, eylemin verdiği dinamiklik ve fiziki mutluluk gelmektedir. Bu oldukça kuvvetli saiklere, hiçbir şey yapmayan, diğerleri sempatiyle, diğer bazıları da kıskançlıkla bizi takip edenlerin bize değer vermelerini, elde ettiğimiz zihinsel zevki, kendimize saygımızın, kaprislerimizin, umduklarımızın sağladığı tatmin duygusu, bizi sevenlerin neşesini müşahedenin yanı sıra, bilime, yani kendilerine egemen olmalarına ulaşmak için takip edecekleri yolu, bilmediklerinden, başıboş dolaşan gençlere takdim edebileceğimiz şeyler ve beşeriyet sevgisi gibi yüksek şeyleri de ekleyebiliriz. Şimdiki ve gelecekteki egoist duygular, gayri müşahhas ve fedakâr duygular bize, zengin bir eğilimler hazinesi sağlar ve onları istediğimiz zaman yardıma çağırabilir, o zamana kadar tutarsız olan enerjileri koordine edebilir ve soğuk ve bıktırıcı canlı bir sonu, cazip bir sona dönüştürebiliriz. İçimizde heyecan olarak ne varsa, onun üzerinde tasarlayabiliriz. Bu tıpkı, âşık olduğu kızı hayalleriyle ve arzularıyla güzelleştiren ihtiraslı âşık gibi, ancak bir farkla, onun hayallerinin zuhuru saf ve tabii bir süreçken, bizimki istekli, şuurlu, planlıdır ve kendiliğinden bir şekle bürünmesi uzun bir zamana mal olacaktır.

Nasıl ki bir cimri, sağlığını, zevklerini, parasını ve onurunu feda edebiliyorsa, biz de zihinsel çalışma gibi asil bir hedefe onu her gün tembelliğimizden bir kaç saati feda edecek kadar severiz. Bir tüccar bir gün köyde kendisine bir mesken yaparak dinlenme keyfini çıkarma ümidiyle her sabah beşte kalkıp akşam saat dokuza kadar, kendisini müşterilerinin hizmetine verirken, gençler, şimdi ve gelecekte yüksek bir entelektüel kültürün çoğulcu zevklerini temin için, masalarının başında beş saat çalışamayacaklar mı? Bu iş sıkıcı gibi görünse de, şu kesindir ki, fikirlerin çağrışımları ve yasaları sayesinde alışkanlık gayretlerinin külfetini azaltacak ve onu zevk haline getirecektir.

Gerçekte, başlangıçta çekici olmayan bir şeyi, çağrışımlarla cazip kılmak için, gücümüzün hudutları geniştir. Önce, irademize uygun duyguları zenginleştirebilir ve onları dönüştürme açısından zenginleştirebiliriz. François Sale şöyle demektedir: Ruhunu, Allah'a meyille ve onunla olmaya bırakan, güzel duyguda, sevginin ve çıplak bir halde, onlara mukayese kabul etmez bir güce sahip doğanın ortasına atılmış, zavallılıkların ve doğa güçleri terörünün canlı duygusunu, içlerinde duyan ilk insanların korkusunun sentezini kim bilir? Aynı şekilde, hayatın kısalığı, "saatlerin bu meyli,

İrade Eğitimi

biraz düşününce bu gözle görülemez, çılgın yarış, insanların bedenini ve hayatını tüketen küçücük saniyelerin, sonsuz telafisi" duygusuna varıncaya kadar bütün adi eğlenceleri hor görmeyi öğreterek yardım edebilir.

Kesin olarak, şuurda bulunmayan duyguları yaratamayız ve tahrik edemeyiz. Fakat ben, temel duyguların, beşer şuurunda eksik olabileceğine inanmıyorum. Her halükarda, bazı insanlar, benzerlerinden ayrılabilseler de, muhataplarımız bunlar değildir. Kitabımızı, normal genç insanlar için yazıyoruz. O, bir teratologie el kitabı değildir. Zaten böyle canavarlar asla yoktur. Belirgin özelliği, gaddarlık olan ve hiçbir şart altında, kendilerine ve anne-babalarına asla acımayan insanları nerede görüyoruz? Buna benzer olaylar eskiden nadiren olmuşlardır diye düşünerek hâlâ olmalarının ve olacaklarının devam ettiğini hiçbir zaman söyleyemeyiz. Bir yandan en karışık yüksek duyguların birtakım esas duygunun çağrışımıyla meydana gelmiş sentezler olduğunu bildiğimiz için, diğer yandan da, zihin tarafından şuurun herhangi haline yöneltilen sert ve uzun bir dikkatin onu, bilincin aydınlığına, sonra da çağrışımları meydana getirmesini ve bir organizasyon merkezi oluşması açık olduğundan, mütereddit ve mütevazı ve o ana kadar soluktan başka bir şey olmayan, civar güçler tarafından huzursuz edilmiş, aşağılanmış, cahiller onlardan endişelenmiş olsalar da, gündüzleri daha az parlak olan yıldızlar gibi farkında olmadan devam edip giden duygusal halleri cesaretlendirebilir ve güçlendirebiliriz. Sahip olduğumuz dikkatimiz, elde edemediğimiz yaratıcı gücün fonksiyonunu yapar.

Romanların başarısı ve özellikle onları, herkesin anladığı nasıl açıklanabilir? Bu romanlardan her biri, normal hayatta asla asla olmayan bir duygu grubunu icra etmektedir. Bu, gerçek savaşın yokluğunda, küçük bir savaş gibidir.

Şayet halkın büyük bir kesimi, büyük üstatların romanlarını takip edebiliyorsa bu, birçok okurda uyuyan duyguların görünmesi için, şuurun dogmasını beklemekten başka bir şey değildir de nedir? Romancının bizdeki yaptığı şeyi, dikkatimizin ve hayal gücümüzün yapamaması ne kadar garip bir şeydir. Hâlbuki yapabiliriz. Çünkü ben istediğimde yapmacık öfkeler, kalp sıkıntısını, coşkuyu, istediğim hedefe varmak için tahrik edebilirim. Bilimsel keşiflerin, kelimenin beşeri anlamda, tamamen yeni duygular yarattıklarını görmüyor muyuz? Zahirde, kartezyen düşünceden daha soğuk bir şey var mıdır? Yine de Spinoza'nın ateşli ruhuna düşen bu mücerret kavram, ondaki o vakte kadar dağınık duyguları yeni bir sistem içinde koordine etmedi mi ve onları yokluğumuzdan gelen oldukça güçlü duygunun çevresinde gruplandırırken en kaprisli ve en hayranlık verici metafizik romanlarımızdaki patlamayı hiç provoke etmedi mi? İnsanlık hissinin, insanın içinde doğuştan olduğunu söyleyebilir miyiz? O, şuurlu bir oluş, yeni bir sentez, kıyaslanamaz bir gücün birleşimi değil mi? "İnsanlık kültü, insanın hayatını ele geçirebilir ve onun düşüncesini, duygularını, eylemini, dinin bir fikir, bir tür, önceden fark edilen lezzetten başka bir şey katmayacağı bir güçle boyayabilir." diyen S. Mill'in haklı olduğunu göstermiyor mu?

Aklın fonksiyonu, temel anarşik duyguların erimesini, onlara net bir anlam vererek yönlendirmekten ibaret değil mi? Çünkü her duygusal hal, her arzu, bizzat müphem ve kör, ayrıca çaresiz olmaya da mahkûmdur. Öfke ve korku gibi bizzat açığa çıkan içgüdüsel duygular bir yana, çok kere

İrade Eğitimi

duygusal hal, aklın yardımına ihtiyaç duymaktadır. Çünkü bu hal bizde huzursuzluğa ve sıkıntıya sebep olur. İşte bu hâli anlamlandıracak olan zihindir. Arzuyu tatmin vasıtalarını bulmak zihne düşmektedir. Meselâ, Mont-Blanc'da bir fırtınaya tutulalım, soğuk ve korkunç bir ölümün ızdırabını hissedelim, bir sokulacak yer bulup, tehlikenin geçmesini bize söyleyen aklımızdır. Yine, Robinson-Crusoe gibi ıssız bir adadayız. Şayet, aklımız acı temayüllerimizi tatmin etmezse ne yaparız? Mesela, yoksulluk içindeyim ve bu halden kurtulmak istiyorum, davranışlarıma istikamet verecek olan yine aklımdır. Tamamen temiz ve tecrübesiz genç bir adamın cinsel isteklerinin meydana getirdiği heyecanın kararsızlık ve kapalılığını, ilk tecrübenin arkasından cinsel isteğin onun için ne ifade edeceği netlik ve enerjiyle mukayese edersek, aklın duygusal yönden nasıl bir vasıta olduğunu görürüz. Sonuç olarak, bir isteğe, bir duyguya, çok hayati bir canlılık vermek için, onu, bütün sevimli, cazip kılıcı ya da sadece faydası yönleri hassas şekilde belirecek şekilde, zihni, kesin şekilde takip vasıtası kılmak yeterlidir. Buna göre, ortak duyguları takviye için, etüt ettiğimiz bütün vasıtaları irademiz altında kullanabilmemizin yegâne şartı, akıllı ve önceden tahmin edebilmemizdir. Dışarıdan, duygularımızın üzerinde çok az bir şey yapabiliriz. Fakat çağrışım kuralını makul bir şekilde uyguladığımız takdirde, gücümüzü daha geniş bir alana ulaştırırız.

Meselâ, aile çevresi, ilişkiler, okumalar gibi bir ortama yerleşmek suretiyle, bu gücü, iki katına çıkaracak bir yardımı temin edeceğimizi düşünebiliriz. Zaten beşinci kitapta, bizzat kendimize yönelik bu endirek eylem yöntemini uzun uzun göreceğiz.

Belirttiğimiz gelişmeler, bize, bir cesaret vermek için kâfidir. Şayet, fikrin kendisini harekete bağlamak için duygusal durumların ateşliliğine muhtaçsa, şüphesiz biz bu ateşliliğin bize yararı olacağı yerde, sadece öyle olmasını temenni ederek değil fakat çağrışım kurallarını makul olarak kullanarak meydana getirebiliriz. Böylece, zihnin üstünlüğü, imkânsız görünmede pes etmektedir.

Fakat fikirlerle duygular arasında olan ilişkileri daha yakından araştırmamız gerekmektedir. Duygu çok hacimli, ağır, uyanması yavaştır. Sonuçta, tecrübenin ortaya koyduğu durum, yani duygunun a priori olduğu öngörülebilir. Ortaya çıkışıyla, kayboluşu arasında oran çok geniştir. Duygular gelir ve giderler. Sükûnetle-yükselme aralıklarında ruh, durgun bir deniz gibi, sakindir. Birtakım duygusal durumların bu periyodik tabiatı, makul bir hürriyetin zaferini kesin bir sağlamlıkla yerleştirmemizi temin edecektir. Devamlı yükselmek ve alçalmak düşüncenin de tabiatıdır. Fakat olayların katı disiplinleriyle beraber anne-babanın verdiği terbiye ile büyümüş olan delikanlı, bunun üzerinde oldukça güçlü bir güç sağlar. Şuurunda devam ettirdiği imajları, orada uzun müddet muhafaza edebilir. Duygusal hallerin kaybolduğuna karşı bir fikir süresi devamlılığıyla, onların açıkça zıddıdır. Duygunun seyri esnasında, varlığını devam ettirmesinin nedeni bu hareketten kaynaklanmaktadır. Mad ve cezir esnasında, düşmana karşı savunmalarını temin etmek ve ortaklarını güçlendirmek için, geçici egemenliğinden faal bir şekilde yararlanabilir.

Duygu, şuur seviyesine yükseldiğinde, kayığımızı ilerletmek için bir fırsat olduğunu bilmeliyiz. Çok etkili kararlar almak için Allah'ın bizi çağırdığı daveti duyduğunuzdaki

İrade Eğitimi

gibi güzel hareketlerden faydalanmak gerekmektedir. Ruhu istila eden müttefik duygu ne olursa olsun, acele olarak işimiz için onu kullanalım. Bir arkadaşımızın başarısını öğrendiğimizde bu, bizim kararsız irademizde bir kamçılama mı yapıyor, çok çabuk şekilde çalışmaya başlamalıyız! Bir kaç günden beri bize işkence veren bu işten, cesur şekilde kendimizi kurtaralım. Çünkü ona karşıdan mukavemetten ve takıntısından kurtulmakta çaresiz olduğumuz için bizde acıya sebep olacaktır. Şayet bu okumadan sonra, çalışmanın kutsallığının büyüklüğü duygusuna sahip oluyorsak, hemen kalemi elimize almalıyız. Veya daha basitçe, çalışmayı, entelektüel ve fiziki canlılık duygusunu, hissediyorsak yine hemen işimize! Bu güzel anları, sağlam alışkanlıklar elde etmek, üretken ve bereketli düşüncenin tadını yani kendimize egemen olmanın şerefini uzun süre muhafaza etmek için kullanmalıyız.

Duygu geriye çekilirken, çalışmanın kuvvetlenmiş alışkanlığını, hissedilen sevinçlerini ve enerjik kararların hatırasını, takdis edilmiş bir çamur gibi bırakacaktır.

Duygunun kaybolmasından sonra sakinlik içinde otoriter güç, şuurda yalnız kalan fikre miras kalıyor. Fakat fikirler Schopenhauer'in dediği gibi "fikirler, daima akmayan bir kaynak olan, ahlakın kaynağı açıldığında iyi duyguların toplandığı ve kanallar vasıtasıyla dağılacağı bir barajdır, bir depodur." Bu şu demektir: Duyguların tesiri altında, fikirle eylemler arasında kurulan bağlantı uzun müddet kalmakta ve fikir uygun duygularla sık sık çağrışım yaptığı için, güncel çağrışım kuralları vasıtasıyla cılız ama hareketi provoke etmeye yetecek seviyede uyandığı da olmaktadır.

Elverişli duygusal hallerle, zihin arasındaki ilişkileri inceledikten sonra, kendimize egemen olma işinde düşman olan duygularla, zihin arasındaki ilişkileri incelemek kalmaktadır. Duygularımızın, arzularımızın, ihtiraslarımızın üzerindeki doğrudan gücümüzün takdir edilebilir olsa da, oldukça zayıf olduğunu gördük. Bizim vasıtalarımız sadece dolaylı olanlardır. Sadece kaslarımızın ve fikirlerimizin seyri üzerinde gücümüz vardır. Heyecanlarımızın dış tezahürlerini bastırabilir, onların doğal dillerini yok edebiliriz. Yalaka ve çoğu zaman dalkavukların en korkağı olan sosyetik adam, gaddar ve zeki olan kamuoyundan korkarlar, bunun için nefret, öfke ve küçük görme gibi açığa çıkan duygularını örtme, hem yalakada, hem de dalkavukta çok yüksektir.

Diğer yandan bir arzu, bir eğilim, kesin şekilde dış dünyadan ayrılmıştır. Onlar sadece, kas hareketleriyle tatmine ulaşırlar. Öfke, küfürle veya vurmayla tatmin olur. Aşk, sarılmalar, öpüşmeler, okşamalarla tatmin olur. Fakat kaslarımız büyük ölçüde irademize bağlıdır. Çünkü hepimiz her an, organlarımızın bir ihtirasa hizmet etmesine engel olabiliriz, gücümüzü kullanabiliriz ve duygularımızı yutmayı başarabiliriz.

Her eğilim, güç yasasının kullanılması sonucu, bastırılmayı gerekli görür, engellenen eğilim, içeriye atılır, beyne giderek, ilgili duyguları provoke etmeye yönelecek fikirlerin düzensiz bir yarışını ortaya çıkarmak zorunda kalır. Bunun için Pascal şöyle demektedir: "Zihin, büyüdükçe, ihtiraslar da büyümektedir."

Fakat unutmayalım ki düşüncelerimizin yönetimi bize aittir. Yani, yangının yayılmasına mani olabiliriz. Fakat bazen yangın tarafında olabiliriz ve hıncımızı, sözle veya inti-

İrade Eğitimi

kam projeleriyle dışarıya vurabiliriz, irademizi tedbirli olarak geri çekmeye zorlayan bu sapma, düşüncesiz ve gözü kara heyecanımızı yeterince yumuşatırken biz de kendimizi toparlayabiliriz. Sanki bir çeşit saldırgan bir geri dönüş yapmadan önce, düşmanın bir şekilde takatsiz düşmesini sağlamış oluruz.

Bazen de harekete direkt girebiliriz. Çünkü az olan bir eğilimin, körlüğünden dolayı, daima akla muhtaç olduğunu görüyoruz. Sanki o, bir fikre asılıdır. Bu, zayıf görüşlü, koku alamayan köpek balığıyla, onu kurbanına götüren rehberin arasındaki beraberliğe benzemektedir. Rehberi olmadan köpek balığıyla, onu kurbanına götüren rehberin arasındaki beraberliğe benzemektedir. Rehberi olmadan köpek balığı, doğru istikamette, kaba şekilde, ayırım yapmaksızın girmektedir. Bunun için her ihtiras, her arzu, ilk hedef olarak akla kendisini kabul ettirerek, meşru olmaya çalışmaktadır. Hiçbir şeye teşebbüs etmeden tembelliğine birçok makul şeyler ileri sürmeyen ve onu teşebbüse sevk etmek isteyen kişiye, sağlam cevaplar vermeyen tembel yoktur. Sömürdüğü insanlar üzerindeki üstünlüğe nüfuz edilmezse ve sahip olduğu hürriyetin sayısız dezavantajının ciddi şekilde incelenmediği bir despotun incelenmesi eksik olacaktır. Sofizimlerle meşrulaşan bir ihtiras korkunç olur. Şayet duygusal halin kuvvetini zayıflatmak istiyorsak, ciddi şekilde incelememiz gereken onun rehberlik görevini üstlenmiş olan fikir veya fikir topluluklarıdır. İşte esas yok etmemiz gerekenler bu sofizimlerdir. İhtirasın eşyanın etrafını kuşattığı yankıları, yok etmemiz gerekmektedir.

Böylece, yalanın ve hatanın açık tezahürü belirir, şimdinin sahte vaatlerinin ötesinde hayal kırıklığı meydana getiren bir istikbal ortaya çıkar. Gururumuz, sağlığımız, mutluluğumuz, saygınlığımız açısından acı veren sonuçların peşinen görünmesi, o olmadan, kendisini engellemeye yönelik görüşleri boğacak olan arzunun karşısına dikilir, diğer arzular, diğer duygusal haller ona mani olacak ve onu mağlup etmeyi sağlamasalar da, artık ona endişeli belki de onursuz ve iğreti bir zaferden başka bir şey bırakmayacaklardır. Şuurun sakinliğinin yerini savaş ve endişe alacaktır. Bizzat kendisinden memnun olan tembelliğe karşı mücadeleye giriştikçe, daha sık, daha kesin zaferler elde edecek hasımlar şuurlu bir şekilde meydana getirilebilecektir. Meselâ Figaro'nun evliliğindeki Chrebunio'nun hayranlık uyandıran karakterini hatırlayalım: "Cherubino, kim olduğumu artık bilmiyorum" diye haykırıyor. Bir müddetten beri, göğsümün hareketli olduğunu hissediyorum, bir kadını görünce kalbim çarpıyor, aşk kelimeleri ve ihtiras sözlerim onu ürpertiyor ve rahatsız ediyor. Sonuçta birine "Sizi Seviyorum" demem, benim için oldukça önemli, bunu tek başına iken, parka giderken, öğretmenine, sana, ağaçlara, rüzgara söylüyorum... Dün Marcellina'ya rastgeldim, Susanna gülerek: "Ah! Ah! Ah! Cherubino: "Niçin olmasın?" O da bir kadın! O, genç bir kız! Bir kadın! Ah! Ne kadar güzel kelimeler bunlar!" Şayet Cherubino, bir an kendisini kontrol edebilseydi, şayet Marcellina'ya daha yakından bakmaya, onun çirkinliğinin, yaşlılığının ve ahmaklığının farkına varmaya ikna etseydi, isteği büyük ölçüde azalırdı ve bu durumda onu kim öldürürdü! Dikkatli inceleme, gerçek, kuvvetli ihtiras, eşyanın istekli hor görülmesi mümkün olursa, ihtiras yok olabilir. Dışarıdan bakınca, lüzumsuz gerekçelerle kendisini kuvvetlendirmiş olsa da, bazen tembel de çalışma heyecanı hisset-

İrade Eğitimi

tiği, çalışmanın sağladığı huzurun boş bir hayat karşısındaki üstünlüğünün açık olduğu zamanlar vardır: İşte bu zamanlar, ileride vicdan azabından muaf bir tembellik yaşamını imkânsız hale getirir.

Saçmalıkların karşısına, bir takım hakikatleri koyduğumuzda, imkân dâhilinde olan şey, daha zor görünen durumlarda bile mümkündür: İradi gerçek yalanların safsatalarına karşı olmak söz konusu olduğunda veya daha çok, daha zoru, kendine egemen olma işiyle ters olan bir hakikate karşı olmak gerektiğinde, faydalı yalanlar şebekesine ihtiyaç olacaktır.

Şurası gerçek ki, iradeli bir yalanın, hareketimizin üzerinde tesirli olmasının tek şartı, ona, inanmamızı ilave etmemizdir. Şayet bu yalan, boş bir formülden ibaretse, papağanlıktan başka bir şey değilse, hiç bir işimize yaramayacaktır. Belki buna güleceksiniz: Kendimize yalan söyleyemez miyiz? Yani, bilinçli olarak, kendimize yalan söyleyecek ve bu yalana kanacak mıyız? Bu saçmalık! Evet, doğrudur. Zahiren saçmalık fakat dikkatin ve hafızanın yasalarının bize lütfettiği hürriyetin muhteşem gücünü anlayabilen insan için bu çok kolay çözülebilir.

Gerçekten bu, ara ara tazelenmemiş her hatıranın vasfını kaybetmeye, kapalı hale dönüşmeye, gittikçe solgunlaşmaya, sonra da hafızadan kaybolmaya eğilimli olması, zihnin genel kuralı değil midir? Dikkatimize büyük oranda sahib olduğumuz için, daha sonra bir hatırayı yalnız onu yeniden değerlendirmeye muhalefet etmek suretiyle yok olmaya mahkûm edebiliriz. Yahut aksine dikkatlice üzerine eğilmekle ona şuurumuzda gereken yoğunluğu verebiliriz. Bütün zihinsel çalışanlar, zihinlerinde muhafaza etmek istediklerini, zihinlerinde tutamadıkları bir duruma ulaşırlar. Üzerinde tekrar tekrar durulmayan her şey, nihai şekilde hafızadan yok olur.

Lebiniz, bizde olmayan bir kanaati, kendimizde yavaş yavaş meydana getirmeye çalıştığımızda, bu kuralın bizim için nasıl bir tesiri olabileceğini çok iyi anlamıştır. O, şöyle demektedir: "Dikkatimizi, hoş olmayan bir şeyden hoş olan bir şeye döndürerek, kendimizi istediğimiz şeye inandırabiliriz. Buna göre, olumlu yönlerine merkezileştiğimiz bir şey sonunda bize daha iyi görünecektir." Neticede, inanılan bir şeyin, zihindeki var olan dürtülere ihtiyacı vardır. Fakat bu dürtüleri toplamak, bir çeşit araştırma yapmaktır. Şayet istersek bu araştırmaya iki çeşit hile karıştırabiliriz. Onu çok noksan bırakmak ve önemli olsalar bile yönlerini görmezden gelmek bizin elimizdedir. Her araştırma, belli bir zihinsel faaliyeti gerektirmekte ve tembellik içimize o kadar nüfuz etmiştir ki, bize, bu faaliyeti eksik bırakmak artık kolay gelmektedir. Şayet hoşlanmayacağımız dürtülerden korkuyorsak bu çok kolay ikiye katlanır. Araştırma eksik kaldıktan sonra, dürtülerin ağırlığını belirleme durumunda, isteklerimizin hoşumuza giden dürtülere iltimas geçmesine, diğerlerini ise, küçümsemesine imkan verip vermemek bize bağlıdır. Genç bir adam, genç bir kızı severek, onunla evlenmeye kararlı ise; kızın ailesi, sağlığı, onun mali durumu hakkında bilgi edinmeyi istemeyecektir. Kızın ailesinin zenginliğinin kaynağının meşru olup olmaması genç adamın aklına bile gelmez. Bir genç kız, ailesinin hatalarından nasıl sorumlu olabilir? Ama şayet ilişki genç erkeği, rahatsız etmeye başlarsa, bu bağlılık hissi yanında, tecrübesizlik ve heyecanından yararlanarak, koparılmış vaatlerin ağırlığından kurtul-

İrade Eğitimi

manın yollarını arıyorsa, kızın ailesinin yaptıklarından sorumlu olma konusunu, en eski soyuna kadar taşıyacağı kesindir.

Şu bir hakikat ki dürtülerimiz, kesinlikle, daima benzer ağırlıkla mukayese edilemez. Nasıl ki, bir rakamın veya iki rakamın önüne konan bir rakam, on kat, yüz kat artarsa, şu veya bu duyguya ilave edilecek bir dürtü de çok farklı değerlere ulaşabilir. Bu ilavelerin egemenliği elimizde olduğundan, istediğimiz fikirlere istediğimiz değeri ve tesiri verebiliriz.

Üstelik bu dâhili dürtüyü, haricin uygun tesirleriyle de destekleyebiliriz. Biz şimdiye değil, geçmişe de zihnimizde yer vermişiz: Zihnin kaynaklarının mahir şekilde kullanımıyla geleceğin sahipleri oluruz. Ne okuyacağımız konusunda hürüz: Cinselliği tahrik edecek, bizi tembelliğe ve belirsiz hayallere itecek kitapları okumamak elimizde. Diğer yandan, zihinsel temayülleri, karakterleri ve yaşam tarzlarıyla içimizdeki kötü meyilleri güçlendiren, bizi tembelleştiren, sahte gerçeklerle meşrulaştıran arkadaşlıkları keserek veya yavaş yavaş arayı açarak kaldırabiliriz. Herkesin bir tehlike anında onu, denize atacak bir rehber hocası yoktur. Fakat ıssız bir adadan ürkmemenin çok basit bir kuralı vardır, o, da asla onun yanına yaklaşmamaktır.

Zihnin güçlü düşmanlarına karşı savaşmak için, sahip olduğumuz vasıtaların tamamı bu. Onların, tabii dillerinde belirlemelerine mani olabiliriz. Akıllıca bir stratejiyle, isteklerimizin bağlı olduğu yanlışları, ortadan kaldırabiliriz, hatta kötü hakikatlere yönelik bütün inancı yok edebiliriz. Bu vasıtaları, ihtiraslarımızı destekleyen elverişli muhitler ve onların gelişimine avantaj sağlayan şartlardan uzaklaşma gibi dış sebeplerin makul kullanımıyla birleştirebiliriz.

Ancak bu taktiklerin tamamı, savaştan çok, savaş hazırlıklarını teşkil ediyor. Fakat bu hazırlık, bütün gayretlerimize rağmen veya çoğunlukla dikkatsizliğimizden ve iradenin uykusundan yararlanarak çoğalan herhangi bir ihtiras tarafından birden kopabilir. Fakat fırtına şiddetle eserken, meselâ cinsel istekler şuurumuzu ele geçirirken, ihtirasın beslenebileceği bütün fikirsel besinler olduğunu ve ihtirasın nefsani birleştirme temayülünde olduğu bu düşünceleri onlarla nefsani olarak birleştirmeyi deneyebileceğimizi de bilmemiz gerekir. Gerçekten girişilen savaş, esir olmasa, tedrici şekilde büyüyor olsa bile, yüksek saf irademizin, zihnimizin ucunun, kesinlikle rıza göstermemesi gerekiyor. Duygusal hallerin yükselmesini, sadece bir tek güçten, bir duygu hızlanmasından ibaret olmadığı, düzensiz yükselmelerine karşı, mağlup güçleri gölgeleyen, parçalanmış güçler söz konusu olduğu için, bu bedbaht ortaklarımızı dikkatimiz ve sempatimizle desteklemek için gayret göstermek gerekiyor.

Belki onları, toplamayı ve zafere giden bir taarruzu veya intizamlı şekilde geri püskürtülmelerini sağlayabiliriz: Sonuçta kendimizi kontrol daha kolay, daha çabuk ve daha istikrarlı olacaktır. Mesela, bir cinsellik dürtüsünde, bozgunumuzun utancını gözden kaçırmamayı sağlayabiliriz, tatmin olduktan sonra, depresyonun, verimli bir günün kaybedilişini düşünebilir ve bunu koruyabiliriz. Yine, çalışkan insanların bile yaşadıkları bir tembellik krizinde, bunu aşmada üzerimize çöken ağırlığı yok etmeye girişmeden, düşüncemizde çalışmanın, kendisine egemen olmanın neşesini uyandırabiliriz. Böylece kriz daha az sürecek ve onun üzerinde daha kolay egemen olacağız. Çoğu defa, direkt savaşa girişmekten kaçınarak ve meselâ, cinsellik duygusunun ayağa

İrade Eğitimi

kalkarak, dolaşarak, birini ziyarete giderek, kısaca fikri sabiti kafadan çıkarmak, hafifletmek en azından, şuurumuzu böyle yapmacık olarak sokulan başka unsurlarla paylaşmaya zorlayarak zayıflatmak mümkündür. Bunu yapamıyorsak bir kitap okuyarak, resim yaparak, müzik dinleyerek veya söyleyerek tembelliği ortadan kaldırdıktan sonra, nefsimizin uyanmasının ardından, korkaklıktan veya uyuşukluktan yapamadığımız işe, yeniden dönmeyi sağlamak için, bu uyanıklıktan yararlanabiliriz.

Nihayet, irade mağlup olsa bile, cesaretimizi kaybetmemeliyiz. Çünkü bu, sık sık olmaktadır. Çok hızlı bir akıntıyla karşılaşan yüzücü gibi, biraz ilerlemek yeterlidir. Yahut ümitsizliğe kapılmamak için, biraz sürüklenmiş olsak bile, biraz ilerlemek yeterlidir. Her şeyi, zamanla elde edeceğiz. Zaman, alışkanlıkları şekillendirir, güç ve enerji vermektedir. Umutsuzluğa kendini kaptırmayan insan, güçlü insandır. Alp dağlarında, kayalıkların arasında yüz metre derinliğinde boğazlar vardır. Bu muhteşem boğazlar yazın devamlı akan kumlu suların yaptığı boğazlardır. Sürekli tekrarlanan aksiyonlar, sebepleriyle orantının dışında bir takım sonuçlarla bitmektedir. Elbette bizim, tabiat gibi yüzlerce asırlık bir zamanımız yok fakat bizim de kayağa bir boğaz açma gibi bir görevimiz de yok. Bize düşen, kötü alışkanlıkları tedrici şekilde, iyi alışkanlıklara çevirmektir. Hedefimiz cinsel arzularımızı ve tembelliği makul ölçüler içinde tutmak, onları tamamen yok etmek değildir.

Zaten, mağlubiyetlerimizi bile, avantajlarımıza dönüştürebiliriz. Çünkü kendimizi olgunlaştırma konusunda çok sayıda kaynağa sahibiz. Hakikatte, intikam duygusu, cinsel tatminin bizde bıraktığı zevk, fiziki yorgunluk, zihinsel tembellik, acılığını duymak ve hatırasını zihinde tutmak için onu geveleyen insan için mükemmel bir şeydir.

Birkaç günlük tembellik, ilerlememiz için oldukça değerli bir zevksizliğe refakat eden bir toleranssızlık hissini provoke etmekte gecikmez. Zaman zaman bu açık ve inandırıcı tecrübeleri yaşamak iyidir. Çünkü bununla, fazilet ve çalışma, mukayese ile, gerçekten olan şey, katıksız mutluluk kaynakları, asil ve kuvvetli duyguların tahrik edecileri, kendisinin gücü, kendi milletine ve ülkesine büyük hizmetler vermek için sağlam şekilde pişmiş ve hayranlık uyandıran, iyi hazırlanmış bir işçi gibi hissetmenin gururu olarak görünecektir. Bu kendine egemen olma savaşında, birtakım zaferlere eşdeğerde birtakım başarısızlıklar da vardır.

Fakat şimdi, genel değerlendirmelerinden uzaklaşma zamanıdır. Bundan böyle, çok sağlam bir şekilde bağlanmış sistemlerle belli bir isteği, belli hareket dizileriyle birbirine ekleyebilir veya tam aksi, en sağlam bağları koparabiliriz. Sonuç olarak insanın, iradesini terbiye etmesi imkân dâhilindedir.

Şimdi, birliklerin nasıl olduğunu, yani kendimize egemen olmada tesirli olan süreci daha yakından incelemek gerekiyor.

Bu süreçler arasında en tesirli ve en etkili olanların kökeninde ve yaklaşım biçiminde bir orijinallik ve sübjektiflik vardır.

Dış süreçler adını verdiğimiz diğerleriyse, objektif süreçlerdir. Kendisine hizmet etmeyi bilen kişinin sahip olduğu bütün kaynakların, en yoğun anlamda bütün dış dünyanın makul kullanımına bağlı olmasıdır.

ÜÇÜNCÜ KİTAP
Dâhili Vasıtalar

Dâhili vasıtaların, yaratma, kuvvetlendirme veya duygusal halleri yıkmada ki tesiri tartışılmaz. Dış vasıtaların kullanılmasından önce, onlara müracaat etmek zaruridir. Bunlar şunlardır:

1. Tefekkürî Düşünme
2. Aksiyon

Bedensel temizlik konusunu, özel bir enerji modeli olan entelektüel çalışma bölümüne ilave ettiğimiz ek bölümde inceleyeceğiz.

BİRİNCİ BÖLÜM
TEFEKKÜRÎ DÜŞÜNCE

Bu entelektüel operasyona, benzerlerinden net bir şekilde ayırmak için tefekkürî düşünce diyoruz. Bu kelimelerle, kesin olarak, hayal kurmayı, bilhassa duygusal hayallere kapılmayı kastetmiyoruz. Çünkü göreceğimiz gibi, kendimize egemen işinde, bunlar şiddetle savaşacağımız düşmanlardan birisidir. Hayallere daldığımızda, dikkat uyumakta, fikir kuruntuları şuurda veya burada tembel şekilde dolaşmakta, tesadüfî fikir kırıntılarına çoğunlukla ani biçimde dâhil olmalarına imkân verilmektedir. Hâlbuki tefekkürî düşüncede böyle şeylere izin verilmemektedir.

Yine de o, kesin bilgiler sağlamayı hedefleyen araştırmadan, ruha eşya yerleştirmek değil, ona şekil vermek temayülü ile ayrılmaktadır. Hakikatte, araştırmada, hedefimizde olan şey tanımaktır, tefekkürî düşünce işlem, başka cereyan etmektedir. Hedefimiz, ruhtaki kin ve aşk hareketlerini provoke etmektir. Araştırmada, gerçeğe ulaşma isteğiyle yönlendiriliriz. Tefekkürî düşüncede, gerçekle ilgilenmeyiz. Meselâ, faydalı bir yalanı, zararlı bir gerçeğe yeğleriz: Bütün araştırmamız, münhasıran faydalılık sebebiyle olmaktadır.

Bu operasyonu faydalı şekilde sonuçlandırmak için, psikolojiyi çok yakından incelememiz gerekmektedir. İnsan tabiatı ilminin en küçük teferruatını bile çok iyi bilmemiz lazım. Özellikle, entelektüel faaliyetlerimizin, isteklerimizin nedenlerini çok iyi bilmemiz gerekmektedir. Bu olayların karşılıklı bağlılıklarını izhar etmiş, karşılıklı tesirlerini, bağlılıklarını, birleşimlerini dikkatli şekilde araştırmış olmamız şarttır. Bunun haricinde, fiziksel, zihinsel ve ahlakî ortamın psikolojik hayatımız üzerindeki tesirlerini bilmemiz gerekmektedir.

Bütün bunlar, büyük bir gözlem alışkanlığı, özel faydacı amacı takip eden keskin ve elverişli bir gözlemin olmasını istemektedir.

Bir defa daha söyleyelim ki, faaliyetimiz bizdeki sevgi veya kin atılımlarını tahrik etmeye kabiliyetli bütün sebepleri sabırlı bir şekilde araştırmaya, fikirlerle fikirler, duygularla diğer duygular arasında ortaklıklar, bağlantılar kurmaya veya kötü olduklarına karar verdiklerimiz bağlantıları, kurmaya dayanmaktadır. Silmenin veya yok etmenin faydalı olduğuna karar verdiğimiz şeyleri şuurumuzdan çıkarmak için, dikkatin ve hafızanın bütün kaidelerini kullanmak ge-

İrade Eğitimi

rekmektedir. Elverişli duyguları ve fikirleri ruhumuzda imbikten geçirmek ve mücerret fikirleri canlı ve hassas hislere çevirmemiz gerekmektedir. Tefekkürî düşünce, ruhta kuvvetli duygusal hareketleri veya şiddetli tiksintileri provoke ettiğinde nihayete ermektedir. Araştırmanın hedefi bilgiyken, tefekkürî düşüncenin hedefi eylemdir.

Şayet eylemi, insanın her şeyi olarak kabul edersek, değerimiz de amellerimizle orantılı olur ve bütün amellerimiz olmasa bile, hemen hemen hepsinin duygusal haller tarafından provoke edildiğini düşünmemiz, faaliyetimiz yönünden uygun duygularımızı geliştirmemizi, çoğaltmamızı sağlayan ince ve hassas mekanizmayı dikkatlice araştırmanın çok büyük bir önem taşıdığını derhal anlarız.

Kimyada birçok maddeyle birleşmiş olan bir eriyiğin içine bir kristal parçası koysak, aynı cinsten olan moleküller, eriyikle yavaşça birleşmeye başlarlar. Böylece kristal büyür ve eriyiğin hali haftalar veya aylar içinde, hacim ve güzellikleriyle bir laboratuar için bir neşe ve övünme kaynağı olacak olan olağanüstü kristaller meydana gelir. Şayet, eriyiği devamlı hareket içinde tutarsak eriyik biçimsiz oluşur. Oluşacak kristal küçük olursa biçimsiz bir şekil alır. Aynısı psikolojide olmaktadır: Herhangi bir psikolojik hal, şuurun önünde tutulursa, aynı çeşit zihinsel ve duygusal haller, diğerinden daha az esrarlı olmayan bir birikimle, yavaş yavaş gelerek onun etrafında toplanırlar. Şayet bu hal uzun devam ederse, etrafında önemli güçte bir topluluk oluşabilir. Bunlar şuur üzerinde, sonuçta, neredeyse kesin şekilde üstünlük sağlayabilir ve kendilerine ait olmayan her şeyi bertaraf edebilirler. Ama bu kristalleşme, yavaş şekilde, ara vermeden oluşursa önemli şekilde katılaşır. Bu şekilde biriken topluluğun, güçlü, sakin bir yönü vardır. Şu kesindir ki, şayet biz istersek içimizde böyle dikkat çekici bir klanı oluşturabiliriz. Dini düşünceler, annelik duygusu, hatta paraya olan aşk gibi adi duygular, bizde kontrol sağlayabilirler.

Fakat bu yavaş kristalleşmedeki büyük sakinliğe sahip insanlar ve özellikle gençler, oldukça seyrektir. Büyük şehirlerde ve özellikle Paris'te, öğrenciler için hayat çok kolay ve çeşitlidir. Her çeşit dış tahrik dalgaları, onun şuurunun eşiğini dövmektedir: Bir fikri diğer bir fikir, sonra bir başkası takip eder. Otuz farklı duygu gelir. Bu dalgaya, hislerine hücum eden binlercesi, dersleri, okumaları, gazeteleri, sohbetleri de ekleyiniz. İşte bunu, insan şuurundaki bu cereyanı, sadece önüne çıkan taşlara kulakları sağır eden bir gürültüyle, delice çarpan bir selin düzensiz, taşkın akışıyla mukayese edebiliriz.

Evet, tefekküre dalıp, şimdinin ilerisine geçip, geleceği görmeye çalışanların miktarı oldukça azdır. Çünkü insana, düzensiz fikirlerin işgaline kendini bırakıvermek çok kolay gelmektedir. Çünkü bu gayret gerektirmez. İnsanın burada yapması gereken şey, dikkatini yok etmesi ve fikirlerin onu yönlendirmesine izin vermesidir. Channing şöyle demektedir: Orta Afrika ülkeleri bize ne kadar yabancıysa, birçok insan da kendilerine o kadar yabancıdır. Onlar asla isteyerek bakışlarını dış dünyadan kendilerine döndürmemişler veya daha çok, şuurlarını dışarının şeylerine kocaman açtıkları için, harici kökenli o selin altında kendilerinin sağlam ve kalıcı zeminini derinleştirecek cesareti hiçbir zaman, kendilerinde bulamamışlardır. Sonuç itibariyle, harici olayların yönlendirmesiyle hayatın içinde yaşarken, az hürriyete sahip, kendilerine az egemen olarak, son bahar rüzgârıyla sağa sola

İrade Eğitimi

giden yapraklar gibidirler. Tecrübeyle onlar hiçbir şey elde etmemişlerdir: Yani, birçok şeye hedefsiz baktıkları halde, hiçbir şeye bakmamış gibidirler. Burada, onların kazandıkları şey, kendilerini kullandırmadan hisler selinde yüzen ve oradan geçerken seçip, sonra gerçek bir erime çalışmasına uğrayacakları şartları, düşünceleri, duyguları elde etmek için gereken soğukkanlılıklarını muhafaza eden zengin bir keşif malzemesidir.

İrademizi takviye hedefini güden, amacımızın şuuruna net olarak ulaştıktan sonra, bütün harici şartların, izlenimlerin, düşüncelerin ve duyguların arasından çalışma malzememiz için en uygun olanları seçmek, yararlı güçlerin üzerimizde bütün tesirini meydana getirmesine kadar gayret etmek, zararlı olanların ise dikkate alınmadan yok olmasına çalışmak gerekecektir. Başarı, hedefimiz için kullanılabilecek bütün şeylerden yararlanmaktır.

Psikolojik çalışma, geçen araştırmalar tarafından oldukça açık olarak belirtilmiştir. İşte bunların temel noktaları:

1. Şuurumuzdan yararlı bir duygu geçerken, onun hızlı gitmesine mani olmak, dikkati onun üzerine merkezileştirmek ve onu, meydana getirebileceği fikirleri meydana getirmeye zorlamak. Başka bir tabirle, onu, çoğalmaya ve verebileceği her şeyi vermeye yönlendirmektir.

2. Biz de bir duygu eksik olduğunda, uyanmayı reddettiğinde, onun hangi fikir veya fikirler grubuyla bağları olabileceğini incelemek, onları şuurumuzda iyice tutmak ve tabii çağrışım kuralı yoluyla duygunun uyanmasını beklemek.

3. İşimiz yönünden, uygun olmayan bir duygu şuurumuza akın ettiğinde, ona, dikkat etmemek, onu hiç düşünmemeye gayret etmek ve bir anlamda onu beslememek.

4. Uygun olmayan bir duygu çoğaldığında ve ona mani olamadığımızda, bu duygunun üstünde olan bütün fikirleri ve bizzat kendisi üzerine her çeşit sert tenkidi yapmak.

5. Hayatın bütün dış şartları üzerine nüfuz edici bir bakışla, en küçük teferruata kadar gitmek, bütün tehlikelerden sakınmak ve bütün kaynakları makul şekilde kullanmak.

İşte, uygulamaya koymamız gereken genel program budur.

Fakat üzerinde ısrar etmemiz gereken birkaç nokta daha var: Öğrenci "kendinden geçmemenin" zaruretine nüfuz ettiğinde, çok iyi bir şekilde düşüncelerini dağıtmanın, organlarının titremesine benzer bir zaaf olduğunu anladığında, düşüncelerini toplamak için zamanı bulmayı öğrenecektir. Bütün arkadaşların yaptığı gibi, zihnini dağıtmayı bırakacaktır. Artık öğleden sonra on gazete okumayacak, kâğıt oynayarak zamanını israf etmeyecek, gevezelik yapmayacak, kendisini saçıp savurmayacaktır. Kendisine egemen olmayı bir onur konusu yapacak ve diğerleri gibi kendisini akıntıya kaptırmayacaktır.

Kendisine egemen olmanın en tesirli metodu ise, insanın ruhunda güçlü takdirler veya iğrençlikler meydana getirmektir. Böylece, bir öğrenci, basit ve bildik düşüncelerle çalışmayı sevmeye ve boş adamın faydasız ve anlamsız hayatından kendisini ayırmaya gayret edecektir. Kendi tecrübesi, bu düşünceleri ona her an sağlayacaktır. Onları, başka fikirlerin zihinden atmalarına izin vermemelidir. Onlardan zevk almaya özen göstermelidir. Onları, imkân ölçüsünde çoğalmaya, gelişime zorlayacaktır. Birçok insanın yaptığı gibi, kelimelerle düşünme yerine, düşüneceği şeyi mücerret ve de-

İrade Eğitimi

taylı şekilde görmeyi talep edecektir. Bir şeyi genel olarak ve aceleci görmeye çalışmak, tembellerin yaptığı şeydir. Hâlbuki düşünen beyinler, tefekkürün farklı şekillerini akıllarında süzmeye bırakır ve devamlı tekrar eder ki, çalışmak insana birçok zevk tattırır. Bunları sıralamak gerekirse, önce yoğun bir tatmin duygusu hisseder. İnsanın gelişen kabiliyetleriyle anne-babasını sevindirdiğini ve kendisine mutlu bir gelecek hazırladığını hissedecek ve çok büyük bir zevk duyacaktır. Fakat öğrenci, daima böyle bir sözel sıralamayla hiçbir zaman yetinmeyecektir. Karışık, sıkıcı ve teferruatı arttığı ölçüde çok kafa yoracak şeylerin yerine, düşünce içinde, kısa, kullanışlı kelimeler geçerli olacaktır. Zayıf zihinler, kelimelerle, mücerret şeylerle düşünürler, ancak bunun iç hayatta çınlamaları boştur. Ne var ki, kelimelerin birbirini takip ettiğini ve onların çağrışımlarının, bu imajlar topluluğundan hiçbirinin netliğe ulaşmadığını herkes görmektedir. Bu sathi çağrışımların sonucu, zihin yorgun, hiçbir yere götürmeyen imajların neden olduğu bir durgunluğa düşmektedir. Bundan kurtulmanın tek yolu, olayları inceliklerine kadar açık bir şekilde görmektir. Şöyle dememek gerekir: Annem-babam, memnun olacaklar! Babanızın mutluluk anını hatırlayınız, başarılarınızın her birinde onun yaşayacağı sevincin tezahürlerini görünüz, aile dostlarının övgülerini alırken ona bakın, annenizin tatillerde onur duyduğu oğlunun kollarına girip gezinti yaparken aldığı zevki görün, sohbetlerin konusunun siz olduğunuz akşam yemeklerini düşünerek katılın. Kız kardeşinizin, kardeşiyle övünmesinin tadını çıkarın. Diğer bir deyişle, belli teferruatı, belli hareketleri, belli sözleri düşünmeye, sizin için, en ağır fedakârlıklara maruz kalan, gençliğinizi daha huzurlu kılmak için, kendini feda eden, sizin yükünüzü yüklenen, bütün zevklerinizin huzurunu derinden derine duymaya çalışın.

Yine, bir çalışma hayatının taçlandırdığı ihtiyarlığın sağlayacağı sevinçleri, en küçük teferruatına kadar düşünmek gerekecektir. Sözümüzün, yazdıklarımızın otoritesi, herkesin saygısı, her türlü maddi zevklerden yoksun olduğumuzda bile, hayata karşı devam eden ilgi... Bunun için, çalışmanın sağladığı bağımsızlıkla, onun geliştirdiği güçlü duyguyla, enerjiklere verdiği sayısız mutlulukların, çift tadını almasını bilmek gerekecektir.

Bütün bunları ve diğerlerini sık sık düşünüp, düşünceyi uzun süre ve sık sık onların parfümleriyle bütünleştirdiğimizde, sakin ve fakat canlı bir heyecanın irademizi canlandırmaması imkânsızdır. Fakat ateşli bir duygu belirdiğinde, onda ısrarlı olmalıyız, ona genişliğini, bütün gücümüzle vermeliyiz. Harici bir olayla şuurumuza birden gelen bir duyguyu bile, geliştirmeye, kuvvetlendirmeye çalışmalıyız. (Meselâ, bir bilginin şerefine yapılan bir tören gibi.)

Belki lüzumsuz ama müşahedeler, sakınmaya gayret ettiğimiz hayat için bir terslik meydana getirdiğinde yine en açık teferruatların fikirlerini, canlı şekilde oluşturmak tembel hayatın kötülüklerine nüfuz için gereklidir. Onları tekrarlamak, bir karabiberi yuttuğumuzda bir şey hissetmezken, onu çiğnediğimizde, ağzımızı yakması, öksürtmesi ve gözlerimizi yaşartması gibi... Aynı şeyi, tembellik ve cinsel hayatla ilgili şeylerde de bir tiksinti ve hayâ duygusunu provoke edecek şekilde yapmamız gerekir. Bu tatsızlık, sadece kötülüğe değil, onun bağlı olduğu her şeye teşmil edilmelidir.

Kavun yediğinde ciddi rahatsızlıklara maruz kalan birine, doktorların kavunu yasakladıkları gibi, olmamak gerekir: "Artık kavun yemiyor, çünkü doktor onun ölüme götüreceğini söylemiştir. Fakat o, bu mahrumiyetten acı çekiyor, ondan sık sık söz ediyor, en azından kavunu kokluyor ve onu yiyenlerin çok mutlu olduklarını tahmin ediyor." Bunun için, tembel hayattan boş, aylak zihnin kendisini tükettiği, adi, gülünç endişelerin tuzağına düştüğü bu bayağı durumdan, tiksinmekle kalmamalı, boş gezenlerin hayatına imrenmekten, bunu konuşmaktan bile kaçınmak gerekir. Bizi tembelliğe sevk eden arkadaşlardan, zevklerden de tiksinmeliyiz. Kısaca sadece hastalıktan değil, rahatsızlık veren kavundan da uzaklaşmalıyız.

Görüldüğü gibi, ne olursa olsun, kendimizde bir duyguyu kuvvetlendirmenin en büyük sırrı, şuurda, fikirleri sık sık ve uzun süre muhafaza etmektir. Bu, fikirlere, bir uyarma, bir zindelik ve güçlü bir keskinlik verecektir. Bunun için yapılması gereken şey, her özel teferruatta somut bir hal görebilmektir. Bu metot, bahsettiğimiz duygunun, benzer duygulara sağladığı cazibeyle her birinde uyanan fikirlerin zenginliğiyle kuvvetlenmesini temin eder.

Bu çalışmaya yardım için, bazı özel duyguların meydana gelmesini sağlayan okumalar yapmak gerekecektir. Bu kitabın uygulamalar bölümündeki örnekler, bu tür düşünmeye alışık olmayanlara çok yararlı olacaktır. Çalışmanın iyi taraflarını, zevklerini, boş bir hayatın ise çirkinliklerini belirten bütün kitapların bu konuda yardımı büyük olacaktır. Mill'inkiler gibi bazı hatıraların, Darwin'in mektuplarının, iyi tesirler bırakacağından şüpheniz olmasın...

Şayet tefekkürü iyi kullanabilirsek, dışımızda ve içimizde sakinliğin, duygusal hareketlere şuurun derinliklerine nüfuz etmesine imkân verirsek mutlaka bir sonucu ulaşırız. Neticede başaramazsak bile, gelişme sürecinde çabamızın boş olduğunu kesinlikle düşünmemeliyiz. Bu konuda Mill şöyle demektedir: "İnsan bu müstesna haldeyken istekleri ve yetenekleri onun için bir mukayese şekline dönüşür ve daha sonra diğer hallerde, duygularını ve hareketlerini değerlendirirken bunları kaynak olarak kullanır. Günlük temayülleri de, geçici olmalarına rağmen bu değerli hareketlere göre şekillenir."

Hakikatte biz, önemli bir sanatçının parmakları altında iyi bir başarı ortaya koydukları aletlere benziyoruz. Hayatımızı iradeli bir bakışla değerlendirdiğimizde, şimdi anın, günü gününe yaşamaya nazaran çok farklı bir anlama dönüşmesi ve hayal kurma aracılığıyla çalışmanın sağladığı bütün neşeyi tattıktan ve kararsız birinin boş hayatının tüm sıkıntılarını hissettikten sonra tüm düşünce ve hareket şeklimizin kuvvetli bir tepki duymaması imkânsızdır. Şayet, bu eksik taslağı düzeltecek, çizgileri güçlendirmezsek, şuurumuza gelen harici istekler onu, kısa zamanda silip süpürecektir. Onları sık sık tekrarladığımız takdirde, iyi zamanlar, kesinlikle davranışların mahsulünü ortaya koymayacaktır.

Buna göre dıştan gelen etkilere dalmakta kesinlikle aceleci olmamak, önemlidir. Çalışma heyecanının hızına ve tembelliğe karşı tiksintiye, sonuca varmaları için, gereken zamanı vermek gerekecektir.

Net bir şekilde formüle edilmiş bir karar, kendini yenileme işinde, mutlak bir zarurettir. İki çeşit karar vardır. Her ikisi de tefekkürle elde edilir. Bütün varlığı kucaklayan, hayat kararlı şekilde bir kutba doğru yönlendiren genel büyük kararlar vardır. Bu kararlar genelde uzun kararsızlıklardan sonra alınırlar, zorlu mücadelelerin sonucudurlar ve taşkın ruhlarla, ateşli isteklerin bunaltıcı telkinini, genç insanın ha-

İrade Eğitimi

yatını çoğunluk yönündeki geleneksel istikamete çevirme eğilimindeki dünyasal peşin yargılı ilişkilerini, ani ve nihai olarak reddedişin mührünü taşırlar.

Zayıf ruhlar ve koyun gibi olanlar için, karar yenilmişlerin gevşek ve utanç verici anlaşması gibidir. Bu, onlardaki zayıflık, gayretin çokluğu, herkesin hayatını kabul ediş ve aşağı kaliteli ruhlarının taşıyabileceğinden daha yüksek olan bir idealin taliplerini kesin terk ediştir. Çok kötü sonuçlar doğuran, birbirinden tamamen farklı bu iki olay arasında, gidip gelen, daha yüksek bir hayatın davetini istedikleri halde başaramayan, zayıf hayata geri dönen genç insanların acizliğinin bütün seviyelerini buluruz.

Öncekiler gibi, köleliklerini asla kabul etmeyen, gayretle yaşanacak bir hayatın iğrençliğinden sıkılan, fakat bunu değiştirmek için hiç çaba harcamayan asi ve çılgın köleler! Fakat psikoloji kanunlarının, hürriyetleri için ödeyecekleri bedellerden ümitsizliğe düşmeden her şeyin çabucak olması için aceleci olmadıkları takdirde, hür olabilecek köleler.

Bu kararların bu kadar önem taşımaları, bunların bir sonuç olmasındandır. Birçok isteğin, tecrübenin, düşüncenin, okumanın, duygunun, temayülün kati ve açık olarak bunlar ifadesidirler.

Mesela, kâinatın genel hedefi konusundaki iki büyük hipotez arasından, gidişatımızın genel istikametini seçmeliyiz. Bu durumda septikler gibi evreni, olduğu gibi bir şekilde tekrarlanmayacak bir zar atışının neticesi olarak kabul edecek ve hayatın, şuurun yer küreye tamamen bir tesadüf olarak ortaya çıktığına inanacağız veya bunun tam zıddı olan teze inanacak ve kâinatın giderek daha mükemmelliğe doğru tekamül ettiğine inanacağız.

Septiklerin dayandıkları bir tek delil var: "Biz hiçbir şey bilmiyoruz." Kâinatın bir köşesine, küçük zindana kapanmış olduğumuz ve bildiğimiz hiçbir şeyi, evrensel kanun gibi görmenin bir kendini beğenmişlik olacağı... Buna muhalif olan tezin avantajı ise, olayın hakikatini ve bir anlamda mülkiyeti temel almasıdır. Bu durumda biz sadece kendi dünyamızı biliyoruz. Fakat bu çok güzel düzenlenmiş bir dünya ve uzun zamandan beri de böyle... Çünkü hayat, tabiat kurallarının değişmezliğine tabi. Şayet buğday bugün görünen kaliteleriyle, yenilme özelliğine sahipken, ertesi gün farklı özelliklere sahip olsaydı, hayat dünyada devam etmezdi. Buna göre biz, değişmeyen tabiat kanunları sayesinde hayatta kalıyoruz. Hayatın başlangıcı silüryen devreye kadar girmektedir. Buna göre, kâinat milyonlarca yıldan beri aynıdır. Bunun için ahlakçı görüş, mülkiyet hakkına sahiptir dediğimizde bunu demek istiyoruz.

Diğer yandan binlerce yıldır devam eden bu uzun evrim, düşünen varlıkları ve bunlarda ahlakçı varlıkları meydana getirmiştir. Buna göre, her şeyin, düşünceye ve ahlaka yönelmediğini nasıl kabul edebiliriz? Tabiat tarihi ve beşer tarihi, her çeşit dehşetiyle, hayat mücadelesi, daha yüksek bir beşeriyetin oluşumuyla sonuçlanmıştır.

Yine, düşünce de, tıpkı hayat gibi, düzen ve istikrar ihtiva etmektedir. Kargaşa, düşünülemez. Zaten, düşünmek, organize ve tasnif etmek demektir. Düşünce, şuur, bildiğimiz yegane hakikatler değil mi? Septikçi tezi kabul, yegane hakikatimizin bir hayalden ibaret olduğu sonucunu doğurmaz mı? Bunu izharın ise, fazla bir anlamı yoktur. Bunlar için boş ifadelerdir.

Buna göre, kavramsal olarak ahlakçı tezin lehine olan gerekçeler çok daha güçlüdür. Uygulamalı olarak da bunlar

İrade Eğitimi

kesindir. Septikçi tez, kişisel egoizmi doğrulamaya, kullanışlı olmayan hiçbir şeye önem vermeme noktasında nihayet bulur. Onlar için, şayet fazilet, birkaç övgüye mazhar oluyorsa, bu onun için üstün maharetin unvanındandır.

Bu müşahedelere, seçimin, istekle alakası olmadığını ilave edelim. Çünkü seçim, zaruridir. Seçmemek de nihayet bir seçimdir. Tembellik ve zevk hayatını kabul etmek temelde insan hayatının zevk aracı olduğu tezini kabul etmek demektir. Bu durumda bu tez, basit ve saflığına rağmen ilk planda daha az metafizik değildir. Birçok insan, düşünemedikleri kadar metafizikçidir fakat onların bundan haberleri yoktur.

Sonuç olarak bu iki hipotez arasında seçim yapmamak imkânsızdır. Tabii ki bu seçimin öncesinde yıllarca devam eden eğitim ve düşünce süreçleri vardır. Sonra bir gün, bir delil diğerlerinden daha açık görünür, ahlakçı tezin güzellik ve yüceliği insan ruhunu sarar ve onda kararlı hale gelir. Ahlakçı tez tercih edilir. Çünkü varlığımıza sadece o cevap vermektedir. Çünkü güzele doğru gitmek için gösterilen çabalara, adaletsizliğe ve ahlaksızlığa verdiğimiz savaşa sadece o bir anlam kazandırmaktadır. İşte o andan itibaren artık seçim yapılmıştır ve septik sebeplerin aklımıza gelmelerine izin verilmemektedir. Artık onlar hor görülür. Çünkü felsefe zevkinden daha üstün bir zevk vardır. O da harekete geçme ve dürüst hareket etme zevkidir, ödevidir. Böylece bir hayat prensibine ve varoluşumuza bir tad, bir yükseklik, bir dinçlik veren ahlakçı inanç kıskançlıkla muhafaza edilir.

Bu muhteşem karardan sonra hayat, yönlendirilmiş olur. Hareketlerimizin harici hadiselerden etkilenmesi son bulur. Artık o andan itibaren bizden daha güçlü insanların elleri altında olmayı bırakırız. Fırtına tarafından yıpratılsak bile, yolumuzu muhafaza ederiz, daha yüksek işler için olgunlaşmışızdır ve bu karar, madeni paraların üzerindeki yazılar gibidir. Zaman bazı şeyleri aşındırabilir fakat madeni paraya yazılmış yazıyı tanımaması gibi bir şey kesinlikle olmaz.

Bu büyük ahlaki karara çalışanda, başka kararların da eşlik etmesi gereklidir: Herkül'ün faziletle kötülük arasındaki hareketi gibi... Onun mutlaka çalışma hayatını kabul etmesi ve tembel hayatı reddetmesi gerekecektir.

Hayat boyunca, sadece bir defa olmak zorunda kalacağımız genel kararlar hakkında bunları söyleyebiliriz. Bu muhteşem kararlar, bir idealin kabulü, hissedilen bir hakikatin kabul edilmesidir.

Fakat tespit edilmiş bir hedefe bir anda erişemeyiz. Ona erişmenin tek yolu, vasıtaları sevmekten, talep etmekten geçmektedir. Titiz bir araştırma en uygun vasıtaları bize göstermektedir. Bu vasıtaları talep gerekiyor ve her talep bir kararı içeriyor. Ancak büyük kararlar iyi bir şekilde alındığında, kısmi kararlar kolaylaşır. Yine özel bir karar almakta zorlanıyorsak, mesela Aristo'nun bir metninin tercümesini yapma kararını vermekte zorlanıyorsak bu faaliyetin zevkli tarafını düşünmemiz gerecektir: Metin sıkıcı bile olsa, bir sayfadan hiçbir vakit bulunmamış bir anlamı ortaya koymak için gösterilen çabanın zorlu bir zihinsel spor olduğunu kimse inkâr edemez. Her bir kelimeye, her önermeye karşı, adım adım yürütülen bu mücadelenin, mantıklı bir devamını bulmak için ortaya konan gayretin şuuruna varma kabiliyetimizi geliştirdiğini anlar, böylece bir haftalık bir çalışmanın gerisinde keskinleşmiş yeteneklerimizi Descartes'in düşüncelerinden bir sayfaya veya Stuart Mill'in kitabından bir bölüme uyguladığımızda kazandığımız ilerlemenin aniden farkına varır ve biz savaş zamanındakinin iki katı yükle eğitim yapan Romalı askerler gibi oluruz. Çok nadir olarak, tüm karar sağlam şekilde yerinde dururken, özel bir kararla ilgili basit ve kesin değerlendirmelerin iradeyi heyecanlandırmaya kâfi gelmediği görülmektedir.

Bunlar bize, öğretmenlerin, her dersi işlemeden önce, öğrencilerin o dersten ne elde edecekleri genel ve özel faydaları çok ikna edici şekilde takdim etmedikleri için, eğitimde çok önemli bir başarı elde edilmediğini göstermektedir. Faydalılığı konusunda bariz hiçbir açıklama yapılmayan Latinceyi yıllarca isteksiz öğrendiğimi söyleyebilirim. Ayrıca, bu isteksiz öğrenciler, onlara Fouillée'nin klasik derslerin lüzumluluğu hakkındaki olağanüstü metnini okutarak iyileştirdim.

Bazı okurlarımızın zihninde şüphesiz inatçı bir fikri sabit kendini gösteriyor. Onlar, her an derin tefekkürle hareket arasında bir çatışmaya sahip olmaktalar ve tefekkür sahiplerinin pratik hayatla, uzun derin tefekkür etmenin faydası olmadığına inanmaktadırlar. Bunun ana sebebi tahrikçi kişilerle hakiki eylem saliplerini birbirine karıştırmalarıdır. Çünkü tahrikçi kişi, hareket adamlarının tam aksidirler. Tahrikçi kişi, yerinde duramaz, hep hareket halindedir fakat yaptıkları birbirini tutmayan şeylerdir. Fakat hayatta, politika elde edilen bütün başarılar, hep aynı istikametteki gayretlerin devamlılığıyla olduğu için, bu hareket fazla gürültü çıkarmasına rağmen, herhangi bir uğraş, özellikle de faydalı bir meşguliyet ortaya koyamaz. Bir istikamete yönelmiş, emin adımlarla derin tefekkür içermektedir. Mesela IV. Henri ve Napolyon gibi büyük hareket adamlarının attıkları her adım, mutlaka önceden tasarlanmış adımlardı. Derin tefekkür etmeyen, takip etiği genel amaç her zaman zihinde olmayan, kısmi hedeflere ulaşmak için en iyi vasıtaları titizlikle araştırmayan kişi, kesin olarak o şartların oyuncağı olur: Ani olaylar onu sürekli rahatsız ettiği için devamlı değneğini sallayarak onları takibe uğraşır ve bütün bunlar, onu izlediği genel istikametten saptırır. Bununla birlikte, göreceğimiz gibi, hareket her daim düşünceden sonra gelmelidir: Aktif, üretken olan her hayat içi gerekli olan derin tefekkürî düşünme bunu yalnız başına sağlayamayacaktır.

Gerçek şart diyoruz, çünkü hepimiz kendimize, düşündüğümüzden daha çok yabancıyız. Müşahede ettiğimiz bin kişiden gerçek bir kişiliğe sahip tek bir insana bile rastlamayınca haklı olarak endişe ederiz: Bu insanlar, genel hareketleri ve özel hareketleri ile hemen hemen hepsi, kendilerinden son derece yüksek güçler tarafından idare edilen kuklalar gibidirler. Bunların yaşadıkları hayat, sele atılan ve nasıl olduğun bilmeden oraya buraya sürüklenen tahta parçası gibidir. Yani bunlar, hareketlerinin şuurunda olan fakat onları harekete geçiren rüzgârın şuurunda olmayan rüzgârgülleri gibi hareket ederler. Eğitim, sözün güçlü telkinleri, arkadaşların ve çevrenin görüşlerinin korkunç baskısı, basmakalıp atasözleri ve tabii eğilimler, birçoklarının davranışlarını tayin etmekte ve kuşku duyulmayan birçok cereyan tarafından savrulurken yürüyüşlerini kararlı şekilde önceden tayin edilmiş bir iskeleye doğru gidebilen ve durum değerlendirmesi yaparak gidişatlarını düzelten insanların sayısı oldukça azdır.

Kendilerini kontrolü deneyebilenlerin bile, bu süreyi çok kısa tuttukları görülmektedir. Özellikle, yirmi yaşına kadar, kader üzerinde düşünmeksizin yaşanmaktadır. Sonra hayata

İrade Eğitimi

bir yön vermeye kalktığımızda, bizi çiğneyen çarkların arasına gireriz. Zaten hayatın üçte biri uyumakla geçmekte, günlük işler, giyinmek, yemek yemek, hazmetmek, dünyevi yükümlülükler, mesleki güçlükler, felaketler, hastalıklar daha ulvi bir hayat için çok az zaman bırakmaktadır. Git! Git! Günler birbirini takip ede ve varlığımızı kesin olarak görmeye başladığımızda artık ihtiyarlamış olmaktayız. Daha sonra, insanları nereye sevk ettiğini iyi bilen, günah çıkarma ve ruhları yönlendirme yoluyla uygulamalı psikolojinin en derin gerçeklerinden haberdar edilmiş büyük kuklalar sürüsüne genişçe bir yol çizen Katolik kilisesinin büyük gücü, topallayan güçsüzlere destek verir ve ahlaki yönden bakıldığında o olmasaydı hayvani seviyeye inecek veya yerinde kalmış olacak bu insan kalabalığı tamamen tek tip bir yöne sevk edilecekti.

Ah! Evet, hepsi hariçten gelen telkinlere inanılmaz derecede maruz kalırlar. Çünkü aile içinde alınan eğitim geçerlidir ve filozof ailelere az rastlanır. Diğer yandan, akılcı bir eğitim alanı çocukların sayısı da çok değildir. Akılcı eğitim alanlar bile, bir çeşit sersemlik ortamında yaşamaktadırlar. Devamlı kamuoyunun etkisine maruz kalan çevresi, hizmetçiler, arkadaşlar, çocuğun zihnini toplumdaki kalıplaşmış formüllerle dolduracaklardır. Aile bu tür ön yargılara karşı yüksek duvarlar ortaya koysa bile, çocuğun çok az düşünen öğretmenleri ve zihinleri genel kanaatle istila edilmiş arkadaşları çocuğa etkili olacaklardır. Çünkü en iyi eğitilmiş çocuklar bile, arkadaşlarının arasında onların dilinden konuşmaktadır. Hâlbuki lisanın kökünün halk olduğunu bilmeyen yoktur. Toplum, lisanı kendine uygun olarak meydana getirmiştir. Bunun içine, bayağılığını, kendisinden üstün olan her şeye karşı duyduğu öfkesini ve zahirin ötesine kesinlikle geçemeyen çocukça kanaatleri ilave etmiştir. Yine dilin içinde servet için, iktidar ve savaş olayları için birçok methedici birçok fikirler topluluğu bulunurken, iyilik ve ilgisizlik için, basit hayat ve zihinsel çalışma söz konusu olduğunda bu fikir toplulukları hakir görücü bir durum arz eder. Hepimiz dilin bu telkinine büyük ölçüde maruz kalırız. Delil mi istersiniz? Mesela, önünüzde "büyüklük" kelimesi söylense, yüz defa bahse girerim ki fikrini canlandıracaktır. Herkes sizin gibi, Sezar'ı düşünecektir. Tabii ki Epiktetos'u düşünmeyecektir. Söz konusu olan iyi şanstır. Zihne hemen, servet, iktidar, alkışlar geldiğine göre, sizde benim yaptığımı yapın! Bir düşünce dolamı için hayatı yaşanmaya değer kılan onbeş özel kelime seçin ve onları yönelteceğimiz kişilerin zihninde bu deneyin ahlaki muhtevasıyla ilgili şüphe kalmaması için hedefimizin o kelimelere yakın olan sembolleri psikolojik açıdan değerlendirmek olduğunu açıkça beyan edin. Bu deneyin nihayetinde dilin, değerli zihinlere karşı, adi ve cahilce aptallığın elindeki en güçlü telkin vasıtası olduğunu göreceksiniz.

Diğer yandan bu evrensel aptallığın üstüne, talebemizin her arkadaşı, birçok zorluk koyacak, talebemiz de fırsat buldukça, bunları harcayacağı para haline getirecektir. Atasözleri, milletlerin kültürlerini iyi ir müşahedenin temel esaslarını, bilmeyen ve ispatlayıcı bir sözün neye dayandığı hakkında küçük bir fikirleri olmayan kişilerin müşahedelerini kısa ve öz şekilde içlerinde muhafaza ederler. Devamlı tekrarlanan bu atasözleri, nihayet karşı konulmaz bir hal almaktadırlar. Hakikatte, saygı değer bütün zevkleri, aptalca bir şekilde, bayağı ve ihtiraslı bir kadını bir kafeden diğerine

İrade Eğitimi

sürükleme boş uğraşısına feda eden bir genç insandan mı söz ediyoruz? Fikirlerinde geniş görünmek isteyen ciddi bir adam, "gençlik böyle yaşamalı" diyecektir. İyi ki onun için bu deli döneminin geçmesi üzüntüsünü tezahür ettirerek gencin böyle devam etmesi cesaretini kırmamıştır.

Ona şöyle demek gerekir: Bu tip formüller, gencin gerçeği görmesine mani olarak, ona zarar verir. Avrupa'da, Amerika'da olduğu gibi, liseden ve kolejden sonra, hiçbir denetim, hiçbir ahlaki koruma olmadan, büyük şehirlere atılmaları, öğrenci çevresinde teneffüs edilen bu şekildeki saçma hükümlerin kötülüğüne karşı, hiçbir tedbir alınmamış olması, onların tutarsız ve kötü davranışlarının sebebini güzel şekilde izah etmektedir. Okumuş insanların kınadığı bu başıboş öğrenci çeteleri, okumuş insanların beyinlerini tıkayan tenkitten geçirilmeden kabul edilmiş ve müşahhas şekilde gerçekleşmiş fikirlerin şekillenmiş durumudur.

Bu öylesine yaygın bir kanaattir ki, olgunluk çağında bundan kurtulabilenleri kutlamak gerekir. Çünkü birçokları, irade zayıflığı ve aşağı temayüllerin gücünün yardımıyla birçoğu, kötü geçliklerini devam ettirmeyi olgunluk yaşlarını, atasözlerini kullanarak meşrulaştırmaya isteklidirler. Eğitimle, örneklerle, dille, çevreyle formüle edilen bütün bu yanlışlar, eğilimlerle kolaylaşmakta, zihinde, görünümü bozan kalın bir sis teşkil etmektedir. Bu sis sadece bir tek yolla dağıtılabilir: Tekrar tekrar düşünmenin inzivasına girmek, kendinde çevrenin basit telkinlerine yer vermeden, ulvi bir zihnin telkinlerine yer vermek ve iyi olan bu telkinleri sükûnetle ruhunun derinliklerine nüfuz etmesini sağlamaktır. Gençlerin bu nüfuz ediciliği kolaylaştıran inzivaya ulaşımı zor değildir. İleri yaşlarda bu hürriyeti hiçbir zaman bulamayacaktır. Tam olarak hür olduğu bu dönem de insanın o kadar az kendisine egemen olması üzücü bir olaydır. Bu dâhili inziva esnasında, ister kendi kendimize olsun, ister düşünürlerin düşüncelerinden destek alarak olsun yanılmalarımızı yavaş yavaş yok etmemiz garipsenemez bir hakikattir. Böylece insan, başkalarının onlara verdiği değere göre karar verme yerine, olaylara bakarak alışkanlık edinir ve daha da önemlisi, zevklerimizi ve izlenimlerimizi genel kanaate göre ayarlamayı ortadan kaldırırız.

Aşağı zevklerle yetinen, yüksek zevkleri, yetersizliği ile alamayan bayağı insanların, sadece dilin methiye dolu sözlerini onlara bırakarak sahte ilk görünüşleri süslemekle kalmayıp üstün zevkleri hakir görme ve alay ederek nasıl kuşattığını ve değerli olan her şeyi nasıl kirlettiğini göreceğiz. Düşünen ve kendisini akıntıya bırakıvermeyen bir filozof, bir hayalcinin, tuhaflığın ve delinin biridir. Tefekkürî düşünce sahibi, yıldızlara bakarken bir kuyuya düşen tasarımcıdır. Bütün methedici sıfatlar, çabuk satırlar zaaf için yazılırken, fazilete sadece zor satırlar kalır. Birinciler ne kadar kolay ve ince ise, diğerleri son derece zor ve sıkıcıdır. Moliére bile, bütün zekâsını rağmen, bizi sadece zaaflarımızla güldürebilmiştir. Gülünç olan Célimen'e değil, sözleri ve eylemleri yüksek bir dürüstlük gösteren dürüst adam Alceste'dir, kızlar ve erkekler Alceste'in nazik genç bir adam olduğunu öğrendiklerinde son derece şaşırmışlardır. Çünkü fazilet kelimesi, bütün adi ve aşağılık seviyeli özelliklerin muhafaza edildiği bir depo olduğunu bir defa daha belirterek, günlük lisandaki ilgili telkinlerin hepsini içine almaktadır. Max Müler, eğitimli bir İngiliz'in kullandığı kelime sayısının üç veya dört bin olduğunu sayıyor. Büyük dâhilerin

İrade Eğitimi

ise, onbeş ile yirmi bin kelime kullandıklarını söyler. Bu liste de, günlük sohbetlerde nadiren kullanılan ve sıradan biriyle yüce, ulvi ve asil şeyleri konuşan düşünürün belleğindeki farkı, belirten kelimeler bulunmaktadır. Dağlar gibi, dildeki bu yükselmelerde bayağı insan kısa gezintiler yapabilir. Fakat onun esas ikamet yeri ovalardır. Bu fikir topluluklarının neden yüksek olan şeylere karşı olduğu böylece açıklığa kavuşuyor. "Hepimiz çocukluktan beri bazı şeylerden iyi bazı şeylerden kötü bahsedildiğini işittik. Bunları söyleyen kişiler, davranışlarının fikrini bize aşıladılar ve biz de o şeylere tıpkı onlar gibi bakmaya ve o şeylerin karşısında aynı davranışları, aynı ihtirasları göstermeye alıştık." Bunlar hakkında gerçek değerlerine göre değil, insanların kafasında onlar için belirlenmiş değerlere göre hüküm veriyoruz.

Bir defa daha tekrar edelim. Öğrenci, dikkatli bir düşünmede çareyi bulacak ve bizzat görecektir. Herkes gibi, o da hayata atılsın bu gerekli bir şey: Bu olmadan hiçbir tecrübeye sahip olamaz ve hiçbir tehlikeden sakınmayı bilemez. Fakat toplum hayatı tecrübesinden sonra, kendi içine kapanır ve intibalarını titizce tahlil eder. İşte o andan sonra hayatındakilerin değeri, büyüklüğü ve kendisiyle alakası konusunda yanlış yapmayı bırakır. Dışarıdan ithal edilenleri eleyecektir. Kısa zamanda öğrencinin hayatından çıkacak sonuç şu olacaktır: Genellikle kalıcı zevklerin, ulvi ve sakin rahatlıkların gösterişe feda edilmesidir, hayat hür görünerek, kafeleri, gürültü ve çığlıklarla doldurarak, bir alkolik gibi içerek, evine sabahın ikisinde dönerek, her yerde yarın en aza onun kadar mağrur haleflerinin yanlarında göreceği kadınlarla birlikte görünerek gösteriş yapma hevesine, hayat feda ediliyor.

Böyle bir yaşam tarzında, yatılı olunan lise hayatının baskısı, anne-babaların endişeli denetiminden sonra elde edilen hürriyetin açık bir şekilde ortaya çıkmasının olduğu bellidir. Fakat bu niye böyle? Gerçek hürriyet duygusu insanın içindedir ve o büyük bir mutluluk kaynağıdır. Bunun dışa vurumu sadece gösteriştir. Bu sahte hayatın mutluluk getirdiğiyle alakalı çok yanlış şeyler yapılmaktadır. Aslında, gösteriş söz konusu olduğunda, bunu, makul yollarla tatmin çok kolaydır. Öğretmenlerin takdirini elde etmenin, imtihanlardan yüksek notlar almanın anne-babanın beklentilerini elde etmenin, geldiğin küçük bölgenin büyük adamı olarak kutsanmanın sağlayacağı büyük mutluluk, geçici zevklerin arkasında koşan öğrencinin en aptalına veya haftalığını aldığı güne rastgelen tezgâhlara hava atarak sağlayacağı mutluluğu çok geride bırakır. Bu durumda bir öğrenci, kendi içine kapanarak, bir gösteriş hatasıyla üstü kapatılmış yorgunluk ve hayal kırıklıklarından başka bir şey olmayan bütün o zevkleri derinlemesine bir analize tabi tutmalıdır. Böylece, aklına gelen çalışmaya karşı bütün fikirleri tek tek analiz etsin, gözlerini açarak teferruata, bazı günlerine ve arkasından gittiği prensiplere iyice bir bakmalıdır. Bu hareketine, iyi metinler okuyarak destek vermeli ve iradesine hiç faydası olmayan her şeyi bir kenara bırakmalıdır. Böylece o, yeni bir dünya keşfedecektir. Artık, Platon'un mağarasında zincire bağlanmış mahkûmlar gibi, sadece olanların gölgesini seyretmeye mahkûm olmayacak, hakikatin saf ışığını tam da karşıdan görecektir.

Böylece canlı ve güçlü bir izlenimler atmosferi yaratılacak, genç adam kendisine egemen bir şahsiyet ve akıl elde edecek, böylece kör meyillerin, dilin, arkadaşların, dünyanın ve çevrenin etkisiyle oraya buraya yalpalamayacaktır.

İrade Eğitimi

Şurası gerçektir ki, en derin inzivaya çekilinebilir ve dünyanın ortasında bunu düşünerek yaşayabiliriz. Bizim talep ettiğimiz inziva, adi uğraşılarla uğraşmayı reddeden ve sadece ruhumuzla duymak istediğimiz duyguları hareket ettirmeye muktedir nesne ve düşünceleri kabul etmeyi içerir. Ancak böyle bir iş, Granole-Chartreusc manastırına çekilmeyi gerektirmez. Bizim inziva, günlük hayatın içinde icra edilecektir: Yaptığımız gezintilerde, evimizin içinde kendimize bir "şahsi inziva" ortamı meydana getirmeyi ve her gün veya haftada belli bir gün dikkatimizi bizde tiksinti veya sevgi duygularını uyandırmaya muktedir iç duygulara merkezileştirmeyi bilmek yeterli olacaktır.

Böylece bizim genç adam, bayağı telkinlerin, ihtirasın provoke ettiği hataların bağımlısı olmaktan kurtulacak, gidişatını daha çok hakikate uyduracak ve büyük tehlikelerden de azad olacaktır. Hakikatte kendisine egemen olarak, harici birçok telkinin karşısında kendisini devamlı kontrol edecek, daha da önemlisi, duygusallığın kör itişleri üzerinde aklın hâkimiyetini kuracaktır. Çocukların birçok erkek ve kadınların hareketlerine dikkatli bakılırsa, hepsinde var olan ilk andaki itişe göre seyretme temayülü ve hareketlerini en yakın hedeflere göre de ayarlamada bile yetersizliklerinden hayret ederiz. Çünkü onları şöyle veya böyle harekete zorlayan o andaki onlarda hâkim olan duyudur. Şuurlarını kaplayan bu gösteriş dalgasının yerini, bir müddet sonra bir öfke dalgası, bir şefkat dalgası alabilmektedir. Güçlük veya zorunlu hareketleri bir tarafa bıraktığımızda geriye sadece kriterlerinin seviyesi az yüksek olan insanlar üzerinde iyi bir intibaa bırakma ihtiyacıdır.

İyi olan tipe saf biçimde girme temayülü o kadar kuvvetlidir ki, halk sadece devamlı hareket ederek ortalıkta dolaşan hareketli tipleri aksiyon adamı olarak telakki eder. Tefekkür için inzivaya çekilen herkes kınanır. Ama dünyada yapılan bütün eserlerin altında hep düşünürlerin, tefekkür sahiplerinin olduğu görülmektedir. Beşeriyetin bütün verimli işleri, sakince, acele etmeden, yanılmadan, bahsettiğimiz "yıldızlara bakarken kuyuya düşen" düşünenler tarafından meydana getirilmiştir. Diğerlerinin, tarihin önünü kapayan şarlatanların, politikacıların, fatihlerin, hareketli kişilerin, beşeriyetin gidişatındaki rolleri, uzaktan bakınca oldukça azdır. Anladığımız kadarıyla ve çok az eğitimli kişinin aptalca merakını tatmine yönelik bir grup hikâyeden başka bir şey olmayan tarihin yerini, tefekkür edenlerin, mütefekkirler için yazdıkları tarih alındığında, oldukça hareketli olanların aksiyonlarının, medeniyetin büyük akımını oldukça az değiştirdiğini görerek hayret edeceğiz. Bilimin, sanatın, edebiyatın, felsefenin, sanayinin büyük kâşifleri olanlar, tarihin gerçek kahramanları olarak layık oldukları ilk sırayı işgal edeceklerdir. Asla para kazanmasını bilememiş, kapıcısının arkasından gözünden yaşlar gelinceye kadar gülmüş olan, fakir mütefekkir Ampère, yaptığı kâşiflerle, topluma hatta modern savaşa ihtilalcı yolda, Bismark ve Moltké'den daha tesirli olmuştur. Bir Georges Villé, tarım için elli tarım bakanının yaptığından daha çok şey yaptı ve yapmaya devam edecektir.

Buna göre öğrencinin, verimli aksiyonla karıştırdığı ajitasyonu öven kamuoyuna direnmesini nasıl isteyebiliriz? Kabul edilen formüle göre şaka yapmanın ve tefekkürsüz hareket etmenin yaşama kabul edildiği bir çevrede, yaşam yanıltısını en azından kendisine bir zaruret gibi takdimini

İrade Eğitimi

nasıl isteyebiliriz? İşte bütün sıkıntılarımız tamamen bu hemen harekete geçme sıkıntısından, kamuoyunun pohpohlamasıyla provoke edilmiş bu ihtiyaçtan olmaktadır. Bu tahrik, inzivadayken ne yapılacağını bilmediği için büyük bir tehlike göstermez. Fakat öğrenci, tefekkürsüz davranma eğilimiyle harici koşulların oyuncağı olur. Ders çalışacağı vakit, bir arkadaşının gelişi, genel toplantı, bir eğlence, herhangi bir olay, onu çalışamaz hale getirir. Anlayacağımız gibi, ani olan şeyler, zayıf iradeleri yönlendirir. Bunun giderilmesinin tek çaresi, derin tefekkürdür. Harici olayları peşinen görmek, eksik olan enerjinin yerini doldurur. Bunun için, öğrenci beklenmedik olan şeyi hayatından çıkarabilir. Karşılaşacağı eğlence fırsatlarını kolayca peşinen görebilir. Meselâ falan arkadaşının onu kafeye veya gezmeye çıkaracağını bilir, bunu önceden çözebilir veya nezaketsizlik de olsa, bir bahane bulabilir ve karşı ısrarın önüne geçebilir. Şayet, ders çalışmaya gelmek için eve erken döneceğine, peşinen kararlı değilse, hiçbir şey yapmadan boş boş dolaşmaya engel olacak kararı önceden vermezse, o hiçbir şey yapamaz ve vaktini boş boş geçirir. Peşinen karar vermek, psikolojik açıdan, olayları önceden tahmin etmektir. Önceden tahmin, şayet kararlı ise, buna verilecek cevabın da kararlılıkla gerçekleşeceği kesindir[20].

Gösterilen tepki, ortaya konacak tavrın veya cevabın tefekkürüyle bu tefekkürün müşahhas gerçekleşmesi arasında,

---

[20] Bu konuda Kant'ı tasdik etmiyoruz. Bunu meşru müdafaada yapabiliyorsam, aynı meşru müdafaada saldırgan karşısında bu mağlubiyete izin verilmiyorsa ben birini öldürme hakkını nasıl elde edebilirim? Bu bir haktan daha çok, gayretini ve düşünceni onlara karşı koruma görevidir. Bu, karşıdakine ciddi bir şekilde saldırmadan kendimizi korumanın yegâne şeklidir. Bağışlanamaz olan, birisine zarar veren iğrenç bahanedir. Birine zarar vermek için belirtilen bir gerçek, yalan kadar sorumludur. Bir davranışı kötü yapan şey, kötü niyettir.

harici olayların veya arkadaşlarının teşviklerinin araya girmesine yetecek kadar bir vakit yoktur. Bizim verdiğimiz kararlara aykırı olan olaylar, verdiğimiz karara uygun davranışların otomatik icrasını provoke etmekten başka bir şey yapmazlar.

Zayıf insanlar için hayat, beklenmedik olaylarla doludur. Bir kimse hedefi yoksa veya bu hedefine bütün dikkatini vermemişse, kendisini devamlı olayların tesirine kaptırırsa, elbette hayat istikrarsız bir hale dönüşür. Aksine, sık sık kendisini kontrol eden, istikametini düzeltmeye çalışan bir insan için de hayatta bazı şeyler olabilir. Fakat ne olduğumuzun bilincine açık şekilde varırsak, alışkanlık haline getirdiğimiz hataları ve bize zaman kaybettiren sebepleri düşünürsek, kendimize açık bir hareket istikameti verebiliriz. Ancak bunun için kendimizi devamlı kontrol etmeliyiz.

Böylece hayatımızdaki tesadüflerin payını azaltabiliriz. İşte o zaman harici bir olayla karşılaştığımızda (Meselâ arkadaşlığı bitirmek, odamızı, lokantamızı değiştirmek, gezinti yapmak) ne yapacağımızı tereddüt etmeden bilir ve tesadüflere karşı da detaylı bir mücadele planı oluşturabiliriz.

Bu plan, çok önemlidir. İyi planlandığında, aklımıza bir cinsel dürtü geldiğinde onu def etmeyi beceremezsek, ona karşı ne yapılması gerektiğini tayin edebiliriz. Buna göre sık sık olan duygusal kabarmalara, üzüntülere, ümitsizliğe nasıl engel olabileceğimizi biliriz. Mahir bir generalin düşmanın özelliklerini, arazinin sıkıntılarını, kendi askerinin noksanlarını bilerek ve her şeyi düşünerek, düşmanın eksikliklerini, arazinin engebeli oluşunu, avantajlarını, askeri birliğinin moral durumunu belirleyerek, başarıyı değerlendirdikten sonra harekete geçtiği gibi... Böylece insan, harici ve dâhili

İrade Eğitimi

düşmanları bilir, ona göre taktik hazırlar ve zayıf noktalarını tespit eder. Böylece, kati zafer konusunda şüphesi olmaz. Çünkü geri çekilme dâhil, her şey planlanmıştır.

İşte öğrenciye musallat olacak harici ve dâhili tehlikeler kesin olarak bunlardır. Onlara dikkatimizi odaklamalıyız. Onları yenebilecek özel taktikleri incelemek zorundayız. Böylece, harici şartlardan, nasıl yararlanılacağını ve ahlaki çöküşü hızlandıran şeylerin bile, insan iradesinin terbiyesine nasıl katkı sağlayacağını da göreceğiz. Düşünmenin ve makuliyetin güvenilirliği ne kadar doğruysa ışığın kuvvetinin, hantal duyguların kör güçleri karşısında zamanla ulaşacağı zafer de o kadar kesin olacaktır.

Görüldüğü gibi, tefekküri düşünce, sonuçta harika verimliliğe sahiptir: O, çok güçlü sevgi hareketlerinin doğuşunu sağlar, geçici duyguları, güçlü kararlara dönüştürür. Lisanın ve ihtirasların telkinlerini pasifleştirir. İstikbale aydınlık bir nazar atmayı ve dâhili tehlikeleri peşinen görmeyi, dış şartların, doğuştan gelen tembelliğe katkı sağlamalarına mani olur. Bu iyilikçi güçten, beklediğimiz avantajlar sadece bunlar mı? Hayır, o bize doğrudan sağladığı yardımın dışında, dolaylı sonuçlar konusunda da fayda sağlamaktadır.

O, her günün tecrübesinden, önce geçici, sonra belirginleşen ve nihayet hareketin "yönetici prensipleri" otoritesini ve kesinliğini elde etmemizi temin eder. Bu prensipler, tefekkürün derinliklerinde çok sayıda teferruatlı müşahedenin tedrici birikimiyle meydana gelir. Dikkatsiz ve hareketli kişilerde bu yoktur. Bunlar, geçmişten kesinlikle yararlanamazlar. Onlar da dikkatsiz öğrenciler gibi, aynı gramer hatalarını, aynı yanlışları yaparlar. Tefekkür sahipleri için bu olmaz. Onlar için geçmiş ve içinde yaşadıkları zaman bir ders gibidir. Bu ders sakınılması gereken yanlışların gelecekte bir daha olmamasını sağlar. Bu derslerin sonucu alınan dersler, yoğunlaştırılmış tecrübelerimizi belirleyen kurallara dönüşür. Atasözleri şeklinde belirlenen bu kaideler, değişken hevesleri, farklı istikametlere sahip doğal davranışları disipline etmeye ve yaşamda sabit, güvenli bir düzenin egemen olmasına yardımcı olmaktadır.

Açık bir şekilde formüle edilen her prensibe bitişik bu güç, aynı istikamete giden iki sebepten kaynaklanmaktadır.

Psikolojide mutlaka yakın bir kaide vardır: Yapılan veya yapılamayan her hareket fikri, hasım duyguları olmadığında, fikir ve hareket arasında temelde bir fark yoktur olayı ile kendini gösteren bir icra gücüne sahiptir. Düşünülen bir hareket, zaten başlayan bir harekettir. Önceden tasarlama, hareketin "genel tekrarı" gibidir. Yani, son gerilimden önce yaşanan yarı-gerilim. Öyle ki, tasarlanmış hareket, hızlı bir şekilde icra edilir. Dilsiz temayüllerin, ses çıkaracak zamanı yoktur. Meselâ, çalışmayı tasarladınız fakat bir arkadaşınızın tiyatroya gitmek için ısrar ettiğini düşünün. Buna vereceğiniz cevabı önceden hazırlıyor ve onu görür görmez şunu diyorsunuz: "Üzgünüm! Sana refakat etmeyi düşünüyordum. Ancak bir aksilikten dolayı dönmek zorundayım." Bunu, kararlı ve kesin bir şekilde söylediğinizde, kararınızdan bütün dönüş ihtimallerini yok eder ve arkadaşınızın ısrarının önüne geçersiniz.

Siyasette, kararlı ve atılgan siyasetçiler, kararsızları, belirsizleri, sebep arayıcılarını arkalarından nasıl sürüklüyorlarsa, şuurumuzda da yön veren, kesin ve kararlı tavırlardır. Böylece, takip etmemiz gereken hareketi teferruatlı şekilde önceden belirlersek, planımızın yarıda kalmasının ihtimalini

İrade Eğitimi

de daha önce düşünecek ve tembellik telkinlerini daha meydana gelmeden yok edeceğiz.

İşte prensipler için gücün ilk sebebi budur. Ancak bu sebep, ne tektir ne de en önemlisidir. Hakikatte, tefekkür için bütün imajlar bütününü arkamızdan getiremeyiz. Eşyaları özelliklerine göre tasnif etmekle, sahip olduğumuz işaretlerle ve kısaltmalarla bunu yapabiliriz. Aslında bunlar da kelimelerden başka bir şey değillerdir. Biliyoruz ki, istediğimiz de özel imajların zihinde ortaya çıktığını fark etmek için bir an dikkatimizi göstergeye merkezileştirmemiz kâfi olacaktır. Duygularımız için de aynı şey söz konusudur. Tefekkür açısından onlar, ağır, mani olucu, hakkından gelinmesi kolay şeyler değillerdir. Bunun için günlük olarak bunların yerine basit, daha kolay çağrışım yapan kelimeleri kullanırız. Meselâ, bazı kelimeler, ifade ettikleri heyecanın titreyişini ihtiva ederler, şeref, ruh yüceliği, beşeri liyakat, hainlik, korkaklık. Yine, şuurda, bazı prensipler, temsil ettiklerinden daha kuvvetli ve daha zayıf karmaşık duyguları çağrıştırmaya en uygun, kısa ve dinamik kısaltmalardır. Tefekkür, insan ruhundaki merhametli hareketleri veya tiksinti uyandıran hareketleri provoke ettiğinde, bu hareketler kısa sürede yok olacakları için, gerektiğinde onları çağrıştırabilecek ve onları özetleyen bir formülü muhafaza etmek güzel bir şeydir. Bu, çok sağlam şekilde düşüncede bir formülün yerleşmesinden daha faydalıdır. Şuurun içinde kolayca çağrılır ve gelirken de beraberinde, pratik belirtisi olduğu bağlantılı hisleri de getirir. Onlardan elde ettiği kuvvetle, uyandırılma rahatlığını ve intikal kolaylığını sağlar. Şayet kendisini eğitme faaliyetinde kesin kaidelerimiz olmazsa, yaşadığımız ortama ve ihtiraslarımıza karşı verdiğimiz savaşta bütün esnekliğimizi ve genel bakış açımızı yok ederiz. Bunlar olmazsa, savaşı karanlıkta veririz ve en güzel zaferlerimiz kadük kalır.

İşte bu şekildeki davranış kaideleri, irademize zaferinin garantisi olan kararlılık ve anlık gücü verir, bunları provoke etmek arzu ettiğimiz duyguların kullanışlı yardımcılarıdır. Hür olmamızın bu yeni ve değerli yardımcılarını ortaya koyan da yine derin düşünmedir, çünkü yaşam ilmimizin, daha doğrusu istikbali görebilme ve idare edebilme gücümüzün hammaddesini meydana getiren birlikte yaşamayı ve devamlılığı olan bağlantıları sonsuz tecrübemizden izole etmeyi, zihnimiz sadece bu tefekkürle elde edebilir.

Bütün bunları özetlemek gerekirse, tefekküri düşünce, kullanımı bilinirse, ruhta ulvi değer taşıyan merhamet atılımları meydana getirir. Büyük hürriyetleştirici de odur. Çünkü düzensiz şekilde şuurun aydınlığına üşüşen duyguların, ihtirasların, fikirlerin yok olmasına engel olmayı o sağlar. Diğer yandan, dış dünyadan sudur eden tahrikler seline mukavemet, sadece onun sayesinde olur ve bu izolasyon, kendi kendisine kalma gücü en büyük saadetlerden birisidir. Çünkü asla geri çekilmemek üzere kendimizi akıntıya kaptırma yerine, var olmanın güzel hatıralarını yeniden hatırlayabilir ve keyfini çıkarabilir, onları yeniden yaşayabiliriz.

Bunlardan başka, derin tefekkür, insanın kendi şahsiyetinin farkına varmasından da başka bir şey değildir. Bir akıma karşı, kâh altından bir okşayış gibi akıp gitmesine izin vererek, kâh merkezden dalıp onu tahrik ederek savaşan iyi bir yüzücünün yaşadığı saadete benzer bir şey hissetmez miyiz? Şayet farklı şeylere karşı verdiğimiz ve zaferle çıkılan savaşta, bizde derin duygular uyandıran şey, daima his duygusu ise, hassasiyetin hoyrat güçlerine karşı irademizin verdiği bu savaşta neyi hissetmeliyiz? İşte Corneille'in sonraki nesillerin beğenisini böylesine kazanmasının sebebi, kendisine egemen olmanın tadını ortaya koymasındandır. Şayet onun özellikleri, eserlerinde zafere çok zor ulaşmışlarsa, verdiği savaşlar, hayvani tabiatımızın kaderine karşı uzun devam ettiyse, sebebi onun tiyatro sanatının daha çok beşeri olmasıdır ve bizin için asil bir ideal takdim ettiği için Corneille, birinci sırada dramatik şair olmakla kalmamış, bütün çağların en yüksek ve hayran olunacak bir dehası olmuştur.

İKİNCİ BÖLÜM
TEFEKKÜR NEDİR? TEFEKKÜR NASIL YAPILIR?

Şayet, hürriyet mücadelemizde tefekkürî düşünce bu kadar önemliyse, hiç zaman kaybetmeden tefekkürün nasıl yapılacağını incelememiz ve psikoloji kurallarıyla ilgili bilgimizin yanında tecrübelerimizin bu çabada nasıl yardımcı olacağını araştırmamız gerekmektedir.

Bir defa daha belirtelim ki, derinlemesine tefekkür, biz de güçlü sevgi veya nefret duygularını harekete geçirmeye, kararları provoke etmeye, davranış kaidelerini ortaya koymaya, dâhili kaynaklı şuur durumlarının ve harici dünya tarafından provoke edilmiş şuur hallerinin çift dümeninden bizi muhafaza etmeye yeterlidir.

Düşünmenin ve verimli bir tefekkür icra etmenin en büyük kaidesi, tefekkürün tabiatı hakkındaki bilgimizde bulunmaktadır. Biz kelimelerle düşünüyoruz. Önceden belirttiğimiz gibi, tefekkür etmek için gerçek imajlardan uzak kalmak durumundayız. Çünkü onlar, ağırdırlar, bunaltıcıdırlar ve bunlara zor engel olunulmaktadır. Onların yerine özlü, kolay hatırlanır, başkasına intikali kolay işaretler koymamız gerekir. Bir şeylere ortak olan bu kelimeler, biz istediğimiz takdirde ve onların tecrübesinin yaşanmasının kelimelerimize ilavesinin ardından kelimenin zihnimize gelmiş olması şartıyla onları bize hatırlatma özelliğine sahiptirler. Maalesef, çocukken önce, kelimeleri öğreniriz, kullanmayı öğrendiğimiz bu kelimelerin büyük bir çoğunluğun içine ilgili olan şeylerin tohumunu, yani hakiki anlamlarını ilave edecek vaktimiz, imkânımız veya cüretimiz olmamıştır. Bu kelimeler hafif veya boşturlar. Hepimiz zihnimizde bu gibi kelimelere oldukça çok sahibiz. Meselâ, filden ben hiç ses çıkardığını işitmedim. Bunun için **barrir**=böğürmek kelimesi benim için boştur. Herkesin beyni bu gibi kelimelerle doludur. Sıradan bir kimse, bu tartışmayı bitirmek için, tecrübenin söz konusu olduğunu belirtir. Fakat bu tecrübenin geçerliliği için gereken şartlardan hiç haberi yoktur. Durum böyledir. Sık sık tekrar ettiğimiz cümlelerimizi tetkik edersek, tefekkürümüzün kapalılığı karşısında şaşırır, en makul gibi gördüklerimizin bile, çoğu defa, papağan gibi, kelimeleri gerçeğin karşılığı olmadan söylendiklerini fark ederiz. Aslında tefekkür etmek sanki sapı döverek, taneyi çıkarmak gibidir. Burada hâkim olan kaide, kelimelerin yerine daima bir şey koymaktır. Müphem imajları değil, tam olarak teferruatıyla görünenlerin kendisini koymaktır. Tefekkürümüzü daima orijin hale getirmeli ve müşahhaslandırmalıyız. Meselâ, sigarayı bırakma konusunda ikna olmamız söz konusu olduğunda, sigara içmenin zararlı taraflarını, dişleri karartmasından, her yemekten sonra içilen puronun mali fiyatının yılda binlerce liraya varmasına kadar her şeyi hesap ederek, dikkatlice hesaba katmalıyız. Tolstoy'un, sigara zihnin kavrayışını köreltir, hükmünü hatırlamamız gerekir. Tam bir zihinsel parlaklıkla, felsefî tümden gelim takip etmeyi denemeli ve arkasından aynı şeyi sigara içerek yapmaya devam etmeliyiz. Sigara içtikten sonra düşüncemizi merkezileştirmekte, ne kadar zorluk çektiğimizi fark ederek, bir kaç tecrübeden sonra, sigarayı zihni kavrayışımızın canlılığını kö-

İrade Eğitimi

relttiğine kanaat getiririz. Ayrıca sigara içme keyfinin yerini baskıcı bir alışkanlığa bırakmak için zevk olarak kayboluşu uzun devam etmeyen, tamamıyla fiziksel zevklerden biri olduğunu düşünebiliriz. Buna benzer müşahedeler, aldığımız karara, kendimize hâkim olma ve bir daha sigara içmeme kararımıza büyük destek verecektir. Derse çalışmanın getireceği birçok mutluluğu da teferruatıyla müşahede etmek için aynı metodu takip edebiliriz.

En teferruatlı tahlillere dalarak, sahte ifadeleri titizlikle doğrulayarak lisanın telkinlerini ve ihtirasın yanılmalarını yok edebiliriz. Daima duyduğumuz, Paris'ten başka yerde iyi çalışılmıyor ifadesini bu kitabın uygulama bölümünde ele alacağız.

Nihayet ihtiraslarımızdan ve tembelliğimizden kaynaklanan tehlikelerin peşinen görünmesini, hatasız olma şansı da yine detaylı bir müşahede ile olacaktır. İçinde yaşadığımız çevreden, sosyal ilişkilerden icra ettiğimiz meslekler, tesadüfî hallerden meydana gelen tehlikeler ve desteklerin peşinen görünmesi gibi...

Tefekkürlerimizde bize destek olması için, gürültüden sakınılmalı, kafamızı sakinleştirmeli, günlük tefekkür edeceğimiz konuyla ilgili kitapları okumalı, aldığımız notları incelemeli ve nihayet kuvvetli bir muhayyile çabasıyla net, kesin, müşahhas bir şekilde, karşılaştığımız tehlikenin teferruatını, nasıl hareket edilmesi gerektiğinin avantajlarını öne çıkarmalıyız. Bunları çok hızlı düşünerek değil, üzerinde durarak, hissederek, dokunarak düşünmek icap eder. Üzerinde düşündüğümüz olayın, yoğunlaşarak, olduğu vakitteki kadar gözümüzün önünde canlanması gerekir. Evet, bu gerçek olmalıdır. Çünkü sahneyi bir sanatın, bir manzarayı daha makul, daha bütün, daha gerçek yapması gibi, muhayyile etmemiz de tefekkür konusunu bize hakikatte olan olaydan daha net, daha makul, daha gerçek ve hatta daha canlı ve daha tesirli kılmaya imkân vermelidir.

Tefekkürlerimizin tam sonuçlanması için tartışmasız yardımcılar vardır. Seleflerinin tecrübeleri açısından, günah çıkarma müessesi tarafından takip edilen şahsi müşahedeleri yönünden çok büyük bir zenginliğe sahip olan ve insan ruhunda kuvvetli duygular uyandırmayı bir araç değil, bir ulvi amaç olarak kabul eden Katolik şuurun idarecileri, en ufak alıştırmalarda psikolojik mükemmel bir düzeni kilisede icra ederlerken, ibadete dâhil olan bir kimse, mutlaka bu duruma hayran kalacaktır. Meselâ bir cenaze merasiminde, bütün hareketler, bütün ilahiler, org, vitraylardan sızan aydınlık, cenaze sahibi ailenin acısını dini heyecana dönüştürmek için muazzam bir mantıkla aynı hedefe yönelmektedir. Bu tür merasimlere samimi bir inançla iştirak edenler için heyecan, insan ruhunun en derin noktasına kadar işlemektedir. Fakat kilisede böylesine tesirli törenler bir istisnadır ve şuurun yöneticileri bizim ruhumuzu coşturmak için belli miktarda uygulama önerisinde bulunmaktadırlar. İzolasyonlar konusuna girmeden ve inzivada uygulanmasını önerdikleri tavsiyeden ayrı bir şeyle uğraşmamak için, manevi olanı desteklemek için fiziksel olandan talep ettikleri destek karşısında insan, hayrete düşmeden edemiyor. Aziz Dominique, tespihi icat ederek, bir el meşguliyeti ve bir anlamda bir tefekkür aracı ortaya koymuştur. Aziz François de Sales, özellikle sıkıntılı zamanlarda, harici eylemlere, tefekküre müsait hareketlere, okumalara, yüksek sesle telaffuz edilen kelimelere müracaat etmeyi tavsiye etmektedir. Pascal ise, devamlı otomatik ola-

İrade Eğitimi

rak eğilmekten bahsetmektedir. Leibniz de, çok az bilinen bir metinde (Systema Theologicum) şöyle demektedir: "Ruhen ve hakikatte ibadet bahanesiyle hissettiğimizin, muhayyile gücümüzün tahrik edici ve beşerî hatalarımızı yeterince düşünmeden kutsal ibadetin dışına koyanların fikirlerini paylaşamam. Çünkü dikkatimizi, dâhili fikirlerin üzerine merkezileştiremeyiz ve harici destek almadan onları zihnimize yerleştirebiliriz. Bu işaretler etkili oldukça o kadar tesirli olmaktadır." Yine tefekkürî düşüncede, ilham gelmediğinde deneyimden yararlanarak, hedefimize uygun eserlere başvurmalıyız, yüksek sesle telaffuz edilen kelimelerden yararlanmalıyız. İleride belirteceğimiz gibi bu hareket, tasavvurlarımız üzerinde hâkim olmanın ve onları kendimize boyun eğmeye zorlamanın en iyi yoludur. Hatta tefekkürlerimizi yazıya geçirmemiz, yani tasvirlerimizi istediğimiz gibi yönetmek için temsili durumların ve bilhassa belirttiğimiz durumların (kelimeleri yüksek sesle telaffuz etmek ve yazmak gibi), fikirlerimiz üzerindeki önceliği kullanmamız gerekmektedir. Böylece, düşünceden belli başlı engelleri, duygusal zevkleri, muhayyilenin dalgınlıklarını, şuurumuzdan çıkarabilir ve onların yerine takip etmek istediğimiz düşünceleri yerleştirebiliriz.

Bu gibi duygusal tefekkürler için en uygun zamana gelince, bu, tatilin son haftası, yani okulların açılmasından önceki haftaymış gibi görünüyor. Her sömestre tatilinde, yararlı tefekkürlerin bir çeşit izolasyonunda, ormanda veya deniz kenarında tekrar edilmesi çok faydalıdır. Bunların olağanüstü yararları vardır: Bunlar gençlere irade güçlüğü ve şuurlu bir şahsiyet verir. Fakat gençler okulların başlamasında, derslerinden fırsat buldukça düşüncelerini kendi üzerlerinde merkezileştirmeleri gerekir. Uyumadan önce veya gece yarısı uyandığında, istirahat zamanında, adi endişelerin şuurunu meşgul etmesine izin verme yerine, olumlu kararlarını tekrarlamaktan ve uğraşılarına veya eğlencelerine karar vermekten daha kolay ne olabilir? Sabah uyandığımızda, giyinirken, işimize giderken "güzel niyetlerle güne başlamaktan" ve günlük çalışma planını çizmekten daha yararlı bir iş olabilir mi? Bu sık tefekkür hadisesi çok hızlı oluşur. Bunu kabul etmek çok iyi sonuçlar doğurur, bu alışkanlığı bir ihtiyaca dönüştürmek için gereken gayreti gençlere hararetle öneriyoruz.

ÜÇÜNCÜ BÖLÜM
İRADE'NİN TERBİYESİNDE AKSİYONUN ROLÜ

Tefekkürî düşünce, zaruri bir durumdur. Fakat yalnız başına zayıftır. O, dağınık güçleri müşterek bir aksiyonda toplamakta, onlara hız vermekte, fakat ilerletecek bir yelkenle karşılaşmazlarsa, kuvvetli rüzgârların bile tükeneceği gibi, en kuvvetli duygularda, hızlarının her birinde kuvvetlerinin birazını harekete dönüştüremezlerse tükenip gideceklerdir. Şayet icra ettiği başarılar, gençlerin zihninde hatıralar şeklinde muhafaza ediliyorsa, hareketlerimiz de zihnimizde faal şekilde alışkanlıklar şeklinde kalacaktır. Psikolojik hayatımızda her şey muhafaza edilmektedir: Tabiat çok titiz bir hesapçıdır. Zahirde önemsiz gibi görünen hareketlerimiz, onları az tekrar etsek de, haftalar, aylar, yıllar içinde kökleri kurutulamaz hatıralar şeklinde zihne işleyen bir ağırlık oluştururlar. Bunun için zaman, hürriyet çabamızda çok değerli bir ortaktır. Onu, çalışmaya zorladığımızda, inatla bize karşı çalışır. Üzerimizde psikolojik yasayı, lehimizde veya aleyhimizde kullanır. Zaferinden emin olan alışkanlık, sakin adımlarla ilerler. İlk hareketin oluşmasının arkasından, onun tekrarı kolaydır. Üçüncü, dördüncü tekrarda enerji azalır ve yok olmaya kadar devam eder. Yok, olmak mı? Önce can sıkıcı olan bu hareket, tedrici şekilde bir ihtiyaca dönüşmekte ve önce zevksizken, şimdi icra edilmemesi, can sıkıcı bir hale sebep olan bir harekete dönüşmektedir. İcra edilmesini istediğimiz hareketler için bundan daha değerli ortak olur mu?

Çünkü ortak adım, taşlı yolu, kısa zamanda düzgün bir yola çevirebilir. Başlangıçta hedefimize gitmeye engel olan yere bizi ulaştırmak için çok tatlı bir şiddet uygular.

Enerjimizin alışkanlıklarının bu tespiti, tefekkürî düşünceyle olmamaktadır. Bu durumda genel terimlerle aksiyon ihtiyacını belirtmek, asla yeterli olmaz. Aksiyon kelimesi, belirttiği gerçeklerin bütününü içerir ve çoğu zaman da onu, nazardan gizler. Aslında burada bizi ilgilendiren konu, öğrencinin aksiyonudur. Bu durumda, öğrenci için, sadece irade olmasa bile, iradi eylemler vardır. Ancak hareket değil de sadece davranışlar bile olsa, davranış öğrenci için, özel hareketi icra etmek demektir. Meselâ felsefe öğrencisi için hareket etmek, sabah yedide kalkmak, Leibniz'den veya Descartes'den herhangi bir bölümü dikkatlice okumaktır, notlar almaktır. Okumak bile, sürekli dikkat çabasını kaplamaktadır. Harekete geçmek, aldığı notları incelemek ve hafızaya almaktır. Yine bir kompozisyon yazmak için, yazılacak konuyu araştırmak, plan yapmak, paragrafları düzenlemektir, derin tefekkür etmektir, kompoze etmektir.

Hayatta, parlak aksiyonları yapma fırsatı nadiren olmaktadır: Nasıl ki Mont-Blanc'da yapılan bir gezi, buzların arasında birçok adım, çaba, atlamadan meydana gelmekteyse, büyük bilim adamlarının hayatı da uzun yıllara dağılan sabırlı çalışmaların bir toplamıdır. Buna göre, hareket etmek, binlerce küçük eylemlerin gerçekleşmesine neden olmaktadır. İyi bir şuur idarecisi olan Bossuet: "Büyük atılımlarla, yükseklere çıkılan fakat düşüşünde o kadar yüksekten sertçe olduğu büyük çabalar yerine, bazen sıkıntılı ve sıkıcı küçük çabaları, mütevazı fakat emin olunun şeyleri, kolay ve sürekli tekrarlanan alışkanlıklara dönüşen hareketleri tercih eder-

İrade Eğitimi

di. Her gün için birazcık yeterli olanın hakkından gelinirse bu yeterlidir." Kısaca, cesaretli kişi, büyük cesaret gösterenler değildir, hayatının bütün hareketlerini cesaretle icra etmiş olan kişilerdir. Yani, arzu etmemesine rağmen, bir kelimenin anlamını araştırmaya koyulan, içindeki tembellik isteğine rağmen ödevini yapan öğrenci cesurdur. Genelde irade, önemsiz görünen küçük olaylarla güçlenmektedir, icra edilen her aksiyon iradeyi büyütmektedir. Büyük çabaların eksik olduğu zaman, küçük gayretleri, devamlı olarak, gerektiği şekilde muhabbetle icra etmeliyiz. Aui spernit modica paulatin decidet=Kim küçük şeyleri küçümserse, yok olmaya karar vermiş olur. Buradaki büyük kaide, en küçük aksiyonlara varıncaya kadar, tembelliğin, arzuların ve harici itişlerin bağımlısı olmaktan sakınmaktır. Aslında bu küçük zaferleri araştırmaya gayret etmeliyiz.

Çalışmaya başladığımız zaman, çağrılırsak bir an içimizde bir isyan olur: Belki yerinizden kalkarsınız, çağrıldığınız yere isteksiz gidersiniz. Okuldan sonra bir arkadaşınızın sizinle gezinmek istemesi, havanın güzel olması cazip gelmektedir: Ancak yine de çok acele derslerin başına dönmeniz gerekir. Yoksa size cazip gelen bir şey mi gördünüz, hemen cadde değiştirin ve yolunuza devam edin. Bunların hepsi nefsinize egemen olma zaferleri kazanmanıza vesile olmakta ve daima ve her yerde, hatta gezinirken, uyurken bile aktif olmayı alışkanlık haline getireceksiniz. Bunlarla öğrenciler, Latinceden ve matematikten daha üstün olan kendisine egemen olma bilgisini öğrenmiş olurlar. Bu bilgi, zorluklarla, gramer kaidelerinden sıkılmakla, hayal kurarak zaman öldürmeyle savaşmak bilgisidir. Sonuçta teselli edici bir nihayetle, derslerde gösterdiği ilerlemenin, kendisine egemen olma savaşında ortaya koyduğu ilerlemeyle doğrudan doğruya bağlantılıdır. Kim ne söylerse söylesin bu böyledir. Böylece, irade enerjisinin, fetihlerin en değerlisi ve mutlulukların en verimlisi olduğu görülecektir.

Şimdi soralım: Bu küçük gayretler niçin bu kadar önemlidir? Çünkü onların her biri, alışkanlığın oluşmasına katkı sağlamaktadır. İlerdeki davranışlara imkân vermektedir. Aksiyonlarımız üzerimizde alışkanlıklar sağlamaktadır. Yani hızlıca derslerin başına geçme alışkanlığı, sinek vızıltısı gibi olan isteklerimizin üzerinde durmama gibi alışkanlıkları kazandırır.

Ayrıca aksiyon, tefekkürü, en tesirli şekilde desteklemektedir. Şuurumuzun içine daima, düşüncemizle aynı türden hisler dâhil ederek, dikkatimizi güçlendirir ve silinmeye başladığında onları yeniden canlandırır. Bir insanın düşüncelerini kaleme alması okuduklarından notlar alması bir bilim adamının laboratuarda çalıştığı gibi, geometri teorileri ne ise, tefekkür için de bu notlar aynı rolü oynamaktadır.

Fakat aksiyonun başka önemli sonuçları da vardır. Davranmak hakikatte, bir nevi onu göstermek ve irademizi ilan etmektir. İşlerimiz açık olarak bizi bir tarafa itekler. "Ahlakçıların tamamı, vazifeye uygun bir hayatı benimseyen insanlar için, bütün temayüllerimize ve alışkanlıklarımıza karşı ters yola cesaretle atılma zaruretini belirtmektedirler. Bunun için, her şeyi terk ederek, eski kişiliğimizi içimizden çıkarmak gerekiyor." Yani, Veuillot'nun belirttiğine göre Allah'a "yüzsüzce" hizmet etmek gerekecektir. Kamusal ve parlak şekilde bir tezahürün duygulara ve iradeye verdiği enerji hakkında ne dersek mübalağa etmiş olmayız. Önceki amelle-

İrade Eğitimi

rimiz bizi, hayal edilenin ötesine bağlamaktadır: Önce, tutarsız bir hayat, büyük şoklara neden olabilir. Bunun için kişi, olduğu gibi kalmayı, iyiye doğru bile olsa, herhangi bir değişime tercih eder, sonra da daha güçlü beşeri bir saygı aracılığıyla, ötelere gider. Tembellik hayatına son verirken, bunu ilan ederek yapmak, bu işi kendimize ve etrafa karşı bir gurur meselesine çevirmek bunun için önemlidir. Bunun için, lokantamızı, evimizi, sosyal ilişkilerimizi değiştiririz Söylediğimiz sözün yerine gelmesini sağlamalıyız. Bunlara engel olan her şeyi nazikçe uzaklaştırmalıyız. Çalışmamızla alay edilmesine, başıboş öğrenci hayatının övülmesine izin vermemeliyiz. Olmak istediğimiz şeye başkalarının inanması, iyiye doğru olan istikametimizi ikiye katlar. Herkes de olan bu ihtiyacı, başkalarının ve hatta tanımadığımız kişilerin onaylaması bize güç verir.

Aksiyonun bu farklı tesirlerine, mevcut olan hareket zevkini de ilave edelim. Bu, çok yoğun hissedilen bir zevktir ki, birçok kişi, hiçbir hedefleri, hiçbir faydaları olmadan, belki de bazen zarar görmelerine rağmen, yalnızca, davranmak için davranırlar. Bunda olağanüstü, hayranlık verici bir yön vardır ve belki de bu, her şeyden daha çok hareketin bize sağladığı var olma ve güç duygusundan kaynaklanmaktadır.

Bu durumda hareketi, tefekküre ilave etmek her yönden zorunludur. Çünkü oturmuş alışkanlıkları sadece hareketler yok edebilir. Önce, iyice rahatsız eden davranışları sadece aksiyon, gerekli olan şeye yönlendirebilir. Tabiatımızın uğursuz temayüllerine karşı mücadeleyi ve kendimize egemen olmaya mani olan şeylere karşı, daima muzaffer olmak sadece davranışlarımızla elde ederiz. Bu irademizi haricen ilanla birlikte, hareket gururumuzu kurtarmış, kararlarımızı güçlendirmiş, efkâr-ı umumiyenin desteğini de alarak büyük muzafferiyetler elde ederiz.

Ne yazık ki, iradi hareket zamanı çok kısadır ve varlığın büyük kısmı, psikolojik ve sosyal zaruretler tarafından parçalanmıştır. Çocuk beş veya altı yaşına kadar sanki bir hayvansal hayat yaşar. Hayatı, uyumak, yemek ve oyundan ibarettir. Şuuruna baskın yapan harici izlenimler, içinde olduğu karmaşıklıktan çıkmakla uğraşır, harici dünyaya egemen olmaktan uzak olarak, şaşırır. Çocuk, on sekiz yaşına kadar çok şey yapacak, kendisi düşünmeden, başkalarının düşünüşüne göre her şeyi öğrenecektir. Buna göre orta öğretimi bitirdikten sonra, hürriyetine kavuşabileceği, diğer yıllarda kuvvetlenmiş ve tecrübe kazanmış yetenekleriyle kendisini fark etmeye ve içinde bulunduğu cemiyeti müşahede edebileceği tahmin edilir. Ancak maalesef durum böyle olmaz. Çünkü içinde bulunduğu fiziki dünya iyi bilmesine rağmen, düşüncesi bulanıklaşır ve bir bulut, bir yandan müşahede yetenekleriyle onun arasında, diğer yandan tenkitçi zihniyle cemiyet arasında ortaya çıkıverir. Artık boş hayallere kapılır, hedefsiz atılışlar şuurunu işgal eder, o anda genç delikanlının vücudunda bir devrim olur ve ergenlik başlar. Tam da kendisine egemen olacağı bir yaşta, birçok ihtiras ruhuna yerleşir. Şayet, Avrupa ve Amerika'daki bütün fakültelerdeki gibi, bu delikanlı erkeğin-kızın, bir dayanağı, bir şuur yöneticisi, aklını karıştıran yanılmaları yok etme imkânı olmadan kendisini tam bir hürriyetin içinde bulursa, artık ona geçmiş olsun! İstikametini tayinden aciz, çevresini saran peşin hükümlerle yönetilen bu üniversite öğrencisinin kendisini şaşırmış halde bulması işten bile değildir. Bu tecrübeyi yaşayan, o günleri hatırlayan hangi adam, liseden sonra bü-

İrade Eğitimi

yük bir şehrin içine, ahlaki destekten mahrum, hayvani bir hayattan başka bir şey olmayan o hayatı, parlak renklerle süsleyen abuk sabuk formüllerden başka herhangi bir tavsiyeden yoksun bir halde bu ortama fırlatan cemiyetin hürriyetine lanet etmemiştir? Bu işin garip yanı, yaygın olan fikirlerin tesiri o kadar büyük ki, birçok ailede, çalışkan ve dürüst bir üniversite öğrencisinin hayatına dair peşin hükümler mevcuttur.

Bunlara münferit bir ortamdaki genç adamın ders çalışmayı bilmemesini de ilave edelim. Çünkü ona, gücüne ve zihinsel tabiatına uygun olan bir çalışma metodu öğretilmemiştir. Diğer yandan üniversite yılları genelde, hür yaşama çabalarına kurban edilmektedir. Hâlbuki bu yıllar, hayatın aydınlık yıllarıdır. Çünkü öğrenci tam bir hürriyet ortamında yaşamaktadır. Sosyal hayatın bin türlü sorumluluğunun altında kendisini hissetmez. Henüz bir meslek sahibi değildir. Gelecekte aile sorumluluğuna dair herhangi bir endişesi yoktur. Bütün günleri ve zamanı kendisine aittir. Fakat yazık! Kendisine egemen olmayan birisi için harici hürriyetin ne anlamı olabilir. Her şeye hükmedebilirsiniz ama kendiniz hariç, günler verimsiz geçip gitmektedir. Yine de bu hürriyet ortamında bile yaşam ihtiyaçları, zamanı bitirmektedir. Uykudan uyanma, temizlik vs. için yarım saat, fakülteye gidiş, lokantaya gidişler gelişler, yemek, akli çalışma için elverişli olmayan süreçler, ziyaretler, yazılacak mektuplar, ani meşguliyetler, zaruri şeyler, hastalıkların aldığı zamanlar, sekiz saatlik uykuyu da ilave edersek, on altı saat böylece geçip gitmektedir. Her şey ortadadır. Bütün bu zaruri ihtiyaçlara, yaptığı tedrisatla ilgili olanlar da ilave edilirse, yemeklerden ve gezintilerden kesintiler yapılsa bile, çalışma ve tefekkür için ellerinde sadece beş saatlik bir zamanı bulabilirlerse bu çok büyük bir zamandır. Buna, kitaplardaki araştırmaları, onları kopyalamayı, yazmayı, hatta hiçbir gayretin olmadığı zamanı da ilave edersek, zihinsel çaba için ayrılan zamanın çok az olduğuna şahit oluruz. Samimiyetle düşünenler, aldatıcı biyografilere sinirleneceklerdir. Çünkü onlar, gençlerin cesaretini kırmaktalar. Onlara, her gün on beş saat çalışan bilim adamlarından ve politikacılardan bahsedilmektedir. Hele şükür ki, Boussuet'nin işaret ettiği gibi, birazcık bile, her güne yeter, şayet her gün, bu birazcığın hakkından gelinirse. Şayet, hiç durmazsak, hedefe ulaşırız. Çünkü zihni çalışma için gerekli olan zamandır, düzen değildir. Deha denilen, uzun bir sabırdır, derler. Bütün büyük buluşlar, hep sabırla sonuçlanmıştır. Newton, yer çekimi kanununu, devamlı düşünerek buldu. Bu konuda Lacordaire şöyle der: "Onu bekleme ve acele etmeme sabrını gösterirken zaman ile yaptığımız muhteşem bir şey." Tabiata bakın! Saint-Garvais vadisini yerle bir eden sel, çok az alüvyon taşır. Hâlbuki kırağıların ve yağmurların çok yavaş hareketi, buzulların çok yavaş seyri, her yıl kayaları, ufalar ve vadilere bol miktarda alüvyon getirir. Çakılla akan seller, kayaların üzerinde yüzyıllar sonra boğazlar açarlar. Aynı şey, insan çalışmaları için de geçerlidir: Bu eserler de küçük gayretlerin toplamıyla meydana gelir. Eserlerin tamamlanmış halinin büyüklüğü, onları meydana getiren gayretlerin küçüklüğü ile ters orantılıdır.

Vaktiyle ormanlık olan Galya'da, binlerce insanın çalışmasıyla ekili alanlar açıldı, yollar, kanallar, demiryolları yapıldı, bu alanlara köyler ve şehirler inşa edildi. Aquinolu Thomas'ın dev eseri olan Summa Theologiae'yi, Aziz

İrade Eğitimi

Thomas yazdı. Sonra işçiler, baskı için onları dizdiler. Ancak bu dev eser elli yıl her gün birkaç saat çalışarak ortaya çıktı. Aksiyon ve cesaretli aktivite, eşit olmayan değerde iki farklı şekil olmaktadır. Yani büyük atılımlar, ani enerji patlamalarıyla meydana gelir veya tam aksi, inatçı, kararlı ve sabırlı çalışmayla meydana gelir. Savaş esnasında yorgunluğa ve cesaretsizliğe mukavemet yeteneği, ordunun temel özelliğidir. Çoğu zaman büyük zaferler onun üzerinde gelişme gösterir. Ancak çalışmada böyle gösterişli hadiseler pek olmaz: İnsanı istila eden ani çalışma istekleri pek tavsiye edilmez. Çünkü bunların arkasında uzun süren yorgunluk ve tembellik gelmektedir. Çünkü bu konuda, gerçek cesaret ve kararlı olmak gerekmektedir. Bir öğrenci için en önemli olan şey, boş kalmamasıdır. Mutlaka bilinmelidir ki zaman, çok değerlidir. Çünkü kaybedilen zaman, hiçbir zaman geri gelmiyor. Bunun için bunun kıymetini bilmek gerekiyor. Fakat ben, asla, zamanın önceden planlanmasına hiçbir zaman razı olmadım. Bu zaman planlanmasını takip çok zordur, tembellik sahte sebepler üretmede çok ustadır. Çünkü çalışma planlarının haricindeki zamanı, hiçbir şeyle meşgul olmamak olarak kullanır. Böyle bir planlanmada en çok uygulanan dinlenme ve gezinti saatleridir. Diğer yandan, belirlenmiş kurallara teferruatla uymanın zorluğu, iradenin başarısız olduğu duygusuna ve yorgunluk yaratmaya müsait bir kaide koyma mücadelelerine, daima kaybettiğimiz ve kaybedeceğimiz hissine fazlaca bizi alıştırır. Diğer yandan, planladığımız çalışma saatinde, hiç çalışmama ve gezme isteği çok sık rastlanan bir durumdur.

Zihni çalışmalarda daha çok serbestlik ve daha çok candan istek gerekir ve enerjimizin terbiyesi gayretinde takip edilecek hedef kesinlikle Prusyalı onbaşının emirlerine sıkıca bir bağlılık değildir. Bu kesindir. Bir öğrencinin kendisine çizeceği hedef çok farklıdır. Öğrenci daima her zaman ve her yerde aktif olmalıdır. Bu konu için belli bir zaman yoktur, çünkü her zaman, aynı şekilde uygundur. Aktif olmak, yataktan zinde kalkmak, temizliği hızlıca yapmak ve çalışmaya başlamaktır. Çalışmak, devamlı bir anlama çabası göstermektir. Yine aktif olmak, sinirlerin gevşediğini, gayretin tükendiğini hissettiğinde, kararlı şekilde masadan kalkarak bir gezinti yapmak veya bir müzeye gitmektir. Zira insanı yoran ve cesaretini kıran kısır döngü gayretlerde uzun müddet ısrarla durmak çok büyük bir aptallıktır. O yorgunluk anlarında, resim sergilerini ziyaret ederek veya iyi arkadaşlarla sohbet ederek geçirmek gerekir. Kişi, yemek yerken bile, iyi hazmetmek için lokmaları iyi çiğneyerek de aktif olabilir. Öğrencinin en kötü bedbahtlığı, utandıracak tembellikle aptalca geçirilen bu boş ve isteksiz anlarıdır. Şayet, sabah temizliği uzun zaman alırsa, sabahları esneyerek isteksiz şekilde bir kitabın, sonra başka bir kitabın sayfalarını çevirerek hareket ederse, bu, büyük bir zaman kaybına sebep olur. Böyle birisi, ne yapacağına karar veremez, ne canı çalışma ister, ne de bir şey yapmayı ister. Bu durumda aktiflik aranmaz, aktiflik her zaman olabilir, değerlendirilmesi gerekir.

Enerjimize sahip olmanın temel vasıtası, ertesi gün yapılması gereken doğru işleri belirlemeden asla uyumamaktır. Ben yapılacak işin değerinden söz etmiyorum. Şayet öyle olsaydı bu miktara biraz önce "zamanın planlaması" için dediklerimin hepsini yerine getirmek gerekirdi. Ben burada çalışmanın tabiatından söz ediyorum. Ertesi gün uyandığımızda, aklımıza bu karar gelir ve ihmal etmeden kendimizi

İrade Eğitimi

derhal bu işe zorlarız. Hatta bunu, sabah temizliği sırasında yapar, vücudumuzu çalışma masasının yanına yanaştırır ve tembelliğe fırsat vermeden, çalışmaya otururuz.

Diğer yandan, dolaşırken, okurken, şuurumuza boş dolaşmaktan dolayı, bir suçluluk hissi yaşarsak, kalbimize bir fazilet doğduğunu, ruhumuzda güzel bir duygunun oluştuğunu gördüğümüzde bundan acilen yararlanmalıyız. Cumadan, Pazartesi çalışmaya başlayacağını söyleyenleri asla dikkate almamalıyız. Çünkü hemen çalışmaya oturamayanlar, kendilerine yalan söylemekteler ve geçici bir hevesin içindedirler. Leibniz şöyle demektedir: Güzel zamanlardan "Allah'ın bizi çağırıyormuş gibi" yararlanmalıyız: Böyle zamanları boş geçirmek, yapılmasını ileriye atarak oyalanmak, iyi davranışlar meydana getirmek ve çalışmanın tadının orada kalmasını ruhumuza hissettirmek için, onlardan faydalanmamak, enerjinin terbiyesine karşı işlenebilecek büyük bir cürümdür.

Burada hedef, aktiviteyi bir kurala bağımlı kılmak değildir. Daima bir kaideye göre davranmaktır. Yani dakikaları ve saati iyi kullanmaktır. Darwin için oğlu şöyle demektedir: "O'nun karakter çizgisi, zamana saygılı olmaktı. O'nun ne kadar önemli olduğunu hiçbir zaman unutmadı. Dakikaları bile hesap ediyordu. Fırsat bulduğu bir kaç dakikayı bile, boşa geçirmezdi. Her şeyi çok çabuk olarak bulunmuş bir heyecanla icra ediyordu." Bütün herkesin, çalışmaya değmez dediği ve boşa geçirdiği, fakat bir yılsonunda korkunç bir birikime ulaşan bu dakikalar ve saatler... Öğle yemeğinin tam vaktinde hazır olmamasından dolayı, karısını çeyrek saatlik bekleme sırasında yazılmış bir kitabı, çeyrek saatlik bekleme niyetine takdim eden adam herhalde Aguesseau'ydu. Çünkü bir kaç dakikalık zaman içinde, zihnin toplanması, bir paragrafı okuması, çalışmayı ilerletmesi, bir pasaj yazması, notlarını yenilemesi çok kolaydır.

Zamanı kullanmasını bilen için, zaman daima vardır. Zamanı en çok olan kişiler, zamanının olmadığını söyleyenler aslında aynı kişilerdir. Çünkü çalışmak için zamanının olmadığını söylemek, cesaretsizliğini ve gayret etmekten korkmanın bir sonucudur.

Şayet zamanı niçin boşa geçirdiğimizi araştırırsak, çoğu defa tembelliğin, yapılacak işin müphemliğiyle destek bulduğunu göreceğiz. Meselâ uyumadan önce, yarın yapacağı işi belirlemeyen insan, daima yaşadığı bir tecrübe olarak karşısında verimsiz bir sabah bulur. Fakat şöyle dememeliyiz: "Yarın derse çalışacağım", "Yarın Kant'ı okuyacağım." Ancak şöyle demeliyiz: "Yarın mutlaka derse çalışacak ve önce de Kant'tan pratik aklın tenkidini okuyacağım veya fizyolojiden şu bölümü çalışacağım."

Bu davranış, yapılacak işin açıkça belirtilmesini ve bitirilmesine başlanılan işin, bitirilmek zorunda olduğunu gösterecektir. Bir çalışmaya kesinlikle geri dönme ihtiyacı duymamak, yaptığımız her şeyin son olması, bize, bol bir zaman tasarrufu sağlar. Bunun için öğrenci okumayı sağlam ve dinamik yapmalı, onların özetini çıkarmalı, kendisine yararlı olabilecek kısımları kopyalamalı ve notlarını düzenlemelidir. Bu düzen, onları istediği zaman kolayca bulmasını sağlayacaktır. Bir daha o kitabı, okuma ihtiyacını duymaz. Böylece, yavaş yavaş ilerlenir, fakat geriye bir daha dönme ihtiyacı duyulmaz. Tıpkı masaldaki kaplumbağa gibi hedefe, daha hızlı, fakat plansız tavşandan daha önce ulaşılır. Ders çalışmak için temel kural budur: Age quod agis. Yani her şeyi sı-

İrade Eğitimi

rasıyla, temkinli yapmak, aceleye ve kargaşaya yol açmamak. Mesela Witt, cumhuriyetin bütün işlerini yürütüyordu, halkın içine giriyordu ve arkadaşlarıyla çorba içecek zamanı buluyordu. O'na bunu nasıl başardığını sorduklarında, "bundan daha kolay bir şey" yok diyordu: "Aynı anda birden fazla iş yapmamak ve günlük işi yarına bırakmamak" gerekiyor. Lord Chesterfield, oğluna tuvalette bile zaman öldürmemesini tavsiye ediyor ve ona örnek olarak, tuvalete gittiğinde yanında Horatius'un kitabının adi bir baskısından bir kaç sayfa kopararak yanında götürüyor ve onları kanalizasyon Tanrıçası Cloacina'ya sunulmuş bir takdime niyetine aşağıya gönderen bir adamdan bahsediyordu. Şüphesiz, zaman tasarrufunda böylesine abartma olmadan, her dakikanın bir hedef için harcanması şüphesiz önemli bir verimlilik ortaya koyar. Bir faaliyet, aynı anda bir iş icra etme kuralına aykırı ise, düzensizdir. Bir işten diğerine geçen bir faaliyet, tembellikten de kötüdür. Çünkü tembellik, kendinin tadını kaçırır, hâlbuki bu kargaşanın sonu, verimsizliğinden dolayı, insanı çalışmadan uzaklaştırır, çok iyi ilerleyen bir çalışmanın verdiği tadın yerini, bir türlü bitmeyen çok işin verdiği tatsızlık, bıkkınlık işgal eder. Aziz François de Sales, bu devamlı düzensizliğin şeytanın bir hilesi olduğunu ve "Aynı anda birçok iş yapmaya çalışmamak ve uğraşmamak gerektiğini." söylemektedir. "Çünkü şeytan, aklımızı karıştırarak, hiç bir işi bitirmemizi ve hepsini yarım bırakmamızı sağlamaya çalışmaktadır." "O, bazen hileyle, kolayca yapabileceğimiz bir işe başlamamızı engellemekte ve onun yerine bize, daha önemli bir işe başlama kararını vermeyi önererek onu nasıl bitiremeyeceğimizi düşünmektedir."

Şunu sık sık söylüyorum: Biz en çok zamanı, başlayıp da bitiremediğimiz işlerde kaybediyoruz. Bu, kişi de bir işin uzun süre her gün uğraşılmasına rağmen bir çözümün bulunamaması büyük bir rahatsızlık verir: Bir huzursuzluk hissedilir. Bitirilemeyen iş, bizi sürekli meşgul ederek, başka bir iş yaparken bizden intikam alır. Bütün bunlar, dikkatimizin tatmin edilmemesindendir. Aksine bitirilmiş işler, insan zihninde bir tatmin hissi meydana getirir. Böylece zihin, endişe edilen bir ağırlığı atmıştır ve yeni işlerle meşgul olmayı istemektedir.

Yarım kalmış işle ilgili olarak yapılması gereken şey, yapılması şart olup da, yapılamayan bir iş için de geçerlidir. Meselâ bir mektup yazmak şartsa fakat onu bir türlü yazamıyorsak, onu her geçen gün zihnimizde bir ağırlık olarak hissederiz. Eğer hâlâ yazamıyorsak bir bir fikri sabit olur ve rahatsız edici bir durum sergiler, sonunda yazmaya karar veririz. Ama bu durumdan hiçbir zaman memnun olmayız. Bunun için her şeyi, vaktinde yapmamız gerekiyor.

Genç bir insanda, kesin karar verme, acele etmeden, çabuk ve sade biçimde yapma alışkanlığı iyice yerleştikten sonra, onun yapamayacağı başka zihinsel bir yükseklik yoktur. Şayet zihninde yeni fikirler olursa veya eski konuları yeniden düşünmeye başlarsa, bunları uzun süre zihninde muhafaza edecektir. Böyle bir düşünce, kimsenin fark edemediği birçok sembolü, benzerliği düşündüğü konuya ilave edecektir, besleyecektir ve güçlendirecektir. Bir meşe tohumundan kocaman ağaçların meydana gelmesi gibi. Yılların ürettiği bereketli düşüncelerden meydana gelecek olan önemli kitaplar, doğru insanlar için, kötülüğe karşı verecekleri savaşta, askerlere verilen hücum borusunun vazifesini icra

İrade Eğitimi

edeceklerdir. Yahut bereketli ve cesaretli bir faaliyetle dopdolu güzel bir hayatta şekillenecek gerçeğe dönüşecektir.

Hakikatleri kendimizden saklayamayız: Entelektüel bir seviyeye geldiğimizde, bu seviyeyi, ahlaki hayatımızın üstünlüğüyle affettiremezsek, bize eğitimin sunduğu bu aristokrasi, maddi aristokrasi kadar ölümcül bir nefret olacaktır. Sizler, orta öğretimden sonra, hukuk, edebiyat ve tıp öğrencileri oldunuz. Şimdi sizin göreviniz, içinde bulunduğunuz durumun ötesine bakmadan, hayatlarını oldukça zor şartlarda kazanmaya mecbur kalmış insanlardan daha aktif insanlar ve kararlı iyilik sever insanlar olmanızdır. Üniversite öğrencileri bütün ülkelerde, evrensel oylamada zorunlu olarak yönetici sınıfı meydana getireceklerdir. Çünkü cahil kitleler, genel kültür peşinde koşan insanların akıllarından yararlanacaktır. İşte bu durum, üniversitelerin nimetlerinden faydalanan genç insanların üzerlerine büyük görevler yüklemektedir. Çünkü başkalarını yönlendirmek için insanın önce kendisini yönlendirmesini bilmesi gerekir. İnsanın, başkasına, kanaatkârlık, yardımlaşma egoist olmama nasihati verebilmesi için, önce kendisinin buna davranışlarıyla örnek olması, samimiyetle gerekmektedir.

Şayet her yıl binlerce öğrenci köylerine, doktor, avukat, öğretmen olarak, iyiliğin lehine konuşma, iyi hareket etme, sosyal durumu ne kadar düşük olursa olsun her insana saygı göstermeye, adaletsizliğe göz yummadan yüksek sesle itiraz etmeye, sosyal ilişkilerde daima iyilik, hakkaniyet, hoşgörülü bir şekilde dönüyorsa, yirmi yıl içinde ülkenin bütün insanların mutluluğu için yeni saygı gören ve toplumun iyiliği için her şeye gücü yeten bir aristokrasi belirecektir. Üniversiteden sonra barolarda, hastanelerde, mesleğinin kendisine sağlayacağı maddi imkandan başka bir şey düşünmeyen, eğlenmekten başka bir şey düşünmeyen her genç insan bir zavallıdır. Kamuoyunun da böyle düşünmesi mutluluk vericidir.

Bu fikirlere karşı şu itirazda bulunulabilir: Devamlı düşünmek, devamlı çalışmak ve daima uyanık bulunmak sağlığımıza zarar vermez mi? Böyle bir itiraz, zihinsel çalışmayla ilgili, insanlardaki yanlış bir düşünceden ileri gelmektedir: Süreklilik, burada beşeri anlamda kullanılmıştır. Şüphesiz, uyku çalışmaya ara verir ve dinlenmeyi içerir: Ancak devamlı söylediğimiz gibi uyanıkken geçen zamanın birçoğu zihinsel düşünceyi bozan meşguliyetlerle geçmektedir. Aslında çalışmak yapılacak başka bir şey olmadığı zaman boyunca, zihnimizi çalıştığımız şeye vermektir. Buradaki çalışma, bir masada bir öğrencinin çalışmasıyla sınırlı değildir: İnsan, gezerken de, tefekkür edebilir, beste yapabilir. Aslında en iyi çalışma metodu da budur. Çünkü bu yorucu değildir ve verimlidir. Gezinti zihinsel malzemenin hazmedilmesini ve gerçeğe dönüştürülmesini ciddi şekilde kolaylaştırır.

Hakikatte zihinsel çalışmacı olmanın tabii sonucu, peşin görüşsüz olmak değildir. Özellikle bugün, fiziki ve ahlakî ilişkileri çok iyi biliyoruz. Şayet sağlığımızı yönetmeyi bilemezsek, bizimle cahiller alay ederler. Malzemelerin elde edilmesi önemli değil, önemli olan onların seçimi ve düzenlenmesidir. Âlim, teferruatı bilen değil, daima aktif, daima düşünen bir akla sahip olan insandır. Tabii ki ilimle, bilimi karıştırmamak gerekir: İlim, çoğu defa, zihnin tembelliğidir. O hiçbir zaman iyi bir hafıza yaratamaz, zihnin malzemelere sahip olması ve onları engel olmayacak şekilde yönetmesi gerekir.

İrade Eğitimi

Sürekli çalışmadan dolayı hasta görünmek, gurur verici olsa bile, irade onurumuzu desteklese bile, sağlığımızı bozan şeyin sadece çalışma olduğunu ispatlamak gerekir. Ancak bunun ispatı zordur. Böyle bir durumda, sağlığımızı bozan her şeyin araştırılması gerekmektedir. Fakat bu da saçma bir şey olur. Meselâ şunu söyleyelim: Çalışmaya atfedilen şeyin, duygusallıktan gelip gelmediğini katiyen bilemeyiz. Eğitim yıllarında oldukça akıllı olan genç insanların çalışmaktan, sürmenaj olmaları oldukça sık rastlanır. Ancak genç insanlardaki bu aşırı yorgunluk, kötü alışkanlıklardan gelmektedir.

Bu duygusal yıpranmada şehvetin payını belirttikten sonra yine de sürmenaj devam ediyorsa, o, hayal kırıklıklarından, kıskançlıktan, bilhassa hastalıklı, aşırı hassasiyetten, hatalı bakıştan ve şahsiyetimize bağlı mübalağalı duygulardan gelebilir. Şayet, bu bizi kemiren duyguları şuurumuzdan atmada enerjik olabilirsek, böylece, büyük bir yorgunluk sebebi elimine edilmiş olacaktır.

Bize öyle geliyor ki, iyi düzenlenmiş zihinsel çalışma, planlı, hayatımızın temelini meydana getirin sağlığımıza ve zamana saygılı zihinsel bir çalışma, düşünmemizi daha yükseklere çıkaracaktır. Şehvete verilen tavizlerden uzak, neşeli ve güvenli, kıskançlıktan uzak, mütevazı bir çalışma, sağlığımızı güçlendirecektir. Şayet güzel ve bereketli düşünceleri dikkatimizin emrine verirsek, tefekkürümüz onları işler ve düzenler. Ancak malzeme bulmayı izlenimlerimizin keyfine bırakırsak, belirecek yorgunluk, onların seçimlerinin irade tarafından idare edildiği vakitle aynıdır. Ancak bu tesadüfün birçok üzücü durumlar doğuracağı bellidir. İnsan, toplum içinde yaşar, başkalarının değerine ihtiyaç duyar. Başkalarının bizim için, iyi bir düşünceye sahip olmaları, nicelik göstermeleri, merhametsiz olmaları, oldukça geneldir ve incitmelerle doludur. Tıpkı nadas edilmemiş araziler gibi, bu insanların boş zihinlerinde birçok kötü ot bitmekte ve tembelliklerinin bedelini acı şekilde ödeyen tembelleri görürsek, çalışkan insan ayrıca bir motivasyon vasıtasıdır. Tembel insanlar zamanlarını, kıskançlıkla, adi kaprislerle kafalarını meşgul ederek geçirirler.

Mutluluk için, endişelerin karşısına meşguliyeti koymak gerekir. Çünkü mutluluk demek, sağlık demektir. Gerçektir ki çalışmak, beşeriyetin en derin yasasıdır. Her kim bu yasayı atlarsa, sürekli ve yüksek zevklerden vazgeçmiş olur.

Bu müşahedelere, dağınık, metotsuz, çalışmanın yorgunluğunu ve çalışmanın sıkıcılığından kaynaklanan, çalışmanın bizzat kendisine mal edildiğini de ilave edelim. Çünkü hiçbir zaman bitirilmemiş vazifelerin zevkini vermeyen fazla meşguliyet, kişiyi yormaktadır. Çok farklı istikametlere yönlendirilen zihin, her çalışmada kör bir endişe içerir. Bunlar, çok üzücü zihinsel durgunluğa yol açan, taslak çalışmalardır. Michelet, De Concourt'a, çalıştığı şeylerin fazlalığından dolayı otuz yaşında migrene yakalandığını söylüyordu: Bunun tedavisi olarak, kitap okumamayı ve sadece yazmayı bulmuştu: "Her sabah kalkarken, o gün ne yapacağımı kesin bir şekilde belirliyordum ve düşüncemi bir tek konuya odaklıyordum. Böylece hastalığım geçmişti." Gerçek olan budur. "Bir anda birçok iş yapmaya kalkmak, insanın kendisini, yorgunluğa atması demektir." Age quod agis=Yapılan işi tam yapalım. Bu yol, sadece hızlı ilerleme yolu değil, bir anlamda yorgunluktan kaçınmanın, bitirilmiş işlerin sonsuz mutluluğunu elde etmenin yoludur.

Kısaca tefekkür insanda güçlü duyguların meydana gelmesini sağlıyorsa, onları alışkanlık haline getirmek gerekir.

İrade Eğitimi

Başka bir ifadeyle, sağlam ve mükemmel alışkanlıklara sahip olmadan, iradeyi terbiye etmek mümkün olmaz. Böyle olmasaydı, gayretlerimizin her defasında yeniden başlaması gerekecekti. İşte sadece bunlar, aksiyonumuzu sabitlememizi ve bizim daha ileriye gitmemizi temin eder. Ancak bu alışkanlığı sadece bir tek aksiyon meydana getirebilmektedir. Aksiyon dediğimizde, hedefe giden küçük aksiyonların her birinin, cesurca arkasından gitmeyi düşünmek gerekiyor. Aksiyon tefekkürü sabitler, bizim bir tarafı desteklediğimizi ortaya koyar ve bizi mutlu eder.

Ne yazık ki aksiyon zamanı oldukça kısadır. Öğrencinin çalışma metotlarındaki noksanlıklardan dolayı, bu zaman daha azdır. Ancak belirttiğimiz gibi "Her gün azıcık yapmak, olursa", devamlı tekrar edilen çabaların çok önemli sonuçlar verdiği görülecektir. Bunun için öğrencinin elde etmesi gereken şey, devamlı yapılan alışkanlığın bloke edilmesidir. Bunun elde edilmesi için, yarının yapılacak işlerinin akşamdan belirlenmesi gerekir. Bütün iyi hislerden yararlanmaktır, başlanılan işi bitirmek gerekir. Aynı anda tek iş yapılmalı ve zamanı boşa harcamamak gerekir. İşte bu alışkanlıklar, onu yüksek hedeflere ulaştıracak ve onu oralara ulaştıran halkına karşı minnet borcunu ifa etmesini sağlayacaktır.

Böyle anlaşılan bir çalışma, kimseyi yormaz. Çalışmaya bağlanan yorgunluğun sebebi, daima cinselliğe düşkünlükten, endişelerden, egoist hislerden, eksik metottan kaynaklanmaktadır. Şayet sakin, huzurlu, mutlu olmak, olağanüstü bir psikolojik ortam takdim ediyorsa, doğru metotlu bir çalışma ile ulvi ve değerli bir tefekkür alışkanlığının, insan sağlığını güçlendirmekten başka bir sonucu olmaz.

DÖRDÜNCÜ BÖLÜM
ÖĞRENCİNİN İRADE TERBİYESİNDE BEDEN TEMİZLİĞİNİN YERİ

Buraya kadar konunun psikolojik yönünü araştırdık. Şimdi kendimize nasıl egemen olmamızın fizyolojik şartlarını ele alacağız. İrade ve onun en yüksek şeklini teşkil eden dikkat, sinir sisteminden ayrılmazlar. Şayet sinir sistemi hızlı şekilde tükenirse veya yorgun düşerse, oldukça yavaş olursa, enerjik olmak ve sebatlı olmak imkânsız olmaktadır. Vücudun zayıf olması, iradenin zayıflığını, dikkatin zayıflamasını sağlar. Şayet her yönde başarının daha çok insan enerjisine bağlı olduğunu anlarsak, insanın kendisini anlamasının ilk şartı, meşhur bir söylemle söylersek "iyi bir canlı" olmaktır, diyebiliriz. Ruhsal heyecan her zaman, vücudun akort edilen bir enstrüman gibi, notaları doğru çalan, dahili şuurun dikkatini çekmeden, parçayı çaldığı o heyecanlı durumla bir arada bulunmaktadır. Bu enerji dolu anlarda, irade çok güçlüdür, irade de oldukça kuvvetlidir. Aksi durumda, zayıf, dayanıksız bir durumdayken, aklımızı vücudumuza bağlayan, bağların ağırlığını açıkça hissederiz. Böylece, irade zayıflığı birçok defa, fizyolojik zafiyete bağlı olmaktadır. Bütün bunlara, onları yormadan enerjisini kullanan her gayretin tabii mükâfatının oldukça uzun devam eden kendini iyi hissetme, neşeli olma duygusu olduğunu da ilave edelim. Şayet daha işin başında yorgunluk varsa, bu güzel güç duygusu görünmez, onun yerini işgal eden sıkıcı bir yorgunluk, neşesizliği artırır. Keyif alınmayan bir çalışma, bu şekildeki bedbahtlar için, bir külfete dönüşür.

Hemen hemen bütün psikologlar, fizyolojik şartların, zihin için önemli olduğunda aynı fikirdedirler. İyi çalışan bir metabolizma sistemi, beyne sağlıklı kan pompaladığında, hatıralar ve alışkanlıklar beyne sağlam şekilde daha uzun yerleşmektedirler.

Bir isteğin ve uzun bir dikkatin hafızaya yararı vardır. Sağlık, çalışmayı sadece zevk vererek mükâfatlandırmaz, ayrıca, mutluluk içinde çok etkili olur. Sık sık söylediğimiz gibi, bunlar, yaşamın sıfırlarının önüne konulan, onlara değerini veren rakamlardır. Voltaire, güzel, sevimli bir kadına sahip olan ve zenginliğin bütün nimetlerinden yararlanan Harlay için şunu söylüyordu: "Şayet iyi hazmedemiyorsa, hiçbir şeye sahip değildir."

Maalesef, kötü anlaşılan entelektüel çalışma, çok zararlı olabilir. O, vücudu hareketsizliğe sevk eder, pasif bir hayatı, oksijensiz odalara kapanmayı telkin eder ve nihayet masaya oturmaya zorlar. Bunun yanında, yetersiz beslenme, mide üzerinde kötü sonuçlar meydana getirir, sindirim zorlaşır, mide kaslarını işgal eder ve bunlar vücudun sinir sistemi üzerine yansır. Yemekten sonra kan, beyne hücum eder ve ayaklar buz gibi olur. Böylece bir uyuşukluk, bir uyuklama hali hissederiz, sonra bu yerini, bir sinirlilik haline bırakır. Durum gittikçe kötüleşir, kalp atışları hızlanır, mide kasları gerilir. Bu durum, sinir bozukluğunun başlangıcıdır. Ancak kötü beslenme, bunun ana sebebidir. Böylece beyin, düzenli çalışmayı bırakır, sağlıklı hayatın sakin ve güçlü yerini, sinirlilik ve kolayca hastalanan bir hayat tarzı alır.

İrade Eğitimi

Yine de biz, kendimize egemen olma arzumuzu, zamanın bize sunduğu her şeye muktedirliği, huyumuzu değiştirmek ve sağlığımızı güçlendirmeyi de bekliyoruz. Huxley, bir pasajında, bizi, satranç oyuncularıyla mukayese ediyor: Karşımızda, en küçük bir hatamızı bağışlamayan, fakat iyi oyuncuları da iyi bir şekilde mükâfatlandıran sabırlı ve acımasız bir rakibimiz var. Bu karşımızdaki doğadır. Bu oyunun kurallarını bilmeyeni alt eder. İlim adamlarının bulduğu bu kuralları öğrenerek ve uygulayarak bu oyunu kazanırız. İşte bu oyun sağlığımızdır. Tabii ki bu sağlığın kazanılmasında, hürriyeti kazanmada benzerlikler vardır. Bunlar, her zaman birçok defa icra edilen veya edilmeyen birçok küçük eylemin bir sonucudur. Her teferruatı dikkatle incelemeliyiz ve her şeyi değerlendirmeliyiz. Fakat soğuğa, neme, sıcağa dikkatli olmalıyız. Çevrenin temizliğine, aydınlatmaya, yemeklere, spor yapmaya dikkat etmeliyiz.

Buna itiraz edenler olabilir: "Böyle bir titizlik, hayatımızı gülünç hale getirecek ve tüm zamanımızı alacak", bu çok zor, diyenler olacaktır. Ancak bu, bir alışkanlık olayıdır. İyi beslenmek, kötü beslenmek kadar zaman almaz. Mesela açık havada dolaşmak, masada tembel tembel oturma ve kötü bir hazm için hareketsiz olma kadar zaman kaybına neden olmaz. Ayrıca çalışma odasını havalandırmak, zaman kaybı değildir. Her şeyi, hayat tarzımıza göre tespit etmek yeterlidir. Bizi, makul davranışlara karşı engelleyecek tek şey, tembelliktir. Önceden sezmeyi, zihinsel tembellik, harekete geçmeyi de fiziksel tembellik meydana getirir.

Bir defa daha, mükâfat sağlık olacaktır. Başarının, mutluluğun da şartı odur.

Bunun için beslenmeye çok dikkat edilmesi gerekir. Burada üzerinde durduğumuz konu, yediğimiz gıdaların cinsi ve miktarıdır. Berthelot'nun çalışmalarına kadar gıda, deneysel bir konuydu. Ancak bugün bu konu çok açıktır. Artık biliniyor ki, yağlı ve karbonhidratlar dokuların yapılışında albüminin yerini alamazlar. Bunun için albümin beslenmede şarttır. Fazla albümin alımı da aşırı olduğunda bu da zararlı sonuçlar doğurur. Günlük olarak vücuda yetmiş beş grama denk gelen azotlu besinin girmesi kâfidir. Fazlası, kaslara zarar verir. Şunu unutmamak gerekir: Öğrenciler, lokantalarda, çok fazla et yemektedirler.

Midemize giren albümin miktarı ne kadar olursa olsun, aynı zamanda yağlı gıdalar ve karbonhidrat da almazsak, albümin çökeltisi olur. Bunun için yağlı ve karbonhidratlar, albüminle karşılaşırlarsa denge kurulmuş olur.

Çalışma, yağı yakmaktadır. Yoğun şekilde çalışan bir insanın 2.800 ile 3.400 kalori alması gerekmektedir. 75 gram albümin 307 gram kalori verir. Buna göre, günlük kalori miktarının 3.000 olduğunu düşünürsek, geriye zihin çalışması için 2.700 kalori kalmaktadır. Günlük sadece 200-250 gram yağ hazmettiğimizi düşünürsek (225 x 9,3 = 2.092 kalori), geriye karbonhidrattan takriben 600 kalori (tahminen 150 gram) almak gerekir. Günlük gıda rejimini oluşturmak için yapılması gereken, her gıdanın albümin, yağ ve karbonhidrat değerini bu alandaki kitaplardan öğrenmek gerekir.

Bundan anlaşılan çok fazla yemek yiyoruz ve çok fazla et tüketiyoruz. Mideyi ve bağırsakları boş yere dolduruyoruz. Ekonomik seviyeleri yüksek insanların birçoğu, sindirim problemliyle meşgul olmaktadır. Bunu mübalağa konusu yaptığımızı sanmayın. Hazm hadisesinde, şayet mide ve bağırsakların yüzeyini koruyan ve sindirim salgılarının hızı

İrade Eğitimi

miktarında kendisini çok çabuk şekilde yenileyen dokumuz yenileşmeseydi, mide ve bağırsakların içini de hazmederek tüketirdik. Bu hazım olayı, fevkalade olağanüstü bir olay. Boyumuzu geçen bağırsaklarımızın uzunluğu, yayılmış halde genişliği otuz cm'i bulmaktadır. Midenin ve bağırsakların çalışma halindeki yüzeyi beş metre kareyi bulmaktadır. Her gün saatlerce devam eden sürekli yenileşmenin değeri, yüzeyi kaplayan tüyleri, lokmaları çiğnemek için harcanan gücü, midenin kasılma hareketleri için, bunca tükürüğün üretimi, midenin, pankreasın, safra kesesinin sindirim salgılarını üretmesi için verilen enerjiyi, buna ilave edersek, hazım hadisesinin gerçekleşmesi için muhtaç olunan büyük gücün farkına herhalde varırız.

Fazla yiyen kişilerin, sindirim sistemlerinin köleleri olan mahlûklar oldukları açıktır. Buna iyi çiğnemeden yutulan lokmaların, hazım işini daha da zorlaştırdığını ekleyebiliriz.

Aslında, her gıdanın albümin, yağ ve karbonhidrat değerlerini bilmek çok faydalıdır. Bazı araştırmalar, azot olarak içeriği vermektedir. Ancak biliniyor ki azotlu birleşikler, tamir edici değillerdir. Böyle bir tablo, öğrenciyi gıda almadan, sindirim organlarına ve zihinsel çalışmanın aleyhine olacak yemek yemeden uzaklaştıracaktır. Öğünlerin adedi ve vakti, gıdaların miktarının önemi yanında, çok da önemli olmayacaktı. Cornaro'nun yaptığı gibi, öğrencinin yediklerini tartacak değiliz. Ancak belli bir ölçekten sonra öğrencinin ne yemesi gerektiğini tahminen bileceğiz. Böylece gençler, lokantaların daimi müşterisi olmaktan, gürültülü ortamlarda tıka basa yemeden uzaklaşacaklardır[21].

---

[21] Burada kahve alışkanlığına değinmemiz gerekiyor. Kahve yasak değil. Ancak fazla tüketildiğinde ve ağır kahve içildiğinde insanı sinirlendirir. Ağır kahve, küçük fincanlarda içilen kahve insana fazla zarar vermez, hazmı ra-

Solunum organlarımızın temizliği daha kolaydır: Gerçekte temiz hava teneffüs etmek bir zaruret gibi görünmez. Odalarını temiz hava yerine, pis ve ağır havayı dolduran gençleri çok gördüm. Bu açıdan öğrenci stüdyoları ve öğrenci yurtları, oldukça geridir. Hakikatte kirli havanın, insanı huzursuz, endişeli yaptığı bilinmektedir. İnsan organizması, temiz havadan yoksun kalınca iyi duygular değil; kötü duygulara sahip olmaktadır. Tabii ki öğrenciler, kirli havayı solumak zorunda değillerdir. Odalar sık sık havalandırılmalı ve temiz havalı bir odada çalışılmalıdır. Odada gezinebilir, okuyabilir veya yüksek sesle konuşabilir. Sağırların ve dilsizlerin konuşamamaktan dolayı ciğerlerinin çok zayıf olduğunu, kendilerine çok yakın olan bir mumu ancak söndürebileceklerini biliyoruz. Çünkü konuşmak, ciğerlerimizin sporudur.

Ancak sadece bunlar yetersizdir. Bazen çalışmayı kesmek Lagrange'ın dediği "solunum sporunu" yapmak için ayağa kalkmak gerekmektedir. Bu spor, sabahları sık sık yaptığımız gerinmeler gibi, suni şekilde derince nefes almalarla yapılmaktadır. Yani kollarımızı yukarıdan yanlara doğru uzatırken derince nefes alırız, nefesi verirken kolları aşağı indiririz. Kollarımızı yukarıya kaldırırken, ayak parmaklarımızın bozukluklarını düzeltir ve bu düzelme, kaburgaların gerginleşmesini temin eder. Böyle bir spor, diğer yandan akciğere oksijeni daha çok gönderir. Böylece, kan ve hava değişimlerinin yüzeyi artmış olur: Marey tarafından tespit edilen benzer sporların sonunda, nefes alma hızının, dinlenme halinde bile devam etmesi tespit edilmiştir. Ancak halter kal-

---

hatlatır. Mesela sabahları içilen azıcık kahve, zihinsel dinçlik verir, uyuşukluğu giderir ve zihinsel canlılık kazandırır. Ancak bundan yararlanarak çalışmaya başlamak gerekir.

dırma, tam ters bir etkiye sahiptir. Çünkü orada nefes alınmadan halter icra edilmesi gerekir.

Ancak bunlar sadece geçici olarak alınmış tedbirlerdir. Bunlar hiçbir zaman gerçek sporun yerini alamazlar. Şuda bilinmelidir ki sadece spor hiçbir şey yapmaz. Beslenmeyi iyileştirdikten sonra, ancak spor işe yarayabilir.

Meselâ, çalışma odasını havalandırarak ve kısa sporlar yaparak nefes alma kapasitesini artırabilir fakat kanın daha hızlı seyrini ve akciğerlerden daha sık geçmesini sağlayamaz. Hem nefes alma, hem de metabolizma işlemleri bir çeşit aynı şeyi yaparlar. Onlardan birini çalıştıran diğerini de çalıştırmış olur. Lavoisier, 1789'da Bilimler Akademisine yazdığı mektubunda, kas gücüyle çalışan birisinin, istirahat anına göre tahminen üç kat daha fazla oksijen soluduğuna dikkatleri çekiyordu. Neticede spor, insan bedenine oldukça bol miktarda oksijen girmesini yardım etmektedir. Hareketsiz insanlar, dar mekânlarda yaşarken, açık havada hareket edenler, masada çalışırken daha çok kan ve çok nefes almaya sahiptirler. Böyle bir durumda, beyin daha enerjik ve daha uzun gayrete sahip olmaktadır. Kalbin yavaş atması, kalbin çalışma hızını düşürür, hareketsizlik, kanı kılcal damarlarda durgunlaştırır ve bu durgunluk hayatın yavaşlamasını sağlar. Ancak hareket anında, çift bir reaksiyonla kılcal damarlardaki kan dolaşımı kas hareketleriyle canlanır ve ince damarların genleşmesiyle oluşan "periferik kalp" üstlendiği vazifeyle merkezi kalbin görevini kolaylaştırır.

Kasları çalıştırmanın yararı sadece bunlar değildir. Çünkü kaslar, Paul Bert'in ispatladığı gibi, oksijeni sabitleyen etkendir. Kaslar, aslında solunum organlarıdır: Bedene dâhil olan oksijen ve vücuttan çıkan karbonik asidin değişimi, kaslarla gerçekleşir. Kısaca bu değişim ne kadar canlı olursa, gıdalardaki yağların yakılması da o kadar hızlı olur: Hareketsizlik, bedendeki yağların yakılmamasından dolayı, bedende birikime yol açar ve sonu şişmanlıktır. Ancak bu yağ birikintileri, sadece ağız kokusu gibi hastalıklara da yol açar. Çünkü alınan gıdalar, az nefes alındığı için yakılmamaktadır. Yine kaslar solunumu, sadece çalışma sırasında almazlar. Bu organlar hiperaktif bir solunumu uzun müddet muhafaza ederler.

Şunu not edelim ki, çok yiyen rahat ailelerin gençleri için spor mutlaka gereklidir. Spor, onlar için, yediklerini yakmak için gereklidir. Şayet insan çok yer ve boş bir yaşam sürüyorsa damarları tıkanır. Gece sakinliği bu aşırı beslenmeyi daha da kötüleştirdiği için, sabahları, kendimizi yorgun ve cansız hissederiz. Hareketsizlik halinde kan pıhtılaşır, çünkü yakılması gereken maddelerle dolmuştur. Genelde sabahları bir paradoksal durumla karşılaşırız: Zihinsel uyuşukluk, tembellik ortaya çıkar. Çünkü kanda atıklar birikmiştir. Bunun nedeni hareketsizliktir. Şayet çalışırsak, yorgunluk belki artacak, fakat uyuşukluk yok olacaktır. Kanda da biriken maddeler, oksijenle azalacaktır.

Kısaca, spor, canlı ve enerjik bir sindirim çalışmasını, zengin bir kanın hızlıca akışını ve ayrıca sindirilmeyen maddelerin çabucak atılmasını sağlamaktadır.

Çalışmanın bu genel sonuçlarının haricinde, gezinti yapmanın midenin kasılmasına olumlu etkilerini belirtmeye gerek yoktur. Şimdiye kadar sadece sporun rolünü, gıda ile olanları inceledik. Çünkü irade ve dikkat, organizmayla sıkıca bir ilişki içindedirler. Kasların çalışmasında, iradeyle belki önemi az fakat daha samimi ilişkileri vardır. İrade, çocukta çekingenlikle yapılan denemeler şeklinde kendisini gösterir. Kendimize sahip olmamız için, hepimiz, uzun öğrenme za-

İrade Eğitimi

manında, irademizi güçlendirerek dikkatimizi organize ediyoruz. En çok tembellik zamanında bile, ayağa kalkmanın, hareket yapmanın, dışarı çıkmanın, büyük bir irade gayreti olduğunu bilmeyen var mı? Sonuç olarak kas hareketlerinin ve kararlı hareketlerin, irade ve dikkat için olağanüstü egzersizler olduğunu kimse inkâr edemez. Meselâ dikkat toplamayı beceremeyen hastalara doktorlar, kaslarını hareket ettirmelerini söylemektedirler. Gayret, iradeyle alakalıdır ve irade ise tekrarla gelişme gösterir. Belki kasları çalıştırmak yorgunluk ve acı doğurur. Ancak bu acıya dayanmak irademizi güçlendirir.

Görüldüğü gibi spor, doğrudan doğruya iradenin ilkokulu gibidir.

Pekiyi bunun akıl üzerinde etkisinin olmadığı söylenebilir mi? Elbette hayır. Bu tesir mutlaka vardır ve bedensel tembellik çok kötü bir şeydir: Çağrışımlarımız az yenilenir, evden çıkmak istemeyiz. Keyfimiz kaçar ve sıkılırız. İşte bunların ana sebebi, hareketsiz bir hayattır, ağır düşüncelerdir ve harici uyarıların olmayışıdır. Bu hal, açık havada gezinen birinin, fikir parlaklığına ve izlenimlerinin zenginliğine ters bir durumdur. Bunun için sporun, yeteneklerimiz üzerinde çok büyük bir etkisi vardır.

Yine de, öğrenci, faydalarını ispatladığımız fiziksel sporla alakalı önemli hataları da iyi değerlendirmelidir. İki farklı şey, sık sık birbirine karıştırılmaktadır: Bunlar sağlık ve kas gücüdür. Sağlıklı olmanın şartı, solunum sisteminin ve sindirim sisteminin düzenli çalışmasıdır. Sağlıklı olmak, iyi hazmetmek, kolay nefes almak, enerjik ve düzenli kan dolaşımına sahip olmaktır, hava sıcaklığı değişimlerine kolay dayanmaktır. Tabii ki bu dayanmanın kasla ilgisi yoktur. Meselâ cambazların ve hamalların zayıf bünyeleri olabilir.

Zayıf kas sahiplerinin çoğu ofis memurlarıdır ancak sağlıklıdırlar. Sportif bir güce sahip olmak bir tarafa, bu pek tavsiye edilmez. Çünkü bu, çok sporla elde edilir ve bu tür sporlar, düzenli solunum yapmayı aksatır ve boyun, alın damarlarında tıkanmaya yol açar. Hem de bu çok meşakkatli bir iştir. Bunun için bir anda hem fiziksel hem de enerjik zihinsel çaba oldukça zordur. Üstelik büyük çabanın getireceği bitkinlik, köylülerde ve dağlılarda sık görülen üşütmelere yol açar.

Bu söylediklerimize, ağır sporların yalnız çok gıda almaktan kaynaklanan besinleri yakmakta faydalı olduğunu da ilave edelim. Şüphesiz, bir konuda dikkatini toplayan bir düşünce adamı, tarlasında çalışan bir köylü kadar, belki de ondan çok gıda maddesi yakar. Bunun için masa başında ders çalışan bir öğrenci masasında akşama kadar oturup, aynı şeyi icra eden, bedeni tembelleşen bir memurla kesinlikle mukayese edilemez. Zihnimizi ne kadar çok çalıştırırsak, bedenimizdeki atık gıdaları yakmak için kasları çalıştırmaya ihtiyaç kalmaz.

Garip olan taraf, Fransa'da, İngiltere'nin sportif eğitimine hayran kalınıyor ve bilimsel bir inceleme yapılmadan, bu eğitime övgüler yapılıyor. Yıllık ücreti 5.000 franga kadar yükselen kolejlerde ve fakültelerde amatörce spor yapan zengin çocukları bizi hayran bırakıyor. Fakat bu çok az olan zümrenin, Fransa'daki azınlıkla kıyaslanması gerekiyor. Aklı başında olan İngilizler, akıllardaki bu fiziksel sporlardan hiçte memnun değillerdir. 1871'de, Wilkie Collins yazdığı Man and Wife=Karı ve Koca, isimli romanının takdiminde, İngiliz toplumundaki kabalığı üzülerek tespit etmektedir: "Buna fiziksel sporlar, katkı sağlamıştır" diyor. Objektifliği kesin olan Matthew Arnold, Fransız eğitimine hayranlık du-

İrade Eğitimi

yuyor. Ona göre, barbarları ve Filistinlileri karakterize eden şey şudur: Birinciler, yüceliklerini, gururlarının tatminini, sporlarını, bedenlerini, gürültülü zevklerini severlerken, ikinciler, ticareti, para kazanma sanatını, konforu, dedikoduyu severler. Yani ona göre, İngiliz eğitimi, Anti- Filistinlilerin ve barbarların sayısını çoğaltma meyli taşımaktadır. Haklı olarak "sırf akılla çalışanların, sırf sporcular kadar ahlaklı olduklarına" işaret ediyor. Buna, tabiata aykırı sevgiyle lekelendiği Yunan sporunu da ilave edebilirdi. İçimizde kendini tecrübe etmemiş bir düşünce işçisi yoktur. Bizim enerji birikimimizde, beyinsel güçler ve fiziksel güçler diye birbirinden kesin olarak ayrılmış iki bölüm yoktur. Ağır sporlarla çokça harcadığımız her şey, akıl işçileri içinde bir kayıptır.

Düşünmeyen bir adam, midesini yiyeceklerle ve içeceklerle doldurduktan sonra, zor hazım halini, ağır sporlarla harcar, güçlü adalelerini onurla izler, bu olabilir. Fakat geleceğin doktorlarının, avukatlarının, bilim adamlarının, edebiyatçılarının böyle bir yaşam sürmelerini tavsiye tam bir aptallıktır. İnsanlığın hiçbir zaferi, artık kaslarla elde edilmiyor; bu zaferler, yeni icatlarla, yeni fikirlerle elde ediliyor. Bir Pasteur'un, bir Ampère'in, bir Malebranche'ın ulvi aklı için, beş yüz amelenin kaslarının yanı sıra, sporcularınkini de verirdik. Kaldı ki, en hazırlıklı bir sporcu koşuda asla bir atı, köpeği bile geçemez ve bir goril, herhangi bir panayır güreşçisiyle dövüşmekten asla çekinmez. Buna göre, insanın en güçlü hayvanları ehlileştirmesi, aslanları ve kaplanları, çocukların eğlenmesi için hayvanat bahçelerine kapatmasıdır.

Günden güne kas gücünün önemi kesin olarak azalmaktadır. Çünkü akıl, kasların yerine kıyas kabul etmez makinelerin gücünü koymaktadır. Ayrıca, güçlü kas sahipleri de, makineleri daha çok benimsemektedirler: Makineler, düşünenlerin elinde uysal vasıtalardır. Meselâ, müteahhit, yorulmadan makineleri yönetir, mühendislerin de elleri nasırlaşmaz.

Kısaca çocuklarımızı sporcu yapmak için giriştiğimiz faaliyetler birer saçmalık. Böyle bir faaliyet, sağlıkla kas gücünün birbirine karıştırılmasına dayanmaktadır. Gençlerin zihinsel gelişiminin aleyhine çalışılmakta ve onları nezaketten uzak kavgacılara meylettirmeye yönlendirmektedirler. Bir tartışmada, zihinsel güçlülerle-boksta güçlü olanlar arasında neyi seçeriz? Hayvansal gücü öneren bu eğilimi kesinlikle bir gelişme olarak kabul etmiyoruz. Kısaca, bize Aquinolu Thomas'ı, Montagine'i, Rebelais'yi veren orta çağ okullarını, bize şampiyon kürekçiler verecek çağdaş okullara tercih ederim.

Açıkça belirtiyorum, onlara aptalca bir gurur kazandıran ödülü, o yarışmalardan kaldırın, onlar için gereken yorgunluğa katlanmak boştur. Bunun için bizim taklit etmemiz gereken kaba ve gelenekçi İngiltere değil, bütün aşırı enerji tüketen sporları, okullarından kaldıran İsveç olmalıdır. İsveç de gençlerin güçlü ve sağlıklı olmalarını istiyor. Fakat onlar, aşırı sportif egzersizleri, öğrencileri sürmenaja götürme riskini, aşırı ders çalışmaya nazaran daha çok götürdüğünün farkına varmışlardır. Bütün bunların sonucu şu: Üniversite öğrencilerine önerilen sporlarda belirleyici kural, onların sinirlenmemelerini temin etmek ve aşırı yorgunluğa götürmemek olmalıdır.

Şayet fiziksel sporla alakalı böyle zararlı hatalar işliyorsak, zihinsel çalışma söz konusu olduğunda da birçok hata yapmaktayız. Zihni çalışma, bir yere oturup yapılan bir olay olarak hep gösterilir. Bir zihin işçisi, daima kafası ellerinin

İrade Eğitimi

arasında, kendisini masaya dayayan ve yazı yazan biri olarak daima düşünülmüştür. Bu, çok yanlıştır. Elbette, ders çalışmak için, bir masaya oturmak, çeviri yapmak için bir gramer kitabına ve bir sözlük gerekir. Okumak için ise, dikkati toplamak, anladığımız düşünceyi not etmek gerekir. Ancak bu düşünmenin, çalışmanın sadece bir kısmını oluşturur. Bu safha bittikten sonra, her türlü düşünce ameliyesi her yerde yapılabilir. Hatta dağlarda ve parklarda yapılması daha çok şey kazandırır. Zihin çalışmaları haricinde, tefekkür planı, açık havada, gezerek daha kolay yapılabilir. Belirtmeliyim ki orijinal fikirlere hep gezinirken sahip oldum. Meselâ Akdeniz, Alpler ve Lorraine ormanları, hep buluşlarımın arkasını oluştururlar. Hiç kimsenin tembel diyemeyeceği Herbert Spencer'in de dediği gibi, "bilginin düzenlenmesinin, elde edilmelerinden çok daha önemli olduğu" ve "bu düzenleme için iki şeyin gerekli olduğu ve bunun zaman ile düşüncenin bir anlık çalışması olduğu" şayet doğru ise, bu düzenlenmenin en iyi yapılacağı yerin kırsal alanlar olduğunu belirtiyorum. Gezintiyle, hızlanan kan dolaşımı, serin ve temiz hava, vücuda daha çok oksijen girmesini sağlar ve düşüncenin, kapalı ortamlarda elde edemediği bir kararlılığa sahip olduğu görülür. Mill, hatıralar isimli kitabında, mantığının büyük bir kısmını **"East Indian Compagany"**nin bürosundaki işine giderken elde ettiğini söylemektedir. Gerçekten, verimli bir çalışma, büyük ölçüde açık havada ve güneş ışığı altında yapılabilmektedir.

Şimdi biraz da dinlenmeden bahsedelim. İstirahat, hiçbir zaman tembellik değildir. Dinlenmeyle, tembellik tezat teşkil eder. Dinlenme, insanın kendisini toparlama ihtiyacıdır. Bunun için Pascal, tembeller hak edilmiş dinlenmenin zevkine varamazlar diyor; nasıl ki ısınmak için, soğuktan kaçılıyorsa, çalışmada dinlenmek için çok güzel bir fırsattır. Şayet bir dinlenme, onu zaruri kılan bir çalışmanın arkasından icra edilmiyorsa, bu dinlenme, can sıkıntısı ve dayanılmazlığıyla icra edilen bir tembelliktir. Ruskin'in dediği gibi, muhteşem dinlenme, soluya soluya gelen bir dağ keçisinin, taşın üstündeki dinlenmesidir. Ahırda samanı yiyen ve geviş getiren bir sığırınki değildir.

En güzel dinlenme, uykudaki dinlenmedir. Bu dinlenme, bedenin toparlanmasını temin eder. Uyanınca insan kendisini iyi hisseder ve çalışması için gerekli enerjiyi elde eder. Maalesef uyku konusu, birçok yanlış düşüncenin karmaşık olduğu yerdir. Sağlık bilim uzmanları bir sürü deneyden sonra, otoriteyle uyku saatini altı-yedi saatle sınırlıyorlar. Aslında buradaki geçerli kural, geç uyumamak ve sabah uyanır uyanmaz kalkmaktır.

Yani gece yarılarına kadar çalışmamak gerekir. Çünkü kan ısısı akşam dörde doğru düşmeye başlar ve geceye doğru kan, atık maddelerle dolar. Bunun için gece saatlerinde insanın keyfi daha yerindedir, gündüzden daha çok keyiflidir. Ancak berraklığı gitmiş zihnin aldatmasıyla, az bir çalışmayla tatmin olunmasının sebebi, buradan kaynaklanmaktadır.

Diğer yandan zihni geç saatlere kadar yormak, uyku için çok zararlıdır, istirahatı yetersiz kılma riskine sebep olur. Bu durumda her şey, insanı uykuya çağırırken, insan kendisine bir tür yönlendirmeyle çalışmaya devam edecek gücü elde edebilir. Ancak bu çok hatalıdır. Çünkü ertesi gün yapacağımız derin tefekkürlerin parlaklığı ve enerjisinden yoksun kalmaktadır. Tabii ki böyle bir durum, tabiata aykırıdır ve sinir sistemini bozarak insanı asabileştirir. Genelde akşam yapılacak işler, daha sonra yapılacak işleri planlamak, notlar almak gibi işler olmalıdır.

Sabah erken kalkarak yapılan çalışmanın faydalı olduğuna itiraz ediyorum. Her gün saat sabahın dördünde kalkma enerjisini elde etmek çok nadirdir. Meselâ kışın, sıcak yataktan buz gibi odaya geçmek için, zaten zayıf olan iradeye farklı bir destek bulmak gerekir. Vaktiyle, iç bölgelerde bir şehirde, bir fırıncının evinde bir oda kiralamış ve fırıncının çocuklarına beni erkenden uyandırmalarını söylemiştim. Böylece, bütün kış saat beşte çalışmaya başlıyordum. Bundan çıkan sonuç şu oldu: Uzun süre bunu yapmama rağmen bir türlü buna alışamadım ve kendimi daima zorlayarak bunu yaptım. Şüphesiz, böyle bir çalışma çok verimli oluyordu ve çok şey öğreniyordum. Fakat akşama, kadar uyku isteğiyle iş yapıyordum. Sonuçta, çalışmanın gün içinde yapılmasının, sabahın erken saatlerinde yapılandan daha makul olacağına inandım. Sabah erken kalkmak, günü heder etmemek yönünden faydalıydı. Ancak günlük yapmamız gereken işleri, boş saatlerimize erteleyerek, çalışarak geçireceğimiz zamanımızı boşa geçirme riskiyle karşılaşırız.

Ancak yine de yatakta yatma süresini, iki sebepten dolayı abartmamak gerekir: Çok uyku kanı, koyulaştırır. Sabah vakitleri boşa geçer. Kendimizi uyuşuk, canı sıkkın hissederiz, fazla hassas oluruz. Çok uyumanın zararı sadece bu değildir: Yatakta geç saatlere kadar tembelce yatan kişi, yatakta uzun süre oyalanır, istenmeyen alışkanlıklar elde eder. Buna göre, bana sabah kaçta kalktığını söyle, sana kötü huylu olup olmadığını söyleyebilirim.

Genelde dinlenme, teneffüste yapılır. Devamlı çalışmakta zararlıdır. Zihinle yayın eski bir mukayesesi vardır: Sürekli gergin olan, sonunda bütün gücünü kaybeder. Gerçekten bu doğrudur. Çalışmanın mükâfatı, dinlenmedir. Yoksa dinlenme bir angarya olur. Alışkanlıklarımızın elde edilmesi, gelişmesi ve verimli olması için bile, çalışmalar arasında teneffüs yapmak gerekir. Teneffüs, çalışma için bir kazançtır. Gerçekten, sinir merkezlerinde aktif bir çalışma olmadan, zihinsel çalışma gelişemez. Buna karşılık aktif çalışma, sinir sistemimizde, zihinsel araştırmalarımızı geliştirmektedir. Bugün, fikirle, sinirsel tabakanın bağlantısını savunmaya artık gerek yok. Zihinsel çalışma durduğunda, sinirlerin faaliyeti o anda durmaz, şuursuz çalışma devam eder. Bundan hatıralar yararlanır ve belirginleşir. Bunun için zaman kaybetmeden hemen yeni bir çalışmaya başlamak pek akıl işi değildir. Çünkü zihnin şuuraltı bölgelerinde olan anlık çalışmanın birikimini yok ederiz, diğer yandan mevcut kan akışı düzeyini engelleyerek yeni bir hedefe doğru yeniden düzenlemek gerekir. Bu, yola koyulmuş bir treni durdurmaya, geri getirmeye ve yeni bir raya yöneltmeye benzer. Böylece, elde edilmiş kazanımı, dinlenmeye bırakmak ve biraz dinlenerek ve sporla vakit geçirerek kan dolaşımımızı yeniden sakinleşmeye bırakmak çok faydalıdır. Uzun yıllar yaptığım öğretmenliğimde, dersin seyrini takipte zorlanan ve konuları birbirine bağlayamayan birçok öğrencinin tam bir zihinsel dinlenme olan onbeş günlük paskalya tatilinden döndüklerinde birçok defa bu bağlantıyı, müşahede ettim. Bu tatil süresince, düşünceleri yerine oturuyor, bilgileri düzenleniyor ve derslerini daha iyi anlıyorlar. Bu ara verme olmasaydı, böyle bir durumu asla elde edemezlerdi.

Çalışmak için, dinlemenin zaruretini yeterince haykıramadık. Töpffer şöyle demekle çok haklı: "Dostum! Çalışmak gerekir. Daha sonra dinlenmek, dünyayı görmek, oksijen almak, boş boş dolaşmak gerekir. Öğrendiklerimizi böyle hazmederiz, müşahede ederiz, bilimi sadece zihne değil, hayata bağlarız."

Fakat dinlenme bir hedef olmamalıdır. Dinlenme, yeni enerji toplamaya yarayan bir vasıta olmalıdır.

Birçok dinlenme çeşitli vardır. Kim iradesini güçlendirmek isterse bunların birini seçmesi gerekir. İyi bir dinlenmekten maksat, kan dolaşımını, solunum hızını hızlandırmak ve göğüs boşluğu kaslarını, omurgayı, mide kaslarını dinlendirmek ve gözlerin yorgunluğunu almaktır.

Bu gerekli şartlar, bizim derhal kapalı bir mekânda çalışmamızın zararlarını, çoğu defa sağlıksız bir ortamın, kâğıt oyunlarının, satrancın ve genel olarak oksijensiz ve sigara dumanlarıyla kaplı ortamlarda oynanan oyunların zararlarını hayatımızdan yok etmeye sevk etmektedir.

Aksine, kırlardaki yürüyüş, ormanlardaki neşeli gezintiler, tavsiye edilen programın bir kısmını doldurmaktadır. Fakat bu güzel meşgaleler, solunumla ilgili kasların ve mideyi ilgilendiren kasları pasif bıraktıkları için, yeterli olmazlar. Buna mukabil bu meşgalelerle temiz hava alırız ve gözlerimizi çok güzel dinlendirebiliriz. Bu açıdan en güzel ve zengin spor, patentle kaymak ve solunum için en yararlı olan yüzmedir. Bu iki spor, düşünce işçilerinin yorgunluklarını en iyi şekilde gidermektedir. Bu sporlara, nehirlerdeki kürek çekmeyi ve bahçede çalışma hareketlerini de ilave edebiliriz[22].

Yağmurlu günlerde evde, bilardo veya marangozluk işleri çok faydalıdır. Bahçede, şu eski Fransız oyunları ile meşgul olunabilir: Boules-Quilles-Paume. Fakat bunlar, kriket

---

[22] Burada, insanı yoran her yerde yapılamayan avcılığı ve sinir yorgunluğu doğuran eskrimi, düşünce işçilerine tavsiye etmiyoruz.

veya tenisin yerini tutmamalıdır. Tatillerde Alpler'de, Preneler'de, Vosges'de veya Bretonya'da sırt çantasıyla yapılan gezilerin yerini hiçbir şey tutmaz. Yoğun çalışma safhasında yapılan sporlar, insanı terletse bile, bitkinliğe yol açmamalıdır. Bu safhada, her türlü yorgunluk zararlıdır, zihinsel yorgunlukla birleşirse sürmenaja yol açar.

Doğru ve yerinde icra edilen bir kafa dağıtmanın faydası haricinde, insanı neşeye sevk eder. Neşe de insanı sağlıklı kılar. İnsan bedenini en güçlendirici unsurun, neşe olduğu söylenir. Fiziksel neşe dengeli bir bedenin zafer türküsü gibidir. Bu neşelere, zihni çalışmanın yüksek tatminleri de eklenince tam bir mutluluk olur. Kendilerine egemen olan gençler belli bir mesafe aldıklarında ve doğru bir yol izlediklerinde hayat yaşanmaya değer hale gelir: Şüphesiz iradeyi iyi tanırsak, hepimiz bu elit topluluğun bir üyesi olabiliriz.

Kısaca, kararlı bir iradenin enerjisi, uzun çabalar gerektirir. Fakat bunların hepsi sağlığa bağlıdır. Buna göre sağlık, ruhsal dinamizmin temel şartıdır. Platon şöyle diyordu: "Geometrici olmayan buraya girmesin." Ben de diyorum ki, sağlık kaidelerine uymayan kimse buraya girmesin. İrade, sık tekrarlanan gayretlerden oluştuğu kadar, sağlıkla ilgili küçük itinalardan oluşmaktadır: Bu itinalar, beslenmeyle, solunan oksijenle, kanun akışıyla ilgilidir. Bir dinlenme, iyi anlaşılmış sporları gerektirir. Bunun için, günümüzün İngiltere modası olan düşünmeden yoksun İngiltere taklitçiliğini sertçe eleştirmek zorunda kalıyoruz. Hatta bu konudaki endişelerimizi, zararlı ve faydalı hobileri bir dergide yayımlamak zorunda kaldık ve verimli zihin çalışmalarına değindik. Şurası kesindir ki, akıl, hassasiyet ve irade çok büyük ölçüde beden sağlığına bağlıdır. Bu konuda Bossuet, şöyle demek-

İrade Eğitimi

tedir: Şayet bir ruh, can verdiği bedene sahipse, bu beden zayıflayıp yorgun düştüğünde orada fazla kalmayacaktır. Bu şartlarda, cesurca bir çabaya girişebiliriz. Fakat bu cesurca çabayı, başka çabalar takip etmezse, birinci yorgunlukla bitecektir. Hayatta bu fırsatlar, insanın karşısına nadiren çıkmaktadır. Bunun için onlar için değil; her gün, her saat tekrarlanan çabalar için hazırlanmalıyız. Çünkü kalıcı çabalara alışmış bir irade, onları icra vakti geldiği zaman bu işe, parlak hareketlere ödünç verilmiş bir iradeden daha çok hazır durumdadır. Tekrarlanan bu çabalara sebat etmek denir, dik durmak denir. İşte bu andan sonra, gayretlerin ortaya çıkışında da bir kararlık şarttır. Eskiler şu sözü söylerlerken ne kadar haklılarmış: Sağlam kafa, sağlam bedende bulunur. Bunun için iradimizi, fiziksel enerjilerle desteklemek için sağlıklı kişiler olalım. Çünkü sağlık olmazsa, her türlü çaba verimsiz olmaya mecburdur.

BEŞİNCİ BÖLÜM
GENEL BAKIŞ

Eserimizin ilk bölümünün sonuna gelmiş bulunuyoruz.

Önce, tabiatımızın alt güçlerine karşı oldukça verimli ve asil bu savaşta, savaşılacak düşmanların tabiatını açık şekilde tespit ettik. Bu kendini fetih etme savaşında, ihtirasların öneminin sadece büyük hasma takdim ettikleri yardımdan oluştuğunu gördük: Tembellik, insanın yüzyıllarca verdiği zahmetlerle düzeltmeye başladığı noktaya yeniden düşürme meyli sürdürmeyi hiç bırakmayan bir güçtür. Kendisine egemen olmaktan zaman zaman uzaklaşan bir iradeyi kavramaktan sakınmak gerektiğini, en güçlü enerjinin aylarca ve yıllarca devam ettiği şekilde devam eden enerji olduğunu ve iradenin temel taşının zaman olduğunu öğrenmiş olduk.

Sonuçta birbirinden daha sakıncalı iki felsefi akımdan yolumuzu kurtarmamız gerekiyor. Bu felsefi akımdan birisi, doğuştan gelen karakterimizin, hiçbir şeyle değişmeyeceğini savunuyordu. Sözlüklerle düşünmeye bağlı olan bir alışkanlığı ve psikolojinin temel olaylarına yönelik bir cehaleti belirleyen, önceden belirlenmiş kavramlar tarafından pratik hale getirilen güçlü telkini, aklımıza en belirgin hakikatleri görmesini engelleyen at gözlüklerini takan bu telkini bilmesek değerli filozofların desteklediğini görmekten şaşıracağımız saçma bir felsefedir bu.

Karakterin oluşumunu anlık bir iş gibi gören ve ahlakçıları, psikoloji öğreniminden uzaklaştıran diğer felsefi teori de, hür irade kavramı, ne saf ne de kötüdür. Hâlbuki karakterimizin oluşumunu sağlayacak belirtileri sadece kendi tabiatımızın kanunları üzerinde derinleşerek bulabiliriz.

Yolumuza taş koyan bu iki felsefeden kurtulduktan sonra, psikolojik açıdan konuyu incelemeye geçebiliriz. Fikirlerimize egemen olma, gücümüzü ve onların bize sağladığı çok zayıf desteği gördük. Fakat üzerimizde baskılı olan büyük güç sahibi duyguya karşı koyamıyorduk. Ancak zamanla ve nice bir diplomasiyle, bütün bu zorlukları alt edebiliyorduk ve tam bir mağlubiyet anında, dolaylı gelişmelerle muzaffer olabiliyorduk. Bize, kendimize egemen olma fırsatını veren bu zamanı, derin düşünme ve eylemle alakalı bölümlerde detaylı şekilde inceledik. Daha sonra, fiziksel ve ruhsal unsurlar arasındaki ilişkilerin en derin kısımlarına girerek ve temizlikli sağlıkla ilgili bölümde irade sporu için uygun fizyolojik koşulları tetkik etmek zorunda kaldık.

Bu kitabın teorik kısmını böylece tamamlamış olduk. Şimdi, bu konuların açıklamasına ve belirttiğimiz bu genel kuralları, üniversite öğrencilerinin hayatına tatbike geçebiliriz. Daha doğrusu, öğrencinin ruhsal hürriyetini tehdit eden açık tehlikelerin tabiatını ve onları engellemek için alacağı iç ve dış yardımları tetkik etmemiz gerekmektedir.

Pratik hayata dair olan bu bölümü, dördüncü ve beşinci kitap olarak ikiye ayırdık.

Dördüncü kitap da iki bölümden meydana geliyor: Birinci bölüm, mücadele edilecek düşmanlara ayrılmıştır. İkinci bölüm, gençlerde sadece iradeye bağlı enerjik bir hayata yönelik güçlü isteği provoke etmeye elverişli tefekkürleri belirtmektedir.

Beşinci kitap, öğrencinin çevresini kuşatan alanda, iradenin terbiyesi için bulabileceği harici ortakları incelemektedir.

II. PRATİK BÖLÜM
İKİNCİ KISIM

DÖRDÜNCÜ KİTAP
Özel Tefekkürler

BİRİNCİ BÖLÜM
MÜCADELE EDİLECEK DÜŞMANLAR
BOŞ DUYGUSALLIK VE CİNSELLİK

İnsanın uğraşması gerektiği iki düşman bulunmaktadır: Şehvet ve tembellik. İnsanın tamamen hayatından çıkarması gereken tembellik, bütün kötü alışkanlıkların geliştiği verimli bir alandır. Bunun için her âdi ihtiras, tembelliğin bir sonucudur. Daha da ileri gidersek, bütün âdi ihtirasların, Stuacıların belirttiği gibi, iradenin tembelliği olduğunu belirtebiliriz. Buna göre, ihtiraslara kapılmak, kendimize egemen olmanın düşmanıdır. İhtiras, insanın geçici hayvani yönüdür. İhtiras, aklı karartmaktadır, insanlığımızı yok etmektedir. İhtiraslar, insan onurunu ve haysiyetini alçaltır. İhtiras öne çıkarsa, insani yönümüz de zayıflar.

İhtiraslar, kısa süreli oldukları için, devamlı zarar verici değillerdir. Çünkü kalıcı değillerdir. Yer çekimine, binayı sağlam yaparak karşı koyan mimar gibi, bizim de yeniden doğuşumuz şöylece devam edecektir: Hedefe ulaşmak için faydalı güçlerin muzaffer organizasyonunu üzerlerine itelemek suretiyle, düşman güçlerin eylemine mani olduğumuzda yeniden doğuşumuz gerçekleşir. Diğer yandan hemen bir gücün, zararlı mı yoksa faydalı mı olduğu nasıl anlaşılır? Bundan daha kolay bir şey yoktur. Tembelliği destekleyen her psikolojik güç, insan iradesi için tehlike arz eder.

Bu durumda yapılacak iş bellidir. Yani, enerjimizi zayıflatacak temayülleri zayıflatmak, yok etmek ve gücümüzü kuvvetlendirmeye çalışmak.

Kuvvetli bir iradeyi birçok şey zayıflatabilir: Bunların başında şehvete sürükleyen boş duygusallık gelmektedir. Bunu başkaları takip eder: Yani, kötü arkadaşlar, kafe ve lokanta hayatı, üzüntü, bitkinlik, tembellerin, bahane olarak kullandıkları korkunç boş şeylerdir.

Bunun için ise, boş psikolojik olayları ve hedefsiz özlemleri inceleyerek iradeyi de alacağız.

Kolej döneminde aile disipliniyle yaşayan, birçok zaruri ödevle meşgul olan, rekabet duygusu ve sınav endişesiyle tutulan, sade ve titizlikle organize edilmiş bir hayat süren gencin, dersleri azalmış, boş zamanları çoğalmış, kendisini uzun hayallere kaptıracak hiç zamanı olmamıştır. Eskiden yatılı öğrencilerin birçoğunun yaptığı gibi, sevgi sahneleri hayal etmelerini bile hayal etmeye vakitleri yoktur. Fakat kolejden sonra, ana-babadan uzakta, denetimsiz, sürekli ödevlerden uzak, büyük bir şehirde üniversitede okuyunca, örgenci, bütün vaktini duyarsız ve tembellikle geçirmeye başlamaktadır. Maalesef, gencin bedensel değişimleri de tam da bu dönemde son bulur. Büyüme tamamlanır. Harici çevreyi düzenleme çabası bu devrede son bulur. Fakat bu defa da insanda biriken enerji, dâhili çalkantıları provoke eder. Cinsel istekler, değişik etkilere sebep olur. Hayal gücü güçlenir: Beaumarchais'nın Chérubin'de güzelce tasvir ettiği hal işte budur. Henüz ortada sevdiği bir bayan da yoktur. Genç bu safhada, aşkı tatma safhasındadır. Bu dönem çok kutsal bir dönemdir. Çünkü bu dönemde değişim gücü, taşkınlık, hayat enerjisi, dışarıya açılma, bir davaya adanma, kendimizi feda etme ihtiyacı çok bellidir.

İrade Eğitimi

Yine bu dönem, hayat çizgimizin en belirleyici dönemidir: Bu taşkınlığın bir şeyle dışarıya aktarılması gerekmektedir. Bu, iyi şekilde organize edilmezse, sefil ve aşağılık zevklere yönelebilir. İşte, Herkül'ün, kötülükle-fazilet arasındaki ikilemi bu dönemde belirir. Hangi taraf tercih edilirse, o tarafa heyecanla gidilecektir. Bu dönemde gençlerin çoğunun neyi seçtiği biliniyor: Gençler, öğrenme usanmışlığının, kötü arkadaş örneklerinin, sağlıklı istirahat noksanlığının, irade zayıflığının, kirli ve bozuk hayal gücünün etkisi altındadırlar. Bunlar savaş kaçkını değillerdir. Çünkü savaşı dememişlerdir bile. Onların hayallerinde bir roman yaşamaktalar. İstedikleri gibi bir hayat amaçlamaktadırlar, öğrenmek ve ders çalışmak artık onlara iğrenç gelmektedir. Böylece hayaller peşinden giderek, en verimli dönemlerini boşa geçirirler: Kim bilir ne kadar genç böylece, günler, haftalar boyunca, çok değişik şekilde, kahramanlarını farklı ortamlarda hayal ederek, onlara hiçbir zaman hoş olmayan sevgi ve ilgi göstererek, bir parçacık tedrici romansal hayatı yaşamaktadır: Gençlerin bu yaşlarda yaşadığı romanlar, romancıların yazdıkları romanlardan çok daha parlaktırlar. Yazılan romanlarda, gençlerin yaşadıkları romansal hayatın duygusallığı, fedakârlığı, cömertliği asla bulunmaz. Daha sonra, hayal güçleri oldukça ciddi şeylere yöneldiğinde ve ateşleri söndüğünde, romancılardan bizim için, eskiden olduğumuz ama artık olmadığımız şairin yerini tutmalarını isteriz. Maalesef bu güzel romanlar, sadece ders çalışmaya ayrılma zamanlarda kurgulanmaktadır. Hâlbuki gençler, bu dönemde hayal âlemine öyle kendilerini kaptırırlar ki, her türlü ciddi çalışma neredeyse imkânsız hale gelir. Okunan bir kelime, bir telkin, bizi çalışmaya yabancı yapmaya kâfi gelmekte ve toparlanmaya kadar zaman akıp gitmektedir: Diğer yandan bir odaya kapanan öğrenciye, yalnızlık içindeki hayatı, can sıkıcı dersler, hayal gücüyle kıyaslandığında, ona, çok itici gelir ve onun ders çalışma isteği yok olur. Hayal gücü cennetinden, gerçek dünyaya dönmek oldukça zor gelir. Ne yazık ki bu boş hayaller, çok zararlıdır. Çünkü en verimli olacak ne kadar zaman, böyle boş hayallerle heder edilmiş gitmiştir.

Bu akıl ve duygu harcamaları, sathi sebeplerden, hayal gücü düzensizliğinden olduğu kadar, birçok derin sebeplerden de ileri gelmektedir.

Bu derin sebeplerden birisi, bahsettiğimiz fizyolojik sebeplerdir. Yani erkek oluşum sürecidir. Diğer sebep, bu fizyolojik değişimle, toplumsal ortam arasındaki mesafedir. Genç bir erkek çocuğu, ortaöğretimden sonra, sosyal hayata uygun bir evlilik için sekiz veya on yıl çalışmak zorundadır. Fransız toplumunda bir genç kızın, geleneğe göre, çeyizi olmadan evliliğe cesaret etmesi nadir bir olaydır. Çoğu zaman beklerler fakat hesapları yanlış çıkar; çünkü çeyiz yalnız başına yeterli olmaz. Genç kızın, hassaslığı, pahalı zevkleri, bir evi idare edememesi ve kadının çalışmaması gibi olumsuzluklar, sanki kızın getirdiği çeyizin bir bedeli gibi olur.

Bu gelenekler, üniversite öğrencilerinin otuz yaşından önce evlenmemelerini sağlamakta, böylece hayatının en enerjik yılları, ya fizyolojik ihtiyaçları karşılamakla veya kötü alışkanlıklarla geçmiş olur. Hatta böyle bir mücadeleyi devam ettirenlerin sayıları da oldukça azdır. Üniversite öğrencilerinin büyük bir çoğunluğu gençlik yıllarını başıboş, ahlak bozucu saçmalıklarla geçirirler.

Bekârlıkta, kaybedilen bunca neşe, sağlık ve enerji hesap edildiğinde geciken bir evliliğin karşılaştığı bütün olumsuzluklar, oldukça ürkütücüdür. Çünkü evlilik birtakım menfilikler içeriyorsa, ağır mükellefiyetler getiriyorsa, bütün bunlara dayanabilecek bir yaşta evliliğin yapılması gerekir. Çünkü yaşamak ve ailesini yaşatmak için gösterilen gayretler, hiçbir zaman egoist çabalar değildir. Bütün bunlar, genç insanlarda enerjik ve sağlıklı olarak başkaları için çalışma alışkanlığını elde etmelerine yardımcı olmaktadır. Ayrıca çeyizsiz bir evliliğin zararları kadar, manevi faydaları da vardır. Meselâ yeni evlenen çiftler, birbirlerine daha sıkı şekilde dayanışma hissederler. Akıllıca davranmak ve kocasının sağlığıyla ilgilenmek kadın için oldukça önemlidir. İyi bir kadın, yemekleri hizmetçinin insafına bırakmaz, bizzat önemser. Farklı yemekler, onun çalışarak öğrendiği ve ustalıkla çaldığı piyanonun tuşları gibidir ve yaptığı yemeklerin, hayatta her şeyi olan eşinin sağlığı üzerinde nasıl bir tesir yaptığını bilir. Kocası ise, başkasının sorumluluğunu taşıdığının bilincindedir ve bu konuda bir endişesi de yoktur. Çünkü hayat sigortasıyla, zamansız bir ölümün risklerini yok edebilir. Sabah işine giderken, evde akıllı, yüksek gönüllü, dinç ve sağlıklı bir eş bırakır. Akşam eve dönünce, samimiyetle karşılanacağını eve günlük dertlerine teselli edecek birinin olduğuna inanmıştır. Yine akşam eve gelince derli toplu, temiz ve mutlu yuvalara has o bayram atmosferinin estiği bir evinin olduğundan emindir. Genç bir erkek için, bir felaket ya da hastalığa karşı akıllı ve yüksek kalpli iki kişinin bu birliğinden daha güçlendirici bir duygu yoktur. Böyle bir evde yaşadıkça sevgi ve mutluluk büyür: Eşinin çalışması, kadının tasarrufu yuvayı giderek daha güzelleştirir. Satın alınan her mücevher, her yeni mobilya, paylaşılmış her türlü zevkten ve sevinçten yapılan fedakârlığın bir sonucudur. Bu durum, çocuklar doğmadan sağlamca oturur. Başlangıçta mütevazice başlayan hayat, yaşlar ilerledikçe daha modern mekânlara doğru yükselir, masraflar azalır, mutluluk içinde bir yaşlılık geçirilir. Bunları sağlamak için uzun yıllar çalışılmıştır. Artık, huzurun, güvencenin, varlığın tadını çıkarma zamanıdır.

Şair şunları söylerken, ne kadar doğru söylemiştir:

"Uzun müddet yararlanılacak ve vicdan azabı çekilmeyecek servet, çabalarıyla pahalıya mal olmuş servettir."

Kızın çok şeyler getirmesini beklemeden erkenden evlenilmelidir. Kızı, çok çeyiz getirmesini istemeden, sadece özellikleri için seçmeliyiz ve sevmeliyiz. Ancak böyle evlilikler, artık zorlaşmaktadır. Gençlerin aldıkları eğitim, spor ve temiz hava eksikliği, fazlaca korse kullanımları, kızları çoğu defa hamilelikten uzaklaştırıyor. Kızlar, doğuracakları çocukları besleyecek cesareti ve gücü kendilerinde bulamamaktadırlar. Bütün kadın ve doğum doktorları, kadın rahatsızlıklarının çoğaldığından bahsediyorlar.

Daha da kötüsü, yatılı okullardan sonraki yılların tam bir başıboşluk ortamında geçmesi, kuvvetli yemeklerden sonra, yorgunluğu bilmemeleri, coşkulu davetleri, operayı, moda dergilerini ve duygusal romanların okunması, kızların hayal gücünü saptırmaktadır. Boş kızların saklı ızdıraplarının ne kadar korkunç ve tehlikeli olduğunun farkında değiliz.

Diğer yandan gerçek hayatın dışında, sosyetenin sahte nezaket görüntülerinin ortasında yetişmiş, gelecekleri teminat altındaki kızlar, gerçek hayatla ilgili hiçbir şey bilmemektedirler ve gerçeklerle karşılaşınca, ızdıraplı bir hayal kırıklığına düşüvermektedirler. Bunlar, kesin olarak salim akıldan uzaktırlar.

Belki, zengin olan genç kızların daha iyi bir eğitim alma şanslarının olduğu söylenebilir. Ama ne yazık ki öyle değil. Bu bir yanılmadır. Onların doğru bir genel kültür bilgileri bile yoktur. Belki onların, zihinleri doludur, fakat hayal güçleri

İrade Eğitimi

boştur. Böylelerinde kişilik bulmak zordur. Uzun yıllar, kızların mezuniyet sınavlarında başkanlık yapan müfettiş Mösyö Manuel'de, verdiği raporda bunu belirtmektedir. Bunun için eşlerinin, bu kızlarda öğrenci seviyesini tesbit ettiklerini söylemektedir. Aslında yüksek tahsili olmasa bile, sağduyulu, adaletli, basiretli bir kadın, yetenekli erkek için çok değerlidir. Böyle bir kadınla evlenen erkek, statüsünü daha da yükseklere çıkarabilir. Böyle bir erkek, tefekkürü sürdürür ve sonunda, etrafını saran dünyayla bütün temas noktalarını keser. Evlendiği kadın ise, tamamen bu dünyanın içindedir. Kocasının fark etmediği ortamda bile böyle bir kadın, çok güzel müşahedelerde bulunabilir. Böylece, kocasının dış dünyayla ilişkisini temin eder ve bazen de çok değerli bilgilere sahip olmaktadır. Stuart Mill, eşi Taylor'dan bahsederken, devamlı methedici terimlerle bahseder. Hâlbuki Mill'in arkadaşları, Taylor'un orta bir zekâsı olduğunu belirtiyorlardı. Özelliklede Bain, bunu söylüyordu. Onlar, Mill gibi soyutlamaya derin şekilde dalan bir düşünür için Taylor'un güçlü bir analitik zekâya sahip olduğunu hiç anlayamamışlardır. Taylor, Mill'e, en güzel ekonomi teorilerinin malzemelerini vermiş olmalı. Mill, Ekonomi Politik isimli eserinde kadınların son derece pratik zekâya sahip olduklarını ve ayrıntıları yakaladıklarını belirtmektedir. Taylor'un, Mill üzerindeki büyük tesirini görmekteyiz. Ayakları yere basan, keskin basiretli, müşahedeci bir zekâya sahip bir kadın, tefekkür sahibi bir erkek için, bilim kadınlarıyla dolu bir haremden daha değerlidir."[23]

---

[23] Schopenhauer, kadının entelektüel bir miyopluktan muzdarip olduğunu söyler. Ancak bu, kadına bir nevi sezgiyle yakın çevresinde her şeyi görmesini sağlamaktadır. Biz erkekler yakınımızı görmez, uzaktakileri görürüz. Bu durumda erkeklere, daha basit daha hızlı bir şekilde görmeyi öğretmek lazım.

Kendisini bilim çalışmalarına adamış genç bir erkek, ne kadar erken evlenirse evlensin, önünde fizyolojik ihtiyaçlarının kölesi olmaktan kurtulmak için uğraşacağı yıllar olacaktır. İşte bu uğraşı yılları, tam da bir strateji mücadelesidir ve kötü idare edilirse sonu mutlaka hüsrandır.

On sekiz, yirmi beş yaş arası gençler için yazılan böyle bir kitapta cinsellik gibi çok önemli bir konuyu işlemekten korkmamamız gerekir. En temiz insanların bile muzdarip olduğu cinsellik gibi bir konudan söz etmemek dürüstlük olmazdı. Kant, bu konuda bir sayfalık bir metin kaleme almıştır. Bu metnin Fransızca çevirisinin birçok yerinde, nokta nokta boşluklar bulunmaktadır. Bu boşluklar, halkın psikolojisiyle ilgili çok şey söylüyor. Çok iyi yetişmiş erkeklerin bile, akşam yemekten sonra, tütünlerini çekerlerken birbirlerine anlattıkları müstehcen şeyler düşünüldüğünde, yaygın olan utangaçlığın sahte olduğuna ve insanın içinden gelen bir şeyi belirtmesini söylemekten çekinmesinin mümkün olmadığına inanmak gerekir. Erkekliğin tamamlanmasından sonra, beliren cinsel duyguların, şehvete dönüşmesi normaldir. Çünkü o dönemde kapalı duygular, eyleme dönüşmeye başlar, gençler, utanç verici alışkanlıklar elde ederler veya az bir azınlığın yaptığı gibi bedenlerini satan genç kızlara dadanırlar.

Bu olayın sonuçları dehşet verse de, korkunç boyutlarda değildir. Ancak sağlığı ciddi şekilde tehdit ettiği doğrudur. Bu işlere dadanan gençler, birden yaşlanırlar, takatleri azalır, kaslarında zayıflık; omuriliklerinde tembellik, başka hastalıklar ortaya çıkar. Tenleri soluktur, canlı değildir, gözlerinin feri gider, göz çevrelerinde mavilikler ortaya çıkar. Fizyonomileri gittikçe kötüye gider. Onların yaşadığı yorgunluk, hayatlarını tehdit etmeye başlar ve otuz yaşından itibaren, mide, sinir, kalp, görme bozuklukları ile karşılaşmaya başlarlar.

Fakat şehvetin öldürücü tesiri sadece vücutta belirmez. Zekâyı köreltir, zihin zayıflar. Genç, cansız, hareketsiz olarak gezinir. Dikkati zayıflar, karar veremez. Günleri, bıkkınlık, tembellik ve ilgisizlik içinde geçmeye başlar. Ders çalışma neşesi yok olur, ders çalışma bir işkence olmaya başlar.

Fiziki zevkler, ruhun kalıcı ve yumuşak duygularının yerine kaba, duyguları yerleştirir. Şiddetli olan bu sarsıntılar, iyi zevklerini yok ederler. Şehvetin söndürülmesi kısa sürdüğü için, onun yerini yorgunluk, neşesizlik, kederli olma hali alır. Bunaltıcı bir hüzün, onu, bayağı zevkler aramaya götürür. Bu dönem, tam da bir kötü alışkanlıkların kısır döngü halinde yaşandığı bir dönemdir.

Bu yüklü tabloya, bizim gibi yarı barbar bir toplumda, zengin sınıfa mensup genç erkeklerin, kızları ayartmalarına ceza muafiyeti sağlayan ve kızların rıza gösterdiği ayartmanın sonuçlarını ehemmiyetsiz göstermeye çalışan sefihliğin sosyal sonuçlarını eklemeye gerek yoktur.

Bu cinselliğe düşkünlüğün elbette sebepleri çoktur. Bunlardan birisinin organik olduğunu görmüştük. Bu midenin, şuura açlığı bildirmesi gibi bir şeydir. Diğer bir deyişle, solunum sisteminin boğulma duygusunu hatırlatan, ciğerlerine giden havanın yok olması gibi bir şeydir bu. İnsanda sperm kesesi dolduğunda da, cinsel organlara çağrı yapar. Bu hazin çağrı, isteğin tatmin edilmediği takdirde, aklı karıştırır.

Fakat bu cinsel istekte, açlık isteğinde olduğu gibi midenin boş olduğundan dolayı değildir. Cinsel istekte fazlalıktan dolayı istek söz konusudur. Yani biriken cinsel enerjinin harcanması gerekmektedir. Elbette fizyolojide tıpkı bir harcama kasasındaki gibi, biriktirileni harcamak mümkündür. Farklı şekilde harcanabilinir. Bu enerjinin fazlasının kökeni ne olursa olsun, bir yorgunluk onu tüketir ve ortadan kaldırır.

Şayet bu enerji, ihtiyaç düzeyinde kalmış olsaydı, onun isteklerini engellemek zor olmazdı. Bu istek, fazlalaşırsa, birikirse, azgınlaşır, engellenemez bir durum sergiler. İşte bu durum, insanı vahşi eylemlere itebilir.

Bu enerji fazlası için beslenmeye dikkat etmek gerekir. Hep tekrar ettiğimiz gibi bizler çok aşırı besleniyoruz. Tolstoy'un dediği gibi, damızlık aygırlar gibi besleniyoruz. Yemek masalarından yüzleri kızarmış, yüzleri şişmiş ve bağıra bağıra, neşeyle kalkan üniversite öğrencilerine bir bakın. Zorluk çeken bir hazım problemi, onların zihinsel çalışmalarına imkân vermemekte ve onların hayvani güçlerinin çoğalmasını sağlamaktadır.

Bunun yanında, dersliklerin çok sıcak olmaları, kış aylarında kafelerin havasız olmaları ve bu ortamlarda yaşayan öğrencilerin, cinselliğin sebebi olan uyuma isteklerinin arttığını da görüyoruz. Çünkü çok uyumanın sabah sersemliğinde, irade erir. İçimizdeki hayvani istek, egemen olur. Tabii ki zihin de uykuludur. Birçok kişiye bu saatler, tefekkür çalışması için güzel görünür. Fakat bu yanlıştır. Çünkü o sırada zihin körelmiştir, insan düşündüğünü bile yazamaz, çünkü düşünce yoktur.

Böyle bir durumda insan, içgüdüsel hayvansal bir durumdadır. Çünkü o bu durumda, cinsel isteklerin kölesi durumuna düşmüştür. Hep tekrar etmişimdir: Sabah uyanınca yatakta kalan genç erkeklerin sakınılmayan alışkanlıkları olacaktır.

İrade Eğitimi

Bütün bunlara sosyal çevrenin ayartmalarını da ekleyebiliriz. Aşağılık arkadaşlarla düşüp kalkmak da çok zararlı sonuçlar meydana getirmektedir. Üniversitede, birçok farklı bölgeden gelen gençler arasında, çok serseri genç vardır. Öğrenci gruplarının içinde çılgınca bir rekabet yaşanmaktadır. Deli, soytarı gençler, örnek teşkil ederler. Gürültülü lokantalarda, öğrenci grupları, masaları işgal ederler, gürültüyle yemek yerler, içi boş saçma tartışmalarla masadan kalkarlar, kaba ve dengesiz arkadaşlarının telkinlerine inanarak, lokantadan çıkarlar. Hemen barlarda, içmeye başlarlar. Böyle dağıtan bir genç nasıl ders çalışmaya kendisini verebilir? Bu serserilik gençte, yüce duyguları bozan kötü bir maya etkisi yapmaktadır.

Şayet yoldan çıkmanın sebepleri yalnız burada olsaydı, düzgün ve dürüst yaratılışlı olan gençler, her şeye karşın, bunlardan kurtulabilirlerdi. Fakat maalesef, onlardan daha yüksek seviyede başka telkinle ve kötü alışkanlıklar da mevcuttur.

Bu kitabın psikolojik bölümünde eğilimle, akıl arasındaki ilişkileri incelemiştik.

Aslında kör olan eğilimi, akıl yönetir. Hedefinin ve metotlarının bilincine vardığı zaman, eğilim gücünü ikiye katlar. Ayrıca eğilim, aynı türden düşünceleri kendisine çeker ve onları çevresinde toplar, onlara ödünç güç verir ve onlardan çoğalmış bir gücü geri alır. Orada sıkı bir dayanışma vardır: Bir tarafı zayıflatan her şey, diğerini de zayıflatır. Birini güçlendiren, diğerini de güçlendirir. Bu, özellikle cinsel özellikli eğilimler söz konusu olduğunda daha doğrudur. Sembollerin orada çok önemli bir gerçekleşme gücü vardır. Üreme organları üzerinde çok hızlı bir etki yaratırlar. Eğilim, uyarıldığında, aklı da uyarır, şiddetli bir telkin üretmeye yönelir. Fikirler, semboller kolayca bu eğilimi güçlendirir. Özellikle boş dolaşan bir zihnin bu eğilimlerle dolu olduğunu söyleyebiliriz. Bunun ispatı, aşkın, sadece saraylarda ve yüksek sosyete de, hayatın temel meşgalesi olduğudur. Bunun da sebebi, insanların boş boş yaşamalarıdır. Önemli şeylerle meşgul insanlarda aşk, olması gerektiğinden yani hayatın herhangi bir unsurundan başka bir şey değildir.

Diğer yandan oldukça zor olan bu mücadelede içinde bulunduğu çevrenin verdiği destek ve cesarete, çevresindeki onu ayartan şeylerin çoğalması da bir şansızlıktır. Elbette bu koşullar içinde en küçük bir kırılmanın parçaladığı ruh dünyası, ihtirasın dümenine çabucak teslim olur. Genç bir insanın zihin dünyası, mart ayındaki deniz gibi kabarıktır: Kesinlikle durgun değildir ve durgun gibi görünse de, en küçük bir rüzgâr onu, dalgalanmaya götürebilir. Bu durumda, geçici bir rüzgârın bile tahrik edebileceği her şeyden uzak durmak gerekecektir. Fakat sürekli tahriklerle dolu, hatta bir tahrik edebiyatının bulunduğu bir toplumda bu nasıl durdurulur? Çünkü genç adam, bir çeşit, ayartma ortamında yaşamaktadır. Her şey, onu ayartmakla meşguldür. Bunun için, iyi yetişmiş insanların birçoğu, sanatsal ve zihinsel zevklere yabancı oldukları ve çoğu zaman doğanın güzelliklerini derinlemesine ve sürekli şekilde hissetmekten aciz oldukları görülmektedir. Her şeye rağmen, bütün canlılarda var olan cinsel zevkler, uzun süreli fedakârlıklar istemezler. Özellikle genç insanlar bunlara kolayca ulaşabilirler ve sonuçta kısa zaman içinde, öncelikli zevklerin tadını alma yeteneğini yitirirler ve bu bayağı olanlar haricinde başka zevkleri bilmez hale gelirler.

İrade Eğitimi

Bütün bu açıkladıklarımızın aydınlığında, bütün sosyetik toplantıların, müzik, tiyatro oyunları gibi sebeplerle maskelenen basit cinsel tahriklerden ibaret olduğunu belirtebiliriz. Böyle bir gece toplantısından, mütevazı bir öğrenci odasına dönen genç adam, huzursuz şekilde bir hayal gücü ile dönmektedir: O toplantıdaki ortamın aydınlatılması, danslar, tahrik edici kıyafetler, öğrencinin fakir çalışma odasıyla akıl sağlığı için tam bir ölümcülük teşkil eder. Bundan daha kötü bir duygu yoktur. Çünkü bu genci, hiç kimse sözde zevklerin tenkidine alıştırmamıştır. Böyle bir genç, kendisini güçlere ve hatalara öylesine kaptırmıştır ki, kendisini gerçek anlamda tanımaktan bile aciz durumdadır. Dış dünyasını ve orada yaşattığı karakterleri inceden inceye hayal dünyasında canlandırır ve bunlarla yaşamaya devam eder. Bu hayal dünyasına tam da zıt olan sakin, huzurlu, hür ve mutlu olan hayat, ona çekilmez ve ızdıraplı görünür. Bu şartlarda genç, kendi şahsiyetine dönmeyi düşünemez bile. Çünkü aldığı eğitim ona bu dönmeyi öğretmemiştir. Hatta günlük edebiyatın çok büyük bir kısmı, cinsel hareketleri öğretmektedir. Romancıların, şairlerin birçoğu, insanın, hayvanlarda da olan cinsel duyguların tatminine konuları bağlamaktadırlar. Böylece gençlerin övünmeleri gereken şeylerin, düşünce veya eylem değil, fizyolojik ihtiyaçlarının tatmini olmuştur. "Bu konuyu, Charlyle, Thackeray'da şiddetle eleştirmekte ve aşkın, Fransız usullü, yani varlığımızın bütün alanına yayılan ve onunla bütünleşen bir şey gibi takdim edilmiş olmasıydı. Hâlbuki aşk denen şeyin, gerçekte, insan hayatındaki etkisi birkaç yılla sınırlı ve pek de önemi olmayan kısa bir dönemde bile, insanın meşgul olması gereken birçok önemli konudan da başka bir şey değildir. Aslında gerçekte aşk hadisesi genel olarak, çok değersizdir ki, kahramanlık çağında onun hakkında iki söz söylemeyi bırakın, hiç kimse kalkıp da onu tefekkür etme zahmetine bile girmemektedir."[24]

Manzoni de şöyle demektedir: "Ben okuyucuların ruhunun, bu ihtirasa meyledecek şekilde söz edilmemesi gerektiğini söyleyenlerden birisiyim. Aşk, bu dünyada gerekli bir şey. O, her zaman olacaktır. Kalkıp onu geliştirme külfetine girmemeliyiz. Çünkü onu, geliştirirken, lüzumlu olan bir yerde onu tahrik etmekten başka bir şey yapmıyoruz. Ahlakın gerektirdiği ve yazarların gücü nispetinde okuyucularına daha çok telkinde bulunacakları başka duygular da vardır: Meselâ merhamet, sevgi, sakinlik, fedakârlık ve tolerans gibi."[25]

Carlyle ve Manzoni'nin bu sözleri, aşk gibi çok önemli bir konuda söylenmiş en doğru sözlerdir. İnsan topluluklarına hitaben yazılan edebiyatın yani ikinci derecelik edebiyatın saçma sapan eğilimleri haricinde, çevrede dolaşan ve bir öğrenciyi kendisine egemen olma savaşından uzaklaştıran birçok saçmalık mevcuttur. Bunları üretenlerin çoğu doktorlardır. Birçok doktor, egemen ses tonlarıyla, inanarak, gençlere bazı şeyleri gösterirlerken, pek de sağlam olmayan tümevarımlardan çıkarılan bazı önermeleri, kesin kurallar gibi sunuyorlar. Bu fizyolojik ihtiyaçları açıklamak için ve hatta ispatlamak için hayvanları örnek göstermektedirler. Ancak onlar, hayvanların bile birçoğunda bu işlevlerin çok uzun aralıklarla icra edildiğini bilmiyorlar ve tamamen gençlerin bu hayvani ihtiyaçlardan kurtulmalarının bir onur mücadelesi olduğunun farkında değillerdir. Aslında bu, birçok kişinin sakınmayı bildiği bir zaruret değil mi? Meşhur bir dok-

---

[24] Madam Carlyle, tarafından zikredilmiştir.
[25] Bonghi tarafından zikredilmiştir: Revue des Deux Mondes, 15 Temmuz 1893, s.359.

İrade Eğitimi

tor şöyle yazıyor: "Aşk, hayatın içinde en önemli yeri işgal etmektedir. Yaşlandıkça, yokuşu çok hızlı inmekten başka bir ümit kalmayınca, aşk dışında bu dünyada her şeyin boş olduğunu görürüz." Bir doktorun böyle yazması çok şaşırtıcı değil mi? Doktorun yazdığı ve bahsettiği fizyolojik aşktır. Çünkü bütün konu ona aittir. Böyle bir şey nasıl olur? Bütün zihni ve sanat zevkleri, tabiat sevgisi yoksulların ve fakirlerin dertlerini paylaşmak, evlat sevgisi, hayır yapmak gibi ulvi değerler yok sayılacak, hayvanlarla ortak bir tarafımız olan birkaç saniyelik aşk için feda mı edilecek? E. Renan da bunu benzer sözler söylemektedir. Çünkü o da, çalışmalarında insani duygulara yer vermemiştir. O, adi bir ruhun dışa vurmuş ikiyüzlü iyimserliğiyle bu konularda tek kelime bile söylememiştir. Fakat her gün insani acıları gören, her gün ölümle karşılaşan bir doktorun aşk hakkındaki sözleri oldukça şaşırtıcıdır. Eğer aşk, insan olmanın hedefiyse yaşlılık aşklarını niçin hakir görüyoruz? Yaşlı insanların, toplumun dışına, hatta hayvanlığın dışına itilen yaşlıların hayatları ne olacak? Aşk hakkında böyle şeyler söyleyenler çok sefil, gerçeklikten uzak insanlardır. Diğer yandan bu sözlerin bilim adına söylenmeleri, bunları söyleyenlerin doktor olarak takdim edimeleri hayretle karşılanacak bir durumdur.

Şimdi kendimizin ve başkalarının varlığını inceleyelim: Köylülerin, işçilerin, sağlıklı ve aktif bir hayat yaşayan, her gün oburca yemeyen ve çok uyumayan birçok insanın hayatında aşk, Carlyle'ın dediği gibi sadece hayatın küçük bir kısmından ibaret değil mi? İnsan hayatında onun aslan payı, çok az değil midir? Buna göre aşk, başıboş kişilerin her şeyi olmaya devam etsin. Biz bunu zaten biliyoruz. Bu gibileri tahrik için birçok gazete ve kitap çıkmaktadır. Fakat böyleleri, bunun cezasını günün birinde çekeceklerdir. Aşk ateşinin tamamen söndüğü yaşa geldiklerinde, artık hayat onlar için değerini kaybedecektir. İşte o vakit, pili bitmişlerin iğrenç sefihliklerini göstereceklerdir. Yaşlı bir adam için erotik fotoğrafların zevkine varmaktan başka bir şey yoktur demek ne kadar acıdır? Cicero'nun yaptığı gibi tutkuların köleliğinden kurtulmak ve kendini politikaya, edebiyata, sanata, ilmi, felsefeye vermek çok daha iyi değil midir?

Hayatın aşktan ibaret olduğu düşüncesine birçok defa, saçmalıklar eşlik eder. Cinsel ilişkiden uzak durmanın, insan sağlığına zarar verdiğini söyleyenler vardır. Dini tarikatlarda, cinsel perhizi temel kural olarak kabul edenler, fahişelerin karşılaştığı hastalık kadar, hastalığa yakalanmazlar. Şayet genç bir delikanlının yanına, bir kitap vermez de çalışmasına zemin hazırlamazsanız, onun cinsel istekle karşı karşıya kalması, sağlığı üzerinde değil; aklı üzerinde ciddi sıkıntılara sebep olabilir. Bunun önüne, sadece aktif ve enerjik delikanlılar geçebilirler. Çünkü çalışmak, isteği mağlup edebilir. Ayrıca, cinsel perhiz yapmanın tehlikeleri, cinselliğin aşırı sonuçlarıyla mukayese edildiğinde önemi bile olmayacaktır. Paris'te, zührevi hastalıklar için iki hastane vardır. Diğer yandan omurilik ve lokomotor ataklarına yakalanan kişilerin sayıları her yıl artmaktadır. Buna karşı sağlık bilgisi üzerine bin beş yüz sayfalık bir kitap yazan yazarın, cinsel yönden perhizin sağlığı bozacağını ifade etmesi gerçekten maskaralıktır. Cinsel zevkin tahripkâr olduğu, cinsel perhizin ise bedene ve akla dinçlik verdiği açıktır. Ayrıca arzularımıza karşı engel olmanın çaresi onlara boyun eğmek midir? Psikolojik olarak, ne olursa olsun arzulara kolayca teslim olursak, onlar o kadar azgınlaşacaklardır. Arzu belirir belirmez, hızla geri çekilmek, düşmanı mağlup etmektir. Şayet, cinsel isteklere taviz vererek, onları engellemeyi düşünürsek, bu her şeyin ötesinde insanın büyük bir cehaletinin göstergesi olur. Böyle bir durumda cinselliğe teslimiyet, onu, sadece azgınlaştırır. Şehveti söndürmenin yolu, ona karşı bütün vasıtalarla mücadele etmektir. Cinselliği teşvik eden tıbbi kuralları bir kenara bırakalım: Bunlar tıp öğrencilerine verilen, mantık, psikoloji ve ahlak bilgilerinin yetersiz olduğunu göstermektedir.

Bu durumda arzuya karşı savaşmak gerekir. Gerçekte zafer zordur. İnsanın kendisine egemen olması en yüksek zaferdir. Yirmi yaşındaki bir insanın bakireliğiyle alay etme alışkanlığımız varken, hovardalığı bir erkeklik kanıtı olarak görürken, dilimizle ve sözlerle bakireliğin yıkılışını görmek elbette üzücü bir durumdur. Gücümüz, enerjimiz, hür irademiz, bu güçlü içgüdümüze karşı verdiğimiz savaşta egemen olarak kalamaz mı? Asıl erkeklik budur işte. Erkeklik, kendimize hâkim olmakta bulunmaktadır. İşte bunun için Katolik kilisesi, cinselliği hayatından çıkarmada, irade enerjisinin en yüksek garantisi olarak görmekte ve bu enerji daha sonra rahibin, diğer bütün fedakârlıklarının da garantisi olarak görülecektir.

Fakat zafer olsa da, bu kolay değildir, orada zafer, ne kadar çok istenirse, o kadar çok istikrar ve çabaya mal olmaktadır. Tıpkı başka yerlerde olduğu gibi... Bu konuda sebepler çok olduğu gibi, çareler de çoktur.

Bu konuda önce, sahip olduğumuz şartlarla mücadele etmemiz gerekir. Mesela uykumuzu düzene koymalıyız, kendimizi fazla yormamalıyız, sabahleyin yataktan hemen kalkmalıyız. Tembelliğe davetiye çıkaran yumuşak yataklardan kaçınmak gerekir. Sabah yataktan çabuk kalkma konusunda irade zayıflığı içindeysek, birinden destek almamız gerekir. Hatta bu konuda ücret bile verebilmeliyiz.

Öğrencilerin buna ilaveten gıdalarına özen göstermeleri gerekir. Ancak çok enerji veren yemeklerden, fazla et yemekten ve alkolden uzak durması gerekir. Öğrenci için en doğru olan, fakülteden uzakta, sakin, huzurlu, oksijeni bol, güneş gören bir odada yaşaması ve yemekleri kendisinin pratik şeylerle hazırlamasıdır.

Uzun müddet aynı pozisyonda oturmaktan sakınılmalı, odayı sık sık havalandırmalı, normal sıcaklıkta çalışmalıdır. Her akşam yürüyüşü ihmal etmemeli, yürürken çalışma planları yapmalıdır. Odasına gelince, hemen yatmalıdır. Akşam yürüyüşleri her gün mutlaka yapılmalıdır. Bir mizahçı İngiliz şöyle demektedir: Dışarıda yürüyüş yapan biriyle, evinin penceresinden sokağa bakan birisi kıyaslandığında, yağmur daima sokağa bakana daha çok düşüyor görünür ve hava onun için her zaman kötüdür.

Fakat ölçülü gıda alan sağlık kaidelerine uyan gençlerde, fizyolojik kaynaklı telkinler çok sık olmaz, olsa da kolayca reddedilirler. Böylece, zihni kaynaklı provokasyonlar ve onlardan tadılacak zevkin fiziksel kaynaklı provokasyona destek vermesine mani olunursa, yoğun bir dikkat gösterilirse, cinsel isteklere karşı savaş daha kolay olur.

Yukarıda zekâ ile ihtiraslar arasındaki sıkı ilişkileri inceledik. İhtiras özünde kördür, zekâ olmadan hiçbir şey yapamaz. Fakat zihnin ortaklığını elde ederse, ihtiras kabarır, destek bulduğu yardımcı fikirlerle ve duygularla birlikte, tecrübeli iradelerin bile karşısında dayanamayacağı, bir güce sahip olabilir. Bunun için teyakkuz halinde olmamız, onun fikirle işbirliği yapmasına engel olmamız gerekir. Genel kaide olarak, cinsel isteklere doğrudan savaş açmak sakıncalıdır. Çünkü ona verilen her dikkat, onu güçlendirir. Bundan sakınmak bir cesaret işidir. Onunla mücadele hileyle olur. Düşmana tam karşıdan saldırmak, peşinen mağlup olmak demektir. Büyük zaferler onların üstünde daima düşünerek kazanılırken, cinsel isteklere karşı büyük zaferler, onu düşünmemekten kazanılır: Yani, cinselliği çağrıştıran bütün çağrışımlardan uzak durmak gerekir. Zihinde uyumakta olan şehvetten, emin uyanmasından her şeye rağmen sakınmak gerekir. Cinsel uyarı, başlangıçta, çok zayıf bir düşünce olarak başlar. Şayet vaktinde uyanırsak, bu davetsiz misafiri çabucak kovarız. Şayet cinsel sembollerin belirginleşmesine imkân verirsek, onları diriltip zevkini alırsak, iş işten geçmiş olacaktır.

İşte bunun ilacının zihinsel çalışma olması bundandır. Yoğun düşünce ile ihtirasın mütereddit, güçsüz istekleri, şuurun eşliğinde derhal durdurulur. Onlara ilgi duyulmaz. Onlar, zihin boşken gelirler. Kötü alışkanlıkların kaynağı, başıboşluktur. Hayallere dalma anında veya zihnin boş kaldığı anda, cinsel abartılar şuura giriverirler: Ona verilen dikkat onu yüceltir. Zihinde olan hatıraların uyanışı yavaş yavaş çoğalır, makul irade, meydanı hayvani güçlere terk eder, tahtından inene kadar içimizdeki cinsel istek organize olmayı devam ettirir.

Cesaretle diye biliriz ki, başıboş kişiler çoğu defa, şehvetin kölesi olurlar. Bunun sebebi, beyinlerindeki boşluğun şuursal olarak cinsel isteklere açık olması değil; genç bir erkeğin, zevk peşinde koşmaya, heyecanlı deneyimlere ilgi duymasıdır. Tabii ki böyle birisinin, zevki ve heyecanı çalışmada ve meşgalelerde bulunamadığından, kötü alışkanlıklarda ya da hovardalıklarda araması normaldir.

Bunun için cinsel istekleri engellemek için sadece meşguliyet yeterli değildir. Bunun yanında, çalışmanın zevkini de almak gerekir. Tabii ki dağınık çalışmalar insana zevk vermez. Hatta sıkıcı ve öfke hali verir. Bu da öğrenciyi, tembelliğe gitmesini sağlar. Sadece düzenli ve disiplinli bir çalışma, insan düşüncesine güç verir ve bilgi verir. Tıpkı turistlerin gezerken aldıkları zevke benzer bir keyif verir. Zihne akın eden cinsel isteklerin engellenmesini, sadece, yöntemli ve disiplinli bir çalışma yok edebilir.

Şayet bu zevkli çalışmaya, dinamik alışkanlıkları eklersek, yani, bunlardan zevk almayı bilirsek, cinsel saldırılardan kurtulmak için geriye sadece ergenliğin kapalı isteklerini tatmin etmemiz kalmaktadır. On sekiz ile yirmi beş yaşına kadar uzanan bu mutlu dönemde, tabiata, dağlara, ormanlara, denizlere gitmekten ve güzel, büyük rahatlatıcı şeylere bağlı olmaktan daha kolay hiçbir şey yoktur. Kendisini böyle şeylerle meşgul eden bir genç, bunun ödülünü fazlasıyla azalacaktır: Onun böylece sahip olduğu enerji, gelişen aklı, hassasiyeti, ona gıpta ile bakılacak bir durum verir. Ona çok şey öğreten başarısızlıkları bile, ona bir şeyler öğretecektir. Çünkü bunlar, onun erkeklik gururundan hiçbir şey eksiltmeyecek, yeniden doğrulup, mücadeleye başlamasını bilecektir. Her şeyde muzaffer olmak imkânsızdır. Fakat mücadeleye devam etmek, onu sık sık yenilemek, mağlubiyetlere teslim olmamayı gerektirmektedir.

Genç öğrencileri meşgul eden şehvetin, onların hayatında aldığı iki şekli iyice incelememiz gerekmektedir. Üniversite öğrencilerinin ahlaki seviyelerinin düşüklük sebebi, denetimsizliktir. Onların çoğu, büyük şehirlerde başıboşturlar. Onları, aşk peşinde koşarlarken uyaracak kimseler yoktur. Onların kafalarını sadece şehvet duyguları doldurmuş halde dolaştıklarını görürüz. Onların bundan kurtulmaları olduk-

İrade Eğitimi

ça zordur. Genelde bu gençler, peşinden koştukları bu aşkların ne kadar boş şeyler olduklarını gördüklerinde de iş işten geçmiş olacaktır.

Lokantalarda gördükleri arkadaşları onları aydınlatmamaktadırlar. Çünkü onların birçoğunun sevgilisi vardır. Bunun sebebi, kısmen baştan bağlanmış olmalarıdır, kısmen de gösterişlerini tatmindir. Onlar, bu ilişkilerden zevk almalarını abartırken, bunun ne kadar pahalıya mal olduğunu dahi düşünmezler. Bu akılsız kadınların, ihtiraslarına, akılsızlıklarına, surat asmalarına, pahalı zevklerine katlanmak zorunda kalmaktadırlar. Bütün bunların karşısında aldıkları, sadece mutluluk vermeyen fiziksel zevklerdir. Bu kadınlarla gezmek, onların gururlarını okşamakta ve gösterişte bulunmaktadırlar. Bunlar olmasa, o kadınlara bir hafta bile katlanamazlar. Ortada görülen eleştiri eksikliğidir. Şayet terazinin bir kefesine fiziksel zevkleri ve boş tatminleri koyar da, diğer kefeye boş ve verimsiz geçirilen günleri ve kaybedilen verimli ve neşeli sabahları koyarsak, gerçek anlaşılacaktır. Bunlara, boşa geçen yalancılıkları, bedeli daha sonra ödenecek borçları, olgunluk çağındaki nedametleri ve bütün itibar kayıplarını da ilave etmeliyiz.

Bunun tek ilacı, tehlikeden kaçmaktır. Bu konuda yapılacak tek şey, bu tür ilişkileri bitirmek, bu tür arkadaşlıklara son vermek, hatta çevreyi, evi bile değiştirmektir. Bize zor gibi gelen bir hayat tarzını, davranışlarımızda, "öğrenci avcısı kadınlarla" beraber olmanın zevklerini eleştirerek kabullenmeliyiz. Şayet bir genç, bu geçici aşklara on beş gün müddetle, eleştirel metotla yaklaşırsa, derinlemesine düşünürse, bir listeye yazılan zevkleri, diğer listeye yaşadığı sıkıntıları yazarsa, sonuca elbette şaşıracaktır. Hatta her akşam yaşadığı halet-i ruhiyeyi not ederse, şaşkınlığı daha da artacaktır. Günlerini, kendisinden çalınan saatleri, sıkıntıları, hatırlarken, eğlendiğini sandığı, yorulmayı daha iyi anlamaya çalışacaktır. Yaşadıklarının uyduruk bir telkinden başka bir şey olmadığını fark edecektir. Bunların hayalden başka bir şey olmadığını, bunların gerçekte hiç yaşanmamış olduğunun farkına varacaktır. Gerçekte insan, içinde yaşadığı zamana pek dikkat etmez. Çünkü bu an, hiçbir zaman gerçekten yaşayacağımız anla asla aynı değildir. Bu yanılma hiçbir yerde kadınların verdiği zevkleri değerlendiren öğrencideki kadar güçlü ve üzücü değildir. Adi ve boş fikirlerle yoğrulmuş, dayanılmaz ihtiraslarla dolu zavallı kadınlarla geçirilen zamanın neredeyse tamamı, tam olarak can sıkıcıdır, bu hatıraların birikimi, boşluğun tesiri altında, hoş bir hatıraya dönüşür. Bu şartlardaki öğrenci, ne geçirilen zamanın, ne harcanan paranın, ne de zihinsel yıkımın farkında değildir. Böyle bir öğrenci, ne müze ziyaretlerini, ne okumaları, kaybettiği düşünce sohbetlerini aklına getirmez. Boş geçirilen sarhoşluk anlarının ne kadar tiksinti verdiğini düşünemez. Tatillerde, Alpleri, Pirineleri, Bretonya'yı gezmekten mahrum kaldığını aklına bile getirmez. Kadınlara verdiği parayla, Belçika'ya, Hollanda'ya, Ren Nehrine ve İtalya'ya yapabileceği seyahati aklına bile getirmez. Yirmi yaşlarında yaptığı seyahatlerin hafızasında bıraktığı birikimi, daha sonra hatırladığında, üzüntülü ve sıkıntılı günlerini neşelendirecek olan o güzel hatıraları hiç aklına getirmez. Böylece, güzel sanat kitapları, seyahat kitapları da diğerleri gibi heba edilir, tabloların ve resimlerin, hayat boyu yanında olacak, uzun kış gecelerini paylaşacağımız, parayla satın alınamayacak gerçek dostlar heba edilmiş olacak.

İrade Eğitimi

Gösteriş yapma arzusuyla boş geçen tatmin duygusu, oldukça aşağılık bir özelliktir. Bu boş tatmin, hiçbir zaman derse çalışmanın vereceği başarı gururuyla kıyaslanamaz. Hatta öğrencinin küçük sanat hareketlerini göstermesiyle, yaptığı seyahatleri anlatmasıyla bile kıyaslanamaz. Vaktini, eğlenerek geçiren bir öğrencinin hayatı acınacak bir monotonluk, kısırlık ve anlamsızlık içermektedir. Belki de iğrençtir.

Diğer yandan fuhuş toplumsal yönden de çok acı vericidir. Eğlenceli gibi görünen bu hayat, oldukça kederlidir. Bu alan, gençleri, kendiliğinden çok kötü alışkanlıklara sevk eder ve sağlığı ciddi tehlikeler kaplar. Harcadığı zamanın ve paranın cezasını zamanla çeker. Aklı başında olan bütün gençler, bir an önce böyle bir hayattan kurtulmaya çalışır.

Ancak bu hayatın, çok daha kötü yıkımları vardır: Aslında kendine göre hiçte çekici bir hayat olmayan bu hayat, aşağı ve iğrenç bir hayattır. Kesin olarak o hayat, utanç vericidir. Onu icra edenler, bir utanç içindedirler ve patolojik bir vakadır. Ancak tedavisi zor değildir, kurtulmak mümkündür. Bu kötü hayatın iğrençliğini hiçbir şey mazur gösteremez.

Bu hastalığa yakalanan birisi, içinde yaşadığı duyguları heyecana dönüştürmüştür. Bu hayat bile, bundan kurtulmaya yönelebilir. Burada ihtiyaç söz konusu değildir. İnsan bedenindeki fazla enerjileri, başka şeylerde de harcayabilir. Aslında bütün kötülüklerin kaynağı hayal gücüdür: İçimize doğan bir telkini, daha başta terk etmek, derse çalışmaya oturmak, insanların işine karışarak engellemek mümkündür. Böyle bir durumda, doğrudan mücadele etmek oldukça sakıncalıdır. Zafer, ancak bu telkinden kaçarak elde edilebilir.

Köpekler havlarken, biz yolumuza devam ederiz. Bu köpeklere karşılık verirsek, daha çok havlamaya devam ederler. Şayet bu konuda zafer elde edinilmezse bile, mağlubiyetlerin sayısını azaltmaya, aralarını uzun tutmaya gayret etmemiz gerekmektedir.

Bu kötü alışkanlığın başlıca sebebi, meydanı tamamen telkinlere bırakan boş zihinlerdir. Bunun izolesi, metotlu bir şekilde çalışılan derslerdir, aktif yaşamdır ve dolu dolu yaşanan bir hayattır.

İKİNCİ BÖLÜM
SAVAŞILACAK DÜŞMANLAR:
ARKADAŞLAR-İLİŞKİLER

Çalışmamızın büyük bir kısmını bitirdik. Şimdi, öğrenciyi tehdit eden ikinci derecedeki tehlikeleri çok hızlı şekilde gözden geçirmek kalmıştır. Bir öğrencinin özenle arkadaş seçmesi gerekmektedir. Arkadaş görünümü altında, istikbalinin en büyük düşmanlarıyla karşılaşabilir. Bilhassa istikbal endişesi taşımayan, ailelerindeki gevşek disiplinsizlik nedeniyle şımartılmış gençlerin, olgunluk yaşlarının hiçliğini hazırlayarak geçiren ve aşağılık olduklarını bilmelerinin huzursuzluğunu yaşayan varlıklı aile çocukları, kendilerini hor görme duygularını gizlemek için; çalışkan ve gayretli öğrencilerin ders çalışmalarıyla alay ederler. Fakat bunların yanında daha korkunç ve yıkılışlarını da lisede göstermeye başlayan başka talebe türleri de vardır. Bunlar, zayıflıklarından dolayı bedbindirler ve mücadele etmeye cesaretleri bile yoktur. Hepsi gibi bunlar da, ikiyüzlüdürler ve kıskançtırlar. Onların bu halet-i ruhiye içinde olmaları onları, yeni bir grubun, sebatlı mensupları haline getirirler: Bunların hedefleri, çalışkan öğrencilerin cesaretlerini kırmaktır. Aslında onların varlıkları, bir bunalım sebebidir. Bunlar, devamlı diğer öğrencilerin başarılarını takip ederler, sonra da insanlar üzerinde kötü bir nüfuz elde ederler. Gelecekte kendilerini bekleyen acıklı ve ızdıraplı geleceğin farkına vararak; çalışkan insanların başarılarını engellemekten zevk alırlar.

Her iki grubun haricinde, arkadaşlarını tembelliğe teşvik eden, tembel öğrenciler de vardır. Çalışkan öğrenciyi, kafeye sürükleyerek, onları hovardalığa yaklaştırırlar. Fransız üniversite öğrencileri, Alman üniversite öğrencilerinden çok daha üstündür. Almanya'da gençler, daha çok alkol tüketiyorlar. Onlar, dar gruplar içindedirler. Fransız gençler daha ayıktırlar, daha uyanıktırlar. Fakat Fransız gençleri de hürriyetlerinin sınırlarını aşmaktadırlar. Fransız gençler, her yerde esaret duygusu ile yaşarlar ve bu onların içinde vardır. Yirmi yaşlarında içine düştükleri boşluk, onları çevrenin, arkadaşlarının, bilhassa, cesaretleri, kararlı ve kendilerinden emin olmaları, emredici havaları ve her türlü düzgün, terbiyeli durumu bozmak için kullandıkları küfürlü sözleri aracılığıyla, diğer öğrenciler üzerinde bir otorite sağlarlar ve serseri öğrencilere tabi olurlar. Zayıf iradeli öğrencileri etkileyen bu serseri takımı, cazibelerine kapılanlara egemen olurlar. Böylece bunlar, yorucu, boş, sersem, körü körüne bir zevk alemini, en muhteşem bir öğrenci hayatı olarak kabul edenlerin, dünya görüşlerini daha da abartırlar. Bu alanda hayran oldukları kişinin gözüne girmek için, sağlıklarını ve akıllarını kaybederler. Bu konuda Chesterfield şöyle demektedir: "Şayet herkes kendi ahlaksızlıklarıyla yetinmiş olsaydı, çok az kimse onlar kadar ahlaksız olurdu. Zevk ve eğlenceye düşkün gençlerin parlaklığı, sönmekte olan odunun karanlıktaki son ışıkları gibidir." Gerçekten hür olan bir delikanlı, bu tür telkinleri elinin tersiyle iten ve sahte mutluluktan, yorucu ve tehlikeli olarak söz etmesini bilen delikanlıdır. Böyle bir genç, kötülüklerin etkisinde kalmaz, ders çalışma ve hayatın zevkleri üzerine yapılan konuşmadan çekinir. Çünkü o, gerçeği açıkça görmektedir. Arkadaşlarının

İrade Eğitimi

birçoğunun kendi hayatlarının istikameti konusunda hiç düşünmediklerini bilir ve onların bir girdaba girdiklerini görür. Onların, harici güçlerle oyuncak olduklarının farkındadır ve onların fikirlerine itibar etmez. Onların düşüncelerine bir psikiyatrın verdiği önemden daha az değer verir. Yani, arkadaşlarının saçmalıklarıyla uğraşmaz. Onların bu saçmalıklarına bağlı olaylara önem vermez. Onları memnun etmek için, onların affetmelerini, beğenilerini elde etmek için, hürriyetini, sağlığını ve derslerine çalışmanın zevkini feda edemezdi. Çünkü onların aldıkları zevklerin bir sersemlik olduğunun farkındadır. Aşağılık grupların bayağı, kaba gündelik kullandıkları lisanı bile bile, insanın hayvani tarafının zaferini, insan iradesi üzerine çıkarmaya yarayan sözlerin, formüllerin akın etmesine imkân mı verecekti? Bu grubun içinde olmaktan, yalnız kalmak çok daha iyidir. Bunun en iyi yolu, öğrenci yurtlarından ve başıboş arkadaşlardan uzakta, möbleli bir evde, yeşilliklerin arasında, güneşli bir yerde oturmaktır. Öğrenciler, kendilerinden daha üstün vasıflı kişilerin arasına girmeye gayret etmeli, hocalarıyla görüşmeli, onlarla dertleşmeli, onlardan hayat dersleri almalıdır. Pastanelerin yerlerini, müze ziyaretleri, kır gezileri ve ciddi arkadaşlarıyla yapacağı düşünceler almalıdır.

Öğrenciler sosyal kulüplere, öğrenci derneklerine karşı ilgi duymalıdır. Öğrenciler için öğrenci evlerine gitmek, kafelere gitmekten daha iyidir. Çünkü buralardaki ortam iyidir. Oralara üst düzey düşünce adamları gelirler ve onlarla tanışma imkânları bulurlar. Gençler için yegâne tehlike, benliklerini derince kuşatan, iradelerini kontrol altına alan ve onları hareketsiz hale getiren kötü alışkanlıklardır. Tıpkı Liliputyenler tarafından, kendi saç tellerinden yapılmış binlerce bağla yere çakılı binlerce kazığa bağlanan Galliver gibi... Öğrenciler için, arkadaşlarıyla birlikte aldıkları zevk, yavaş yavaş bir ihtiyaca dönüşmektedir. Her zaman sigara dumanıyla dolu salonlarda, hareketsizlik içindeyken açık hava gezintisinin zevki içinde geçeceği bir arkadaş grubuna ihtiyaç duymaya başlar. Öğrenciler için gazeteler ve dergiler de sakıncalıdırlar. Çünkü bunlar, öğrencilerin kafalarını dağıtmaktalar ve zihinsel güçlerini öldürmektedirler. Bunların, insan bedenine verdiği zarar iki kat daha fazladır. Çünkü bunlar, yıkıcı güce sahiptir ve sonunda daha zararlıdır. Sekiz on gazete okuyup sinirleri bozulmayan, sağlığını kaybetmiş, yorgunluk hissetmeyen var mıdır? Bunların yerini faydalı çalışmalar almalıdır.

Elbette öğrenciler, kendilerine egemen olarak kalma, kötü alışkanlıklara kapılmama, zihni yeteneklerini oraya buraya saçıp savurmamaya, evinde faydalı bir eğlence, dinlendirici bir huzur, arkadaşlarıyla paylaşacağı neşe, zihin geliştirici tartışmalar bile bulabilir. Böylece, seçkin arkadaşlar bulma şansı çok daha artar. Matbaalar, bütün dâhilerin kitaplarını, hür zihinlerin okumalarına sunarak, akıllarını nasıl hürriyete kavuşturuyorsa, öğrenci derneklerinin her biri de üyelerini lokantalardaki adi ilişkilerden, tesadüfî karşılaşmalardan kurtarmakta, onlara daha farklı zihinler ve karakterler sunmaktadır. Bunların arasında uygun dostlar bulabilir. Öğrenci kulüpleri olmasaydı, öğrencilerin değerleriyle ilişkileri tamamen şansa bağlı kalırdı: Buralardaki üstün kişiler, bu gençlik kulüpleri sayesinde, benzerlik ve zıtlık içinde, gençlerin zihinlerinin, sempatik karakterlerinin bir araya gelmelerini sağlarlar ve onları terbiye ederler.

İrade Eğitimi

Sosyetik ilişkiler içine düşen gençler oradan sadece davranış rahatlığı ve sahte kibarlık alırlar. Taşrada "yüksek sosyete" denilen grupların, akıl ve karakter yoksunları olduğu görülmektedir. O grupta ahlaki düşüklük ve ikiyüzlülük hâkimdir. Orada her şeyin anahtarı paradır. Para, her şeyi meşrulaştırır. Orada din, servete körü körüne tapınmadır: Gençlerin burada alacağı dersler çok düşük seviyedir. Onlardan kanaatkârlık dersleri alamayacağı kesindir. Orada aklın ya da karakterin üstünlüğüne kesinlikle değer verilmez. Kendilerini sosyetik olarak gören insanlar, kültürlerinin eksikliklerinden dolayı, sahip oldukları peşin hükümlere sıkıca bağlıdırlar. Onların aptallığı bulaşıcıdır. Gençler onlarla sıkıca düşer kalkarlarsa, değerli düşüncelerinin küçük olduğunu, arızalı sosyal yapıya karşı, adalet ve fedakârlığın kuraklığına karşı, içlerindeki öfkenin gülünç hale geldiğini çabucak göreceklerdir. Yüksek sosyete gençleri de kendine benzetecek ve onlara kısa sürede her şeye karşı ilgisizliği aşılayacaklardır. Böylece o, uğrunda yaşanacak fikirleri beyninden çıkaracak ve coşkulu yaşayışını tüketecektir. Onun kazandığı gelişimi, Marivaux şöyle tasvir etmektedir: "Devamlı bakan, devamlı dinleyen fakat asla düşünmeyen" insan olacaktır. Bunlar gibiler, bütün hayatlarını pencereden dışarıya bakarak geçiren kişiler gibidirler. Hiçbir şeyle ilgilenmeden, benliklerindeki sıkıcı boşluğu, kendilerinden bile gizleyerek, sosyetenin hayatını, düşünülebilecek en yorucu, en aptal, en iflah olmaz derecede tek düzen yapan sorumluluklara katlanmaya zorunlu olarak katlanır. Böyle bir grupla, boş sözler, boş sohbetler hâkim olur. Akıllı gençlerin bu grupta yerleri olamaz. Orada sadece yolunu şaşıran gençler kalır. Orada kalan gençler, ahlak anlayışlarını kaybederler. Arkadaşlarına takılma, peşin fikirlerin şoku, Homeros'un kahramanları ve kaprisli yakıştırmalar, bunların konuşmalarından çok daha üstündür.

ÜÇÜNCÜ BÖLÜM
SAVAŞILACAK DÜŞMANLAR: TEMBELLERİN YANLIŞLARI

Aslında tembellik, kendisini makul yollarla meşrulaştırmaya çalışır. Bunun için birçok insan, bunun altında yatan adi meyillerle savaşmayı bile denemezler. Böylece, tembelleri makul gösteren, onları onurlandıran basmakalıp sözlerinin hiç eksik olmayacağını peşinen görebiliriz.

Buraya kadar anlattıklarımızdan, karakterin doğuştan değişmez şekilde geldiği felsefesini yıktığımızı zannediyorum. Bunun için aynı konuya tekrar dönmek istemiyorum. Sadece bu felsefenin, korkaklığımıza, tembelliğimize ne kadar güçlü destek verdiğini belirtelim. Böyle bir inanç, gücünü, muhtemelen kendimize egemen olma süresinin uzunluğuna karşı çıkan isyanımızda bulmuştur ve geriye dönüşle, tembellikten ödünç aldığı enerjiyi yüz katıyla ona geri vermiştir. Bence, böyle bir felsefe, taraftarları tarafından uydurulmuş sözler topluluğunda, tembelliğin bulduğu birçok yardımdan başka bir şey değildir. Eski bir masalda, şeytanın, diğer zayıflıkları çekebilmek için yemlerini çoğaltmak zorundadır. Tembeller için ise, asla bu faydalı değildir. Onlar en büyük lokmayı bile yutarlar ve en beceriksiz balıkçı bile, oltasını attığında, bir şey yakalayacağından emindir. Şurası gerçek ki, hiçbir ihtiras, en yanlış, en doğal mazeretleri kabul etmede tembellik kadar arzulu değildir.

Üniversite öğrencileri sık sık şundan şikayet ederler: Masraflarını karşılamak için, orta öğretim okullarında, gözetmenlik yapmak zorunda olanlar, büyük bir nedametle başka bir şey yapmaya zamanlarının kalmadığını belirtmektedirler. Aslında zaman iyi kullanılırsa oldukça boldur. İyi bir entelektüel kültür için, herkes, yirmi dört saat içinde, dört saati bulabilir. Herkes bu çalışma zamanını rahatça bulabilir. Bunun için, zihnin bütün dikkatini bu işe bir kaç saat vermesi yeterlidir. Bu yoğun bir kaç saate, boş geçirdiğimiz zamanı, not tutma, fotokopi çekme, materyal toplama çalışmalarında kullanmayı da ilave edersek, en güzel kariyeri elde edebiliriz. Avukatlık, doktorluk, öğretmenlik gibi ilk nazarda dikkat çeken meslekler de bile yapılan işi düşünmek için çok zamana gerek yoktur. Bir kaç sene içinde öğretmen, gördüğü dersleri ezberler, doktor ve avukat, çok nadir durumlar hariç, öğreneceği şeyleri öğrenmiş olur: İşte bu, yüksek makamlarda vasıflarıyla dikkat çekici, fakat üstün nitelikleri kullanılmamaktan paslanmış ve günlük meşgalelerinin dışında salak şahsiyetlerle karşılaşmamızı izah ediyor. Mesela öğretmenin yorgunluğu zihinsel değildir. Onun sebebi, konuşma kaslarının yorgunluğundan kaynaklanır. Ancak bu lokal yorgunluğun genel güçler üzerinde az bir tesiri olur. Ancak bu, zihinsel çalışmaya engel olmaz.

Birçok talebe, biraz zorlanırsa, ders çalışmak için her gün üç-dört saat bulabileceğini kabul etmektedir. Ancak onlar, sınav için günde en az altı saat çalışmanın gerekli olduğunu, onun için çalışmamakta haklı olduklarını söylüyorlar. Buna karşı ben onlara, oturun her gün üç saat çalışın. Altı ay boyunca günde üç saat çalışmanın, çok faydalı olduğunu ve üç ay boyunca günde altı saat çalışmanın aynı olduğunu göre-

İrade Eğitimi

ceklerini söylüyorum. Belki bu tutum, çalışma yönünden aynıdır. Fakat neticeleri yönünden değildir. Leibniz şöyle der: "Aşırı çalışmayla zihnimizi parlatmaya çalıştıkça, tam tersine zihnin köreldiğini görüyoruz."

Burada önemli olan öğrencinin çalışmaya hazır olması gerekir. Hazır olmazsa, bu çalışmadan fayda gelmez. Bunun için öğrenciler, sabahları çalışmadıklarını, kendilerini toparlayamadıklarını söylüyorlar. Aslında bu, çok büyük bir yanlıştır. Derin uykudan uyanınca, biraz çaba ile kararlı olurlarsa, beş on dakikada kendilerini toplayabilirler. Geceleri yeterince uyumayanlar bir tarafa, sabah sersemliğine karşı verdikleri sebatlı mücadele, çok faydalı bir çalışmayla mükâfatlanmamış bir öğrenci görmedim. İnsan aklının toparlanması uzun sürmez, ortama akıl uyum sağlar, aslında ortada olan iradenin uyuşukluğudur.

Bütün tembellik mazeretlerini burada inceleyemeyiz. Ancak burada bu konuda ortalıkta dolaşan en önemli aksiyonlardan birine değineceğiz.

Zihinsel gelişmenin sadece büyük üniversitelerde mümkün olduğunu sık sık tekrar edenler ve orada burada gezinenler, ekonomik şartlarından dolayı, küçük şehirlerde okumak zorunda kalan çalışkan öğrencilerin cesaretini daha başlangıçta kırmaktadırlar. Bunun için şu söz dolaşmaktadır: "Fransa'da kaliteli eğitim sadece Paris'te yapılmaktadır." Bu söz, aklı başında insanlar tarafından sık sık tekrar edilmektedir. Ancak bu çok sakıncalı bir sözdür, cesaret kırıcıdır. Belki de çok azı doğrudur. Bunu destekleyen bir iki ilim örneği bulunsa da, bu fikir kökten yanlıştır.

Önce görülen olaylar bu tezi çürütmektedir. Çünkü en büyük düşünürler, fikirlerini yalnızlık içinde olgunlaştırmışlardır. Descartes, Spinoza, Kant, Rousseau, Darwin, Stuart-Mill, Renoevier, Spencer, Tolstoy insan düşüncesini birçok noktada yenilemişlerdir. Bunlar hep yalnızlık içinde yapılan olaylardır.

Zihinsel çalışmanın tabiatında, Paris'te ikamet edilmesine gerek duyan hiçbir şey yoktur. Paris'in, Fransa'da yeteneği tasdik eden ve başarılı insanların reklamının yapıldığı yegâne yerdir denilirse bu doğru olabilir. Aşırı şekilde merkezileştirme temayülümüzden dolayı dikkatimizi Paris'e yöneltmiş durumdayız. İtibarlar sadece Paris'e toplanmaktadır: Fakat bu imtiyaz yeteneğe bağlı değildir. Meşhur bir katilde, eserleri yüzyıllarca okunacak bir yazar kadar, böyle bir reklamdan yararlanabilir.

Diğer yandan Paris, meşhur isimleri sergilemek için yararlıdır. Fakat Paris ilk başarılardan önce olması gereken uzun ve gayretli çabalar döneminde hiçte gerekli değildir.

"Paris'in, laboratuarlara ihtiyaç duyan fizikçi veya psikofizikçiler için olmazsa olmaz bir yer olduğu görüşü, hiçbir zaman ispatlanmış değildir. Şayet taşra üniversiteleri içindeki fakülteler, mülk sahibi olma hakkına sahip olsalardı, fiziki imkânlarını geliştirebilselerdi, Paris konusundaki bu yanlış kanaat tamamen çürütülürdü. Böylece bu taşra üniversiteleri, büyük Alman tabiat bilimci Haeckel tarafından ortaya atılan "Üniversitelerin bilimsel çalışmalarının çokluğuyla ters orantılıdır" sözü bir kural olacaktı. Birçok alanda olduğu gibi, bilimsel araştırmalarda, zihnin dinçliği, araştırmaya bağlılık maddi imkânların yerini doldurup kısıtlı kaynaklarla harikalar yaratırken, olağanüstü laboratuarlarda tembelleşmeye maruz kalan düşünce kısırlaşır. Bunun için ilimde önemli olan, coşkulu çalışma aşkıdır. Laboratuar sadece önceden tasarlanan fikirleri doğrulamaya yarar. Asıl önemli olan fikirlerin kendisidir[26].

Bilimsel araştırmaların dışında, belgelere müracaata gerektiren tarih araştırmaları kalıyor. Bunun için, edebiyatın, felsefenin, matematiğin, biyolojinin, zoolojinin, kimyanın, jeolojinin büyük şehirlerde öğrenilmesini gerektiren bir yönü var mı? Şayet yetenek, birçok materyalin hazmedilmesinden daha çok, seçili materyallerin hazmedilmesine dayanıyorsa, şayet üstün zekâlar, diğerlerinden bilhassa gözlemle veya toplama ile elde edilmiş olayları düzenleme, onları canlandırma yeteneğiyle belirginleşiyorsa, kütüphanelerdeki kitapları incelememiz, uzun tefekkür ve sükûnet dönemlerini takip etmesi gerekir.

Çok zengin kütüphanelerin bile birçok zararı vardır. Daha önce oraya araştırmaya gelenlerin, araştırılan konu hakkındaki fikirlerini okuma kolaylığı, insanın kendi düşünce yeteneğini köreltir. Düşünce dinamiğinin eksik olması, kişisel çabaları hızlıca zayıflatır. Bunun için şahsi araştırma çabaların yerine, her yerde hafıza çabalarını koyarız. Ferdi düşünce yeteneğimiz, yaşadığımız çevrenin sunduğu yardımların çokluğuyla her zaman ters orantılıdır. İşte bu yüzden, iyi bir hafızaya sahip olan öğrenciler, hafızaları güçlü olmayan arkadaşlarından daima aşağı seviyededirler. Çabuk ezberleyemeyen ikinci grup, imkân ölçüsünde hafızalarına az müracaat ederler. Tekrar ederek, belleklerine materyalleri hassasiyetle seçerek yerleştirirler. Kendi konuları için temel

---

[26] Prof. Hard'ın, mahalli üniversitelerle ilgili teklif ettiği proje, Prof. Challemel-Lacour'un müdahalesiyle üniversite senatosunda reddedilmiştir. Bu çok üzücü bir durumdur. Çünkü bu proje, fakülte profesörüne hürriyet temin eden, bilimsel düşünceyi dış müdahaleden kurtarıyordu. Bu proje, olağanüstü bir entelektüel adem-i merkeziyetçilik tecrübesi olacaktı.

olanları alırlar, diğerlerini almazlar. Aldıkları da hafızalarında iyice organize olurlar. Bu tür bir hafıza, iyi seçilmiş özel askeri birliklere benzerler. Bunun için, birçok kitapla dolu kütüphanelerin kendisine kapalı olan birisine, etrafı sadece araştırdığı konuyla ilgili kitaplarla dolu olması yeterlidir. O, kişi bu kitapları dikkatlice okur, düşünür, tenkit eder, kendisince eksik olan tarafı, kişisel gözlemiyle, nüfuz edici bir kavrayışla tamamlar.

Bahsettiğimiz bu organizasyon çalışması için sakin bir yerin olması kaçınılmazdır ve Paris'te böyle bir yer bulmak çok zordur. Paris'te bu sakinlik bulunmadığı gibi, çevrenin insan sağlığına tesiri de oldukça üzücüdür. Sakin ortam, kırlardadır. Pencerelerin önündeki bacalar ve havalandırma boruları, yapmacık, fazla uyarıcı ortam, zevk kadar, öğrenimin de zorunlu yerleşikliği, insan sağlığını bozmaya yardımcı olmaktadır.

Paris'te belli bir süre kalan kişi, büyük şehirlerin tipik özelliği olan boş tahrikten biraz nasibini alır. Paris'te, izlenimler çok fazladır. İnsan etrafında kaynayıp durmaktadır ve insan kişiliğinden çok şey kaybederek o kaynaşmanın içine girmektedir. İnsan dikkati, her zaman küçük şeylerde merkezileşmektedir. İnsan orada, modayı uymaktadır. Çünkü hızlı akıştan geride kalmak kolay değildir. Bütün bunlara, Paris'teki çalışmada hararetli ve sağlıksız bir tarafın olduğunu da ekleyelim. Düşünce işçisinin halet-i ruhiyesinin, çevresindeki sinirleri yıpratıcı etkilerden ne kadar tesir altında kaldığını anlamak için Huretin evrim konusundaki güzel araştırmasını okumak oldukça faydalı olacaktır. Bir sinirliler toplumunun içinde yaşamanın sonuçlarını, orada gereceksiniz. Hasret ve endişeden kendilerini tüketen, oldukça kötü

İrade Eğitimi

şartlarda yaşayan genç edebiyatçıların ızdıraplarını orada göreceksiniz. Ben ise, gürültülü bir sokağın dördüncü katındaki küçük bir dairede, kırlardan, ormanlardan uzakta yaşamanın ne kadar sinirliliğe sebep olabileceğini çok iyi biliyorum. Ancak bu durumun genç bir entelektüele ne verebileceğini bilmiyorum.

Bunun için kimse bize, Paris'te kimlerle beraber yaşadığını söylemesin. Ben en büyük dehalarla köyde beraber olabildim. Bunun için yegâne yaptığım şey, onların kitaplarını satın almak oldu. Dehalarını, yazdığı eserlere emanet eden ve çok büyük zahmetlerle meydana getirdikleri eserlerinden bahsetmeyi pek sevmeyen bu büyük dahiler, toplumun içine karışmayı bir çeşit dinlenme olarak kabul ederek, gençlerin kendileriyle olmaktan alabilecekleri entelektüel yarar, onların eserlerini düşünmekten alacakları zevkten çok daha önemsizdir. Bu tür ilişkilerin, yetenekli genç bir adam için sağlayacağı büyük avantaj, ömrünü çalışmaya adayan birinin hayat neticelerine dokunurken hissedilen asil bir imrenmedir. Ancak bu tür bir iletişim, çok az bir gruba nasip olur.

Paris'te yaşamanın en büyük avantajı, estetik kültür açısından şehrin sunduğu fırsatlardır. Paris gibi muhteşem bir şehirde, bütün sanat kolları için, birçok taşra şehrinde olmayan ortam vardır. Fakat buna karşılık, taşra şehirleri, zihin emekçileri için çok güzel ortamlar sunmaktadır. Elbette, taşralı demek, asla bir köyde veya bir ilçede yaşamak değildir. İnsan, Paris'te de taşralı olabilir. Çünkü taşralı demek, her çeşit üst düzey endişenin yokluğunda yaşamak demektir. Taşralı, sadece dedikodularla yaşamak, yemek yemek, içmek, uyumak, para kazanmak dışında hayatta önemli bir şey görmeyen adamdır. Böyleleri, sigara içmek, kâğıt oynamak, kendi seviyesindeki insanlarla yaşamak demektir. Buna karşılık, genç bir adam, tabiatın zevkine taşrada, varıyorsa ve orada büyük düşünürlerle iletişim halindeyse, hiçbir zaman taşralı olamaz.

Büyük şehirlerden uzakta yaşamanın çok büyük avantajları vardır: Birçok yazar, küçük köyleri, manastırlara benzetmişlerdir. Gerçekten küçük köylerde, manastırın sakinliğini ve sessizliğini bulmaktayız. Orada düşünceyi dağıtacak ortam yoktur. Böyle yerlerde insan, kendi benliğini ve düşüncesinin derinliğini hisseder. Fikirler yavaş yavaş uyanır, büyür. Bunun için böyle ortamlar, büyük şehirlerden daha avantajlıdır.

Küçük köylerde insan, uykusunu tam olarak alır ve dinlenmiş olarak uyanır. Ormanlarda, kırlarda geçirilen mola saatleri, tam enerji toplayan mekânlardır. Orada sinirler sakindir. Bir fikri derinleştirmek daha kolaydır. Zihinsel dinamikler, masa başından ziyade, kırlarda ve ormanlarda daha kolay icra edilir. Yürüyüşle hızlanan ve oksijenin akınına maruz kalan kan, mutlu hatıraları ebediyen zihne yazar. Kırlarda, kompozisyon ve düşünce yazıları da kolay yazılır. Çünkü orada, fikirler çoğalır, neşeyle gruplanır. Artık masaya, daha dinamik, daha zengin planlarla ve daha sağlıklı şekilde oturulabilinir.

Bu konuyu uzatmayacağım. Çünkü yetenek, hiçbir zaman dış şartlara bağlı değildir. Yetenek hiçbir zaman dışarıdan içeriye doğru gelişmez, içerden dışarıya doğru gelişir. Yetenek için dışarının önemi yoktur. Dışarı, belki çok az etkili olabilir. Bu da müspet veya menfi olabilir. Buna göre, üniversite öğrencilerini Paris'te ikamet edenler ve etmeyenler diye ikiye ayırmaya gerek yoktur. Onlar için iki kategori

İrade Eğitimi

vardır: Ağırbaşlı, enerjik öğrenciler ve zayıf iradeli öğrenciler. Birinci grup, her yerde, az imkânlarla olağanüstü şeyler yapabilirler ve kendilerine imkân yaratırlar. İkinciler ise, kitapların ve laboratuarların içinde olsalar da hiçbir şey yapamazlar.

Böylece dördüncü kitabı da bitirdik. Bu bölümde önce, irade konusunda tehlikeli olan boş duygusallıktan bahsetmemiz gerekiyordu. Bunun sebeplerini ve tedavisini belirttikten sonra, öğrencinin zevkleriyle ilgili değerlendirmede birçok yanlışları, provoke eden konuları tenkit etmek zorunda kaldık. Bu arada cinsellik gibi sıkıcı bir konu üzerinde durmak zorunda kaldık, onlarla mücadele yöntemlerini inceledik. Son olarak da, ön yargıları, tembelliği teşvik eden atasözlerini yıktık. Şimdi sıra, yıkma değil, onarma zamanıdır. Şimdi sıra, bu tahripkâr fikirlerden sonra, iradeyi teşvik etmeye, enerjiyi güçlendirmeye elverişli tefekkürlere gelmiştir.

DÖRDÜNCÜ BÖLÜM
ÇALIŞMA ZEVKİ

Elbette ömrümüzün hızlı geçmesini düşünmek kadar, üzücü bir şey daha yoktur. Böylece, saatlerin, günlerin, yılların geri dönmeden geçip gidişini hissetmek oldukça acıdır. Yine böylece bizi hızlı bir şekilde ölüme götüren bir gidişin farkına varıyoruz. Hayatlarını boş şeylerle geçirenler, arkalarında eserler bırakmayanlar, geriye dönüp baktıklarında garip bir duygu hissederler: Yaptıkları faydalı işler dışında, geride bir hatıra bırakmayan boşa geçmiş yıllar görünmektedir. Hızlıca geçip giden zaman, şuurumuzda yok olur ve içimizde, geçmişin engellenemez boş bir hayal olduğu duygusu doğar.

Diğer yandan, yeniliğe karşı ilgi azaldığından, hayatın zorlukları, gücümüzün zayıflığını haber verdiğinde, içinde yaşamları zamanın ve geleceğin tek düzenliliğini farkettiğinde, yaşamın hareketi hızlanıyormuş gibi olur ve bu, geçmişin boş bir hayal olduğu duygusuna, ondan daha da acı olan, şimdiki zamanın da öyle olduğu duygusu ilave olur. Organik hayatın kaderi, tembellik, sosyal ve mesleki hayatın sorumlulukları karşısında mutlu tefekkür saatleri meydana getirmeyi bilmeyenler için bu hayalin kendisinde de acı verecek kadar bir şey vardır. Böyle insanlar, hızla giden bir trende tutulan mahkûmlar gibidirler.

Entelektüel kişilerde aynı hızla nakledilmektedirler. Fakat onlar, her türlü direnişin gereksiz olduğunu düşünerek, kaçınılmaz olduğunu bilerek hürriyete kavuşurlar. Onlar, en azından şimdi, yollarını uzun bir yolmuş gibi görürler ve bunu geçmişin tam olarak yok olmasına izin vermeyerek başarırlar. Onlar, bu dünyadan geçişte iz bırakmayanlar için varoluşun gerçekliği olmayan, belli belirsiz bir yanılma olduğu duygusunun katlanılmaz olduğunu bilirler. Yine onlar, hayatı anlamsız uğraşılarla ve kısır çabalarla geçiren insanların, yüksek sosyete mensuplarının, sıradan politikacıların, kısaca çalışmalarının elle tutulur bir yanı olmayan herkesin, mutlaka duygu sahibi olduklarını bilirler.

Hakikat üzerinde oldukça acıtıcı bir etkiye sahip olan bu duygudan kurtulmanın tek yolu, bütün varlığımızı kendi çabalarımızla tedricen gerçekleştireceğimiz büyük bir düşünceye bağlamaktır. İşte o vakti, tam da tersi bir duyguya, hayatın gerçekliği duygusuna sahip olabiliriz. Meselâ bu duygu, çiftçide, sosyal rolünün şuuruna varmış yazarda zirvede yaşamaktadır. Onlar için her yeni gün bir önceki günün yaptıklarının üzerine ilave olmaktadır. Nihayet hayatı bile, eseriyle aynileşir ve ona müşahhas gerçekliğinden bir şeyleri ödünç verir. Bunun için çalışkan insanın hayatının, başıboş gezen insanın hayatından çok daha derin ve orijinal olduğunu da söyleyebiliriz. Bunun için, günlük başıboşluk, varoluş duygumuzu bizden almakta ve yerine boş, bir hayal yerleştirmektedir. Hayattan tam olarak zevk alanlar, sükûnetle çalışarak, üreten kişilerdir. İşte "yaşadığını hissetmek" dediğimiz şey, dopdolu duyguyu tatmin edebilecek ve günlük hayatımızın bir parçası olabilecek yegâne şey olan "çalışma", yaşama sevincini kat kat artırmaktadır. Bunu, tembeller bilmezler.

Ayrıca entelektüel çalışanın hayatı, güzel saatler içinde tabii olarak verimli olmasaydı ve aktif hayatının zevkleri bol

İrade Eğitimi

bol çağlayan bir pınar olmasaydı, o da tembelliğin zıddı bir ömür tüketmekle yetinecekti. Çalışan kimsenin, sıkıntıları, adi kaygılardan ve tembellerin tahammül edemediği kasvetli sıkıntılardan kurtulması bile, başlı başına onun hayatına bir özlem duygusu yaratır. Pascal şöyle der: "Maer'de bulunduğum zaman, sağlığım kötüleşti ve utanacak kadar tembelleştim. O, günlerden aklımda kalan hatıra, hiçbir şeyin tembellik kadar katlanılamaz olmadığıdır. "Bir asker veya bir işçi, rahatsızlığından sızlandığında, onları hiçbir şey yapmayacakları bir duruma getiririz." Tembel kişi, kendi kendisinin cellâdıdır. Çünkü tembelde, zihin ve beden tembelliğinden dolayı, bunaltıcı ve ızdıraplı bir sıkıntı meydana getirir. Koruyucu bir tesir yaratan çalışma ihtiyacından, zenginlikleriyle kurtulan ve kendisine kalıcı bir uğraşı bulmayan birçok zengin, bu bunaltıcı ve ızdıraplı sıkıntıyla karşılaşması kaçınılmaz bir şeydir. Böyleler, iç sıkıntısını her yere götürürler veya şehvetli zevklerle gönül eğlendirmeye çalışırlar. Ancak onlara bu sefih hayat, bıkkınlık vererek, ızdıraplarını daha çoğaltır.

Aylak olmak ne demektir? Bir atasözü şöyle der: "Yapacak şeyi olmayanlara şeytan, iş bulmakla meşgul olmaktadır. " Zihin yararlı bir şeyle meşgul olmadığında, adi şeylerin akınına maruz kalır. Çünkü tembel kişi, küçük şeyleri kafasında büyütür. Bu bir türlü hayvansal geviş getirmeye benzer. Bu, zihni beslemez, tersine yıkar. Benliğimizin yüksek kısımlarını elverişli hale getirmek için, oralara ulaşmamış duyguların gücü, alçak kısımlara yayılarak, hayvani yönümüzü harekete geçirir. Kapanmak üzere olan yaralar tekrar açılır, hayatın zaruri dertleri günümüzü zehir eder, uykularımızı kaçırır. Böylece, yakından bakılınca, rahat görünen bu insanların imrenilecek hiç bir yanı yoktur! Böyle bir hayatta, zevkler bile bir angaryaya dönüşür, bütün tadını ve zevkini kaybederler. Çünkü kişi için zevk ve çalışma bir bütündür. Tembelliğin beden üzerinde de etkileri çoktur. Beslenme ve ilişki işlemlerinin içine dâhil ettiği uyuşukluk ve cansızlıkla sağlığı bozulma yönüne girer. Aklına gelince, aklı, kısır bir endişe içine dâhil olur. Yaygın bir sözde dendiği gibi, "zihin, kendi kendisini tüketir." İradeye gelince, tembel kişide, irade hızla körelir. Her gayret, onun için acı vericidir. O, her an, ızdırap verici bir hal bulur. Bunu, çalışan kişiler bilmezler. Böylece, çalışkan insanlar, çok farklıdırlar. Çalışma, irade için muhteşem bir terbiye teşkil etmektedir. Çünkü çalışma, gayretin kalıcı şeklidir. Bunu en çok yapan, zihinsel çalışmadır. Çünkü el işi yapıldığı vakit, düşünce uyuşuk olabilir. Buna mukabil, zihinsel çalışma, aynı anda hem dikkat kesilmiş bedenin teslimiyetini hem de düşüncelerin ve duyguların sıkı disiplinini gerektirmektedir. Şayet düşünce üzerindeki bu egemenlik, onu mağlup eden bir yorgunluk olmazsa, kişi, gücünü kötüye kullanmazsa, gücü çalışmayı sürdürecek kadar olursa, zihnin aktifliği, onda kendisini kontrol uyanıklığı onda bir alışkanlığa dönüşür ve mutluluğun sırrı bir tarafıyla kendi düşünce ve duygularından başka bir şeye dayanmadığına göre, çalışmayla, mutluluğun esası bulunmuş olur.

Normal beslenmeyi aşmayan her çeşit çaba, zevki provoke ettiği, psikolojide belirlenmiştir. Lisanı belirleyen halk kesiminin "çalışma" kelimesiyle, zahmeti, yorgunluğu, sıkıcı fikirler arasında bağ kurarak kullanması oldukça üzücü bir durumdur. Montaigne şöyle der: "Bilge olmanın en belirgin işareti, kalıcı sevinçtir. O'nun tutumu, her zaman sakindir, fazilet ulaşılmaz dağların tepesinde değildir. Aksine verimli,

İrade Eğitimi

çiçekli, güzel bir ovada olduğu söylenir. Bunun yerini bilenler sayesinde, çimler, çiçekler arasında uzanıp giden patika yollardan oraya yetişebilirsek... Bu yüce, güzel, sevdalı, parlak, cesur, ümitsizlik, gayri memnunluk, korku ve zorlamanın amansız düşmanı olan fazileti, doğru dürüst tarif etmelerinden dolayı saçmaladılar ve .... Gidip bu şaşkın, kederli, kavgacı, kindar, tehditçi sembolü, fazilet gibi gösterdiler ve onu insanları korkutacak bir hayalet gibi, ücra bir kayalığın zirvesine, dikenlerin ortasına koydular." Böylece, faziletle ilgili Montaigne bir tespitte bulunmaktadır. Montaigne, faziletle ilgili söylediği bu sözleri, zihinsel çalışmayla ilgili olarak da söyleyebilirdi. Gençlere zihinsel çalışmanın, fazileti gibi güzel, muzaffer, acılığın reddedilmez ve uzlaşmaz düşmanı, çiçekler açtıran, gerçek tabiatı hakkında hiçbir vakti yeterince bilgi veremeyeceğiz.

Çalışma, insana olumsuz bir mutluluk vermez. Çalışmak, hayatın tadını kaçırmaz, gerçek rüya görmesini engellemez, Zihne sıkıntının ve tedirginliklerin istilasını engeller ve çalışma tek başına, birikimlerinin tesiriyle canlı bir mutluluk ortamı oluşturur.

Çalışma bizi, halk kalabalığının üzerine yükseltir. Yine çalışma, bizi, eşitlik, sevimli bir samimiyet üzerinde yükselerek bütün zamanların büyük ve soylu bir toplumun içine dâhil eder. Bulunduğu yerde, ilgi kaynaklarını bize doğru devamlı tazeler. Tembel kişi, zaman öldürmek için, kendinden aşağıdaki insanlara muhtaç olurken, çalışkan insan, kendi kendisine yeter. Kendi kendine yetmeyen kişiler; başkasına bağlanırlar ve çalışkanların hiç bilmediği bir köleliğe girerler. Bunun için çalışmak, hürriyettir, diyoruz. Epiktetos, her şeyi, bize bağlı şeyler ve bize bağlı olmayan şeyler olarak ikiye ayırır. Bize bağlı olmayan şeyleri takip edenlerin, hayal kırıklığı ve ızdırapla karşılaştığını söyler. Tembel kişinin mutluluğu başkalarına bağlıyken, çalışkanlar kendi mutluluklarını bulurlar.

Tembeller için hızla tükenen günler, kısır bir hayatın ilerleyişini ifade eder. Çalışkan talebenin bilgi hazinesi, tıpkı büyümelerini her gün gözlemlediğimiz bilgiler gibi yavaş yavaş ama emin adımlarla büyür ve genç adam her haftaki çabaların ardından yeteneklerinin gelişen gücünün bilincine varabilir. Bu tedrici, fakat sayısız defa tekrarlanan büyümeler onu, çok yüksek derecede bir zihinsel güce ulaştıracaktır. Ahlaki parlaklığın ışıltısıyla çevresini en çok aydınlatan bir akıl olmasına rağmen tembel adam yaşlandıkça sersemleşirken, çalışkan adam, çevresindeki insanlar üzerinde etkisinin gittikçe seneden seneye arttığını bizzat görür.

Çalışkanlar, yaşlılıklarında yavaş yavaş bütün duygusal zevklerinden uzaklaşınca ve tam olarak egoist tatminlere rağbet edilmediğinde, zengin bir beşeri kültürle yaşama zevklerini yükseltirler. Gerçek saadetin kaynaklarının hiçbiri, geçmiş yıllarla birlikte kurumaz, bilime, güzel sanatlara, doğaya, insanlığa olan ilginiz azalmaz, aksine çoğalır. Bu konuda Quinet ne kadar doğru söylemiştir: "Yaşlılıkla, onu sizin düşündüğünüzle mukayese edilemeyecek kadar çok az acı verici buldum. Sefaletin ve sıkıntının en son derecesi olarak gösterdiğiniz seneler, benim için gençliğimden daha iyi geçti... Aslında ben, ıssız, sarp, buzlu bir zirve bekliyordum. Aksine çevremde geniş ufuklara uzanan, daha önce hiç görmediğim derinlikte bir ova ile karşılaştım. Artık hem kendimi hem de diğer şeyleri daha net görmekteyim." Şunu da ilave ediyor: "Yaşarken duyguların köreldiğini belirtiyorsunuz. Fakat ben

İrade Eğitimi

bir yüzyıl yaşacağımı ve bugün beni isyan ettiren şeylere hiçbir zaman alışamayacağımı açıkça hissediyorum."

Entelektüelin hayatı, en üst derecede mutlulukla geçer. O, bütün bunlarla en gerçek zevke ulaşır. Varlığımızın gerçekliği duygusunu bize sadece o tam olarak yaşatabilir: Tembel insan için ızdırap verici olan hayatın bir hayalden ibaret olduğu duygusu bize böylece çok uzaktır. Tembelleri sallayan harici şartların tesirinden bizi kurtarır, zihnin adi şeyleri devamlı düşünmesine kesinlikle izin vermez. Çalışılarak tüketilen ömür, başka faydalı şeyleri de ihtiva eder: Çalışma, uzun süren mutluluğun kaynağı olan iradeyi güçlendirir, bizi mutluların yaşadığı şehrin sakinleri yapar, nihayet bize, mutlulukla dolu bir yaşlılık dönemi hazırlar. Ruhumuzun ve aklımızın en üst derecedeki zevklerin haricinde, bize dolaylı olarak cömertçe elde ettiğimiz en tatlı mağruriyet okşamalarını verir. Sonuç olarak, sıradan kişilerin oldukça eksik ve noksan hallerini, lüks hayatlarında, zenginliklerinde, ilahi güçlerde, politik ortamlarda devamlı aradığı fakat bir türlü bulamadığı tatmini, çalışkanlar hiç aramadan, her şeyin temeli olan adil kuralların ona bol bol verdiği ulvi zevklerin zengin mahsulünün ortasında bol bol bulmaktadır.

Şurası kesindir ki, buraya kadar açıkladığımız tefekkürlerin (yıkıcı olanlar veya iyiliği güçlendirenler dâhil) hepsi bir taslaktan ibarettir. Bunların birçok noksanı olduğu bellidir. Ancak, herkesin kendi şahsi deneyimlerine, tefekkürlerine, okumalarına göre onları çoğaltmak gerekir[27]. Bu tür tefekkürlerdeki temel konu, tembelliğe karşı tiksinti uyandırmaya

---

[27] Yazar, Traité de l'Éducation de la Volonte=İrade Terbiyesi Eseri, isimli eserini en faydalı eserleri arasında kabul etmektedir. Bu eseri, tamamlamak ve yenilemek maksadıyla daha nice yıllar yazım safhasında tutmayı planlamaktadır... Bunun için çok önem verdiği bu konu için kendisine iletilecek katkıları minnetle kabul edecektir.

veya düzgün iradeye bir katkı sağlamaya uygun bir fikrin veya duygunun üzerinden, kesinlikle körü körüne geçmemek gerekir. Böylece, her değerlendirme, ruhumuzda eriyerek geçsin, derinliklere nüfuz etsin ve çok güçlü tiksinti veya sevgi unsurlarını meydana getirsin.

Buraya kadar incelediğimiz temel konu, mahrem kaynaklarımızla ilgiliydi. Bundan sonra, dış dünyaya, genel anlamda içinde yaşadığımız muhite dair olacakları ve iradenin terbiyesini tamamlamaya istekli gençlerin, orada bulabileceği yardımları dikkatlice inceleyeceğiz.

BEŞİNCİ KİTAP
Muhitin Kaynakları

BİRİNCİ BÖLÜM
KAMUOYU-ÖĞRETMENLER VS.

Buraya kadar irade terbiyesi konusunu sadece, kişisel verilere göre, toplumdan kopuk bir olaymış gibi tetkik etmek zorunda kaldık. Fakat şurası gerçektir ki, şayet sadece kendi kendimizin gücüne bırakılmış olsaydık, silahlarımızı bırakıp teslim olmamız ve kendi kendimize egemen olma gibi bir gayretin uzaması karşısında, cesaretimizi birden yok ederdik. Şayet irademizin güçlenmesine yönelik çabanın, ille de manevi yapımızdan kaynaklanması gerekiyorsa, bu gayret, çok kuvvetli sosyal duygular tarafından destek görmelidir.

Gerçekte, kesinlikle kendi kaynaklarımıza indirilmiş değiliz: Ailemiz, yakın çevremiz, köyümüzün ve kasabamızın insanları, bizi, alkışlarıyla, çoğalan sevgi ve sempatileriyle, peşin yargıları olmadan desteklerler. Parlak başarılar olduğunda, daha çok kalabalıklar alkış tutarlar.

Dünyadaki bütün önemli eserler, uzun çabalar olmadan, kamuoyunun teşviki olmadan uzun müddet dayanamaz. Kamuoyunun düşüncelerine önem vermeyenler bile heyecanlı bir küçük grubun sıcak teşvikinde, çoğunluğa kafa tutmanın cesaretini görürler. Hiçbir şey, kamuoyunun ittifakına karşı, uzun yıllar tek başına dayanamaz. Bu, örneği görülmeyen beşer üstü bir hadisedir.

Bain, Mill ile enerji konusunda konuşurken, iki esas kaynağın ya tabii olarak fazla kuvvetli bir güç veya çok heyecanlandıran bir uyarıcı olduğundan söz ediyordu. Mill buna şöyle cevap veriyordu: İşte, uyarıcı, insanların kesinlikle yeteri derecede izin vermedikleri şeylerdir. Bunun için kamuoyu hakikaten kuvvetli bir uyarıcıdır ve hiç kimse ona karşı koyamaz. Bunun için kamuoyunun gücü, zirveye çıkabilir. Bunun tesiri için her şeyi söyleyebiliriz. Atina'nın fiziksel gücüne ve edebi dehasına gösterilen hayranlık, coğrafi küçüklüğüne rağmen, bugüne dek, başka ülkelerin ulaşamadığı ölçüde sporcuları, filozofları ortaya çıkarmıştır. Sparta'da, halkın rağbetine mazhar olma isteği, fevkalade enerjik bir ırkın ortaya çıkmasını sağlamıştır. Hırsızlık yaparken yakalanan bir tilki, hayvanı tüylerinin arasına saklayan ve onun tarafından vahşice ısırılmasına, parçalanmasına rağmen, sabrederek, sırrını belli etmeyen Spartalı bir çocuğun muhtemelen yaşanmış bir hikâyesini anlatmaktadır. Ben burada onların çok özel halk olduklarını söylemiyorum. Çünkü insanlık basamaklarının en altında bulunan Kızılderililerin acımasız işkencelere maruz kalmalarına rağmen, düşmanlarına hakaret etmekten vazgeçmediklerini ve birçok adi suçlunun, korkak görünmemek için, idam sehpasına stoacı bir cüretle yürüdüklerini görüyoruz. Modern toplumlarda insanlar, hürriyet ve güvenlik elde etmeyi değil, lüks ve gösterişi sağlamayı arzu etmektedirler. Başkalarını kıskandırma ve adice gösteriş yapma isteği, bütün esnaflar, bankacılar, sanayiciler toplumuna en bıktırıcı meşgaleleri yaşatmaktadırlar. Herkes, kararını, kamuoyunun değer ölçülerine göre vermektedir. Kamuoyu, gemilerimizin ilerlemesini sağlayan rüzgâr değil, dümeni kontrol eden ve rotayı belirleyen ve bizi pasif hale getiren bir durum gösterir.

İrade Eğitimi

Bireylerin üzerindeki bu kamuoyunun gücü oldukça çoktur. Hiç bilmediğimiz, hatta küçük gördüğümüz insanların bile, bizi hor görmelerine tahammül edemeyiz. Bir yabancının karşısında gençlerin nasıl başarılı olduklarını beden eğitimi öğretmenleri bilirler. Yüzmede, patinajda, seyircinin olması, başarıyı artırır. Başkasının hakkımızdaki değer ölçüsünü öğrenmek istersek, daha önce gitmediğimiz, kimsenin bizi tanımadığı bir ilde bile dilenci elbisesiyle dolaşmanın veya kendi sokağımızdan maskara bir kıyafetle geçmenin bize vereceği ızdırabı düşünebiliriz. Moda dışı bir kıyafetle gezen bir kadının duyacağı ızdırap, başkalarının fikirlerine ne kadar çok önem verdiğimizi ispat eder: Yirmi yıl önce, liseye giderken, dirseğinde muhtemelen benden başka kimsenin fark edemediği küçük bir yama bulunan bir gömlekle evden çıkmanın bana ne kadar büyük bir ızdırap verdiğini hep hatırlarım!

Toplumun en küçük hareketlerimize yaptığı bu korkunç baskıyı, olumlu yönde yönlendirilmesini kimse düşünmemektedir. Aslında böyle bir güçten faydalanmamız gerekirdi. Hâlbuki boşa gidiyor.

Lisede okurken, arkadaşlarımızın, öğretmenlerimizin, anne-babamızın hep kontrolü altında oluruz. Çünkü bu güçler birbirine çok yakındırlar. Aslında bu güçler sadece zihinle çalışmalara aittir. Ama bu konuda bile, genelde arkadaşların yargısı çok kötüdür. Orta zekâya sahip birçok öğrenci, tepeden bakar. Onları, kolay, zarif ve ortamın verimliliği sayesinde kendiliğinden açan çiçekleri hatırlatan başarılar kendine çeker. Aslında irade eğitimini, zihinsel eğitime feda eden eğitim sistemimizin büyük hatasını çocuklar çekmektedir. Ama maalesef, anne-babaların, öğretmenlerin ve arkadaşlarının üçlü ittifakı, tek istikametteki bir akımda birleşmektedir. Şayet öğrenciler, lisede okurken kendi başlarına buyruk olsalar, hiçbir şey yapmayan gençler, büyük işler yapabilirlerdi.

Üstelik bu ittifak, her hafta gözle görülür sonuçlarla, meselâ kompozisyon dersindeki sonuçlarla, sınıfta okunan notlarla, sınıfın önünde öğretmenlerin kızarak veya övgülerle net olarak açığa çıktığı görülür. Aslında egoist hislerle, rekabete, methiyelere mazhar olma isteğine fazlaca müracaat ederken, şahsi sorumluluk hissine yeterince önem vermemekteyiz. Bu zihinsel enerji duygusunun bahşettiği yoğun mutluluğa, ders çalışmanın o anki ve sonraki sonuçlarıyla yaşattığı bol neşelere yeterince önem vermiyoruz. Yani öğrencilere yardım etmeden kendi kendilerine öğrenmelerine imkân vermeden, onlara bir anlamda bir can simidi veriyoruz. Aslında bu çok yanlıştır. Bu öğrenciler fakülteye girer girmez kendilerini tamamen yalnız bulurlar. Öğretmenler çok yüksekte, anne-babalar çok uzaktadır. Bu durumda öğrenciyi motive edecek tek şey, istikbal konusudur. Bu oldukça kapalı bir fikirdir. Fazla bir gayret göstermeden o geleceğe ulaşmış, kendisinden yaşça büyüklerin örneği karşısında zaten bütün tesirini kaybetmektedir. İmtihan sistemi, anlık gayretleri provoke eder ve daima dağınık olan bu çabalar sağlıklı bir gıdadan ziyade, suni kilo almaya benzer.

Öğrenci, arkadaşlarının, kanaatiyle dışarıdan desteklenebilirdi. Maalesef bu yaklaşım, gördüğümüz gibi, normal olanı veya çalışma dışında her şeyi yüceltmektedir. Şayet bir genç, başarı için, arkadaşlarının methiyesine ihtiyaç duyuyorsa, bunu sadece küçük bir gruptan bekleyebilir. Bu grup da özenle seçilmiş bir grup olmalıdır. Hayatının, Béranger'nin türkülerinin veya Alfred Musset'nin şiirlerinin farklı

İrade Eğitimi

bir yorumundan ibaret olmasını istiyorsa, projelerine uygun bir ortamı çok kolay bulabilir ve bizzat kendisi meydana getirebilir. Liseyi büyük ideallerle bitiren birçok öğrenci vardır. Fakat Mill'in belirttiği gibi: "Ulvi duygular kapasitesi, birçok insanda, düşmanca etkiler sayesinde kolayca solup giden hassas bitkiler gibidir... Şayet uğraşıları ve içinde bulundukları toplum, yüce yeteneklerini meydana getirmeye elverişli değilse, gençlerin çoğunda bu bitki kolayca ölür gider. İnsanlar, zihinsel zevklerini kaybettikleri gibi, soylu isteklerini de kaybederler. Çünkü onları yetiştirmek için zamanları veya arzuları yoktur. Bunun için kendilerini aşağı zevklere verirler. Fakat bunu tercihlerinden değil, sadece kolayca onlara ulaşabildikleri için bunu yaparlar ve yaptıkları, çok zaman geçmeden, zevk aldıkları yegâne şey olur."[28]

Öğrenci kitlelerinin düşük ahlaklarından gelen zorlukların en iyi çözümü, gayretlerini birleştirmeye kararlı üç-dört küçük arkadaşlık grupları oluşturmaktır.

Sorumluluklarının önemine ve öğrenci üzerindeki otoritelerinin bilincine varan fakülte öğretim üyelerinin, bu konudaki rolleri çok önem arz eder. Fakat yüksek öğretimin rolü konusundaki yaygın yanlışlar, hocaların bu önemli vazifelerinin farkına varmalarına mani olmaktadır: Üniversite hocasının rolünün, lise hocasından temelde farklı olduğunu söylüyoruz. Lise öğretmeni temelde bir eğitimcidir. Fakülte hocası bir bilim insanıdır. Lise hocası, bir öğrencinin ruhuna hitap edebilir ve onu şekillendirebilir. Fakat fakülte hocasının en önemli kaygısı, araştırmacının kaygısıdır.

Aslında bu tür iddialar, tamamen saçmadır. Bunlar, kabul edilemez postulatlar üzerinde uzlaşıldığını gösterirler. Mese-

---

[28] Utilitarisme, ch.II, trad. Le Monnier, Alcan.

lâ, fakülte hocasının bir bilim adamı olduğunu ve bilim dışında başka ödevi olmadığını düşünürler. Şayet, fakülte hocası sadece bilimden, bilimsel buluşlarıyla yaşamış olsaydı, laboratuarına veya odasına kapanmış olsaydı, bu yüksekten atma belki kabul edilebilirdi. Ama görünürde böyle bir durum yok. Fakülte hocaları her ay maaşlarını almaktadır. Çabucak icra edilen ve yılda sadece on iki defa yapılan bu önemsiz davranış, yine de bilim insanının durumunu her şeyden önce, sadece bilime karşı değil, öğrencilere karşı da vazifeleri olan bir fakülte hocası durumuna getirmeye yeter.

Bu vazifenin farkına varmak için fakülteye gelişinde öğrencinin içinde bulunduğu halet-i ruhiyeyi tetkik etmek gerekir. Bu tetkikin materyali, kendi hatıralarımızın tarafsız incelenmesinden, eski öğrencilerin mektuplarındaki şikâyetlerden, mevcut öğrencilerin, arkadaşları tarafından kendilerine yöneltilen gerçek anket cevaplarından ve nihayet, ister doğrudan ve arkadaşça tahrik edilmiş, ister ağızdan çıkıveren bir itiraftan yakalanmış, ister uyanık bir gözlemci için bir kaç karakteristik laflara tabii olarak dile getirilmiş öğrenci sırlarından meydana gelmektedir.

Bu halet-i ruhiyeyi şöyle ortaya koyabiliriz: İlk haftalar, üniversite öğrencileri, hürriyetlerine yeni kavuşmuş bir mahkûmun yaşadığı sersemliğe benzer bir hal yaşarlar. Aslında bu, menfi bir durumdur. Bu, her türlü baskıdan, zorlamadan kurtulma halidir. Bu öğrenciler, bu hürriyeti, kafelere giderek eğlenmekle gösterirler. Ertesi gün, gece yarılarına kadar eğlenmenin mağruriyetiyle övünürler... Birçok başıboş öğrenci, bu sersemce, yorucu, kısır bir hayat şeklini, bütün yüksek öğretim hayatı boyunca devam ettirecektir. Böyle bir hayattan seçkin öğrenciler, hemen kaçarlar. Ekonomik durumları bozulan fakir öğrenciler de böyle bir hayattan uzaklaşırlar. Birçok zayıf iradeli fakat sağlam zihin yapısına sahip öğrencide yüksek yaşam zevkinin ortaya çıkması işte bu zorluklar içinde meydana gelir. Bunlar, hocalarının ilgisine mazhar olurlar ve bu grup, Allah'a şükürler olsun ki teselli edici sayıda bir grup meydana getirirler.

Hürriyete alışıp, ilk dönemlerin sersemliğinden yavaş yavaş sıyrılan öğrenciler, benliklerine geri dönerler ve bir inziva hayatına çekilmiş duygusuna kapılırlar. Birçok öğrenci, kendilerinde olan eksikliği açıkça görürler. O yaşlarda, güçlü birlik ihtiyacı çok fazladır. Bunun için içgüdüsel olarak kendileriyle aynı istekleri hisseden arkadaşlar ararlar. Şayet, bütün öğrenciler, benliklerinin derinliğinde olmamaya gayret gösterdikleri şey gibi görünmeye zorlayan kamuoyunun azgınlığına karşı, iradeli şekilde başkaldırsalardı, bu tür grupları oluşturmak, daha kolay olurdu. Kim bilir ne kadar öğrenci, çekingenlikten ya da cesaret noksanlığından, yanlış olduğunu hissettikleri o kabul görmüş, sözleri tekrarlar, kendilerine ait olmayan adi bir yaşamı benimsemiş gibi yaparlar ve önce onları tiksindiren, daha sonra alıştıkları bir yaşam tarzı haline getirirler.

Fakat bu gruplar, belli bir manevi değere sahip değillerse (Bu o yaşlarda mümkün değil), hiçte yeterli olamazlar. Her genç, daha yüksekten gelen bir desteğe, daha yukarıdaki birinin desteğine ihtiyaç duyar. İşte Katolik kilisesinin idarecileri, bunu sağlamaya çalışmaktadırlar. Üniversiteye gelince durum farklılaşmaktadır: Öğrenciler orada yalnızdırlar. Fakat değer verdikleri öğretim üyelerine karşı, öğrencilerin hissettikleri güvenin sağlamlığını teyit durumunda, bundan hiç yararlanılmaması, aslında üzücü bir durumdur. Çünkü öğretim üyeleri, öğrencilerinin geçmişleri durumları konusunda bilgi sahibi değillerdir. Bu öğrencilerin, istekleri ve istikballe ilgili düşünceleri hakkında bilgileri yoktur. Aslında, yirmi yaşındaki bu delikanlının, öğretim üyelerinin tavsiyelerine onların samimi olarak yapacakları bir konuşmaya ne kadar muhtaç olduğunun farkına varılmalıydı. Şayet üniversite, üstün manevi kültürü ve derin ilmiyle, insan kalbinin hayranlık verici bilgeliğini bu insanüstü kuruma telkin ettiği her şeyi, Katolik kilisesinden ödünç alabilseydi, gençliğin ruhuna, mükemmel bir şekilde sahip olabilirdi. İnsan, Fichte ve Alman üniversite öğretim üyelerinin psikoloji alanındaki cahilliklerine rağmen, sadece işbirliği ve öğrencilerle tek tek ilgilenmek suretiyle Almanya için yaptıkları şeyi düşününce, Fransa'da bu konuda hiçbir şeyin yapılamaması oldukça üzüntü vericidir. Hâlbuki Fransız gençleri onlardan daha fazla hareket kabiliyetine sahiptir. Fransa'da dinamik bir adamın, hedeflediği şeylere bir bakın. Onun yaptığı şey, öğrenci grupları meydana getirmekten ibaret olmuştur.

Bu anlamda birkaç grubun meydana gelmesinden sonra, Fransa gençliğinin hangi uluslararası vazifeyi üstleneceğini çok açık şekilde belirtmesi kâfi geldi ve gençlerin saygı duyduğu bir hoca tarafından ifade edilen bu açık formüller, bir mıknatıs gibi, dağınık halde olan birçok gücü, tek bir istikamete doğru yöneltebildi. Şayet Lavisse, belli bir noktada ve öğrencilerin tamamı için yapsaydı, çok daha değişik şeyler olurdu. Aslında eğitimci kadroları, her türlü üst düzey görevliler bu aristokrasiyi ülke çapında gerçekleştirebilirlerdi.

Üniversiteyle ilgili kabul edilemez ikinci postulat, ilim ve kimlik konusudur. Genelde üniversite öğrencileri, önlerindeki kitap kalabalığından sızlanırlar. Diğer bir sızlanma ko-

İrade Eğitimi

nusu, iyi bir çalışma metodu bilmemeleridir. Aslında bu ikisi de aynı kapıya çıkmaktadır. Çünkü öğrenci, iyi bir çalışma metodu bilmiyorsa, başarısızlığını derslerin saçmalığına bağlamaktadır. Öğrenci, üniversiteyi bitirince, artık ders çalışma bir hayal olmaktadır. Bunun için, hocalar, öğretim döneminde öğrencilere bütün imkânlarıyla bilgileri onlara aktarmaya çalışmaktadırlar. Öğrenciden olağanüstü çaba beklerler. Böyle bir metot ne kadar güven vericidir. Böyle bir tutum, gençleri, zihinsel aktiviteden sadece uzaklaştırır. Bu metot, bütün bilgilerin öğrencilerin kafasında kaldığı yanlış kanaatine dayanmaktadır. Gerçekte hafızada kalacak olanlar, sadece sık sık tekrar edilenlerdir. Oysa sık sık tekrarlansa bile, bir ansiklopedi bile hafızada kalmaz.

Burada, üniversite sisteminin eksiksizliklerini tartışmak istemiyorum. Bu konuda bu sistemi ayakta tutan temel direğe bir göz atmak yeterli. Bu temel direk, ilmin tabiatına, ilmin değerine, araştırmacının temel vasıflarına, ilim talebelerine aktarma şekline ait kafalarımızdaki yanlış fikirdir. Almanya bu konularda, kendi yanlış postulatlarını ulaştırarak bize, büyük bir kötülük yapmıştır. Bilim kelimesi Fransa'da, birikmiş bilgiyi belirtmektedir. Hâlbuki bilim kelimesi, cesur, kendine güvenen, girişken, doğruluk konusunda aşırı temkinli bir zihni belirtmesi gerekirdi. Üst düzey bilim adamlarının çoğu, büyük buluşların adamı olan öğrencilerinden daha bilgisizdir. İnsanın zihni hür olmazsa, gerçek bilim adamı bile olamaz. Çünkü büyük keşifler, insan zihninin belli bir istikamette yorulmayan eylemiyle elde edilmektedir. Birinci kitabın ikinci bölümünde, Newton'un cevabını belirtmiştik. Darwin'in tefekkürünün konusuyla ilgisi olmayan her türlü okumayı kendisi için yasakladığını ve zihnini otuz yıl sadece teorisini oluşturan organizmanın içine canlı hücreler gibi girmeye uygun bulguları incelemeye hasrettiğini gördük. Büyük bir bilginin ana özelliği, sabırlı ve dikkatli tefekküre sahip olması ve daima dikkatli ve tenkitçi bir zihne sahip olmasıdır. Aynı istikamete yönelmiş bu sabır ve dikkat, gerçeğe olan bağlılığı, bitmeyen heyecanı muhafaza etmesi için bence yeterlidir.

Aksine, bilgi zihni ağırlaştırır. Küçük şeylerin öğrenilmesi yığını, hafızayı doldurur: Zeki bir beyin, her şeyi ezberlemek yerine, birçok şeyi not halinde bırakır. Canlı bir sözlük olmanın yararı yoktur. Böyle bir beyin, araştırmalarından elde ettiği belli başlı bilgileri muhafaza etmeyi tercih eder, onları sıkı şekilde seçer, benimserse onları güçlendirmeye bırakır. Böylece bu fikirler, zihinde canlı, aktif fikirler halinde yaşarlar. Böyle bir fikir, bu defa öğrenilmiş bilgileri organize eder. Bir mıknatısın, küçük demir parçalarını kendisine çekip düzenlediği gibi, fikirler de düzene getirilir. Böylece, bu dağınık fikirler topluluğundan muhteşem bir sanat eseri ve bir yapı meydana gelir. İlk bakışta önemsiz gibi görünen fikirler, dikkatlice düzene konulursa bir başka önem kazanırlar, buna engel olan fikirler, düşünceden atılırlar. İşte büyük düşünce insanları, kafalarındaki fikirleri düzenlemeyi ve kullanmayı bilen insanlardır.

Buna göre bir bilim adamının değerinin yüksekliği, kafasında biriktirdiği bilgi yığını ile ölçülmez. Bilgilerini, eleştirerek ve tahlil ederek, sentezleyerek yeni şeyler ortaya koyarak bilim adamı yüksekliğini ortaya koyar. Bilginin sayısı çok şey ifade etmez. Önemli olan bilginin özellikleridir. Üniversite öğretim sisteminde ihmal edilen budur. Çünkü üniversitede, öğrenci karar verme zihni geliştirme özelliklerini değil, tedbirli olma özelliğini geliştiriyor: Öğrencilerin beyinleri, önemsiz bilgilerle dolduruluyor, en önemli nokta unutuluyor, unutulan girişimci zihin yapısıdır. Bugün üniversitelerdeki sınav sistemi, hem hocalar, hem de öğrenciler için kolayı seçmektir. Öğrenci için, şuurlu ezberleme, göz boyamak için yeterlidir. Öğretim üyesi için ise, öğrencinin şunu veya bunu bilip bilmediğini tespit onun zihinsel değeri konusunda karar vermekten daha kolaydır. Yapılan sınavlar, bir piyango çekilişine benzer. Benim bu tespitlerimi, tıp fakültesi birinci sınıfların programları, tabiat bilimleri lisans programı ve tarih lisansı üzerinde incelerseniz, yüksek öğretimin sadece zihni geliştirmeye yönelik bu korkunç ihtiyacı açıkça göreceksiniz[29]. Burada akademisyenlik sınavlarına girmiyorum.

Bunun için öğretim üyelerinin bilmesi gereken konusu olmalıdır: Onların temel görevleri, işledikleri dersler değil, uygulamalı çalışmaların var olmasıdır. Çünkü öğretilen derslerin birbiriyle bağlantısı yoktur. En iyi öğrenilen derslerin bile, mezun olunduğunda değeri kaybolmaktadır. Öğrencinin birkaç saatlik samimi çabası kadar bunların değeri kalmaz. Öğretimde ve eğitimde bu uygulamalı dersler, hem öğrencinin hem de hocanın temas kurma noktasıdır. Öncelikle öğretim üyesinin orada olması, bir şeyin çalışılarak, elle tutulur olduğunu göstermektedir. Ayrıca, sohbetleri, cesaretleri, itirafları, metotları konusundaki ipuçları, en önemlisi laboratuarda gösterilen örnek ve öğrenciye verilen cesaret, arka-

---

[29] Aklı başında bir kişi, Polytecnique veya Saint-Cyre okullarında öğrencilere sorulan soruları sinirlenmeden okuyamaz. Bu sorular, daha başta, bu okullara girmek isteyenlerin cesaretlerini kırmak ve oraya kabul etmemek gibi bir niyet taşımaktadır. Askeri okullara girişte de, düşüncenin öne çıkması değil, hafızanın önce çıkması aranmaktadır. Bkz. Nouvelle Revue, La Mission Sociale de l'Officier, 1-15 Temmuz 1893.

daşları önündeki sunumları, okunmuş kitaplar konusunda kısa bilgiler, öğretim üyesinin kontrolü altında yapılan çok verimli öğretime ait unsurlardır. Bir öğretim üyesi, ne kadar parlaksa, kendi konuşup kendi dinliyorsa ve bundan keyif alıyorsa, ne kadar çok öğrenciye müdahale ediyorsa, ben bu hocaya öğrencileri emanet etmem. Montaigne şöyle demektedir: "Öğrenciler, hocanın önünde tırıs atmalıdır." Derslerde hocaları dinleyerek ne çalışma sanatı öğrenilir, ne de bilimsel bakış açısı geliştirilir. Bu, bir sirk gösterisine bakarak jimnastik öğrenilmeyeceği gibi bir şeydir.

Bana göre üniversite öğrencisinin iki temel ihtiyacı vardır: Manevi açıdan yönlendirilme ve metot açısından yönlendirilme. Bunun için öğrenciyle, hoca arasında samimi bir diyalog gerekmektedir. Öğretim üyesi bundan kendine göre nasibini alacaktır. Çünkü talebelerinde bilim iştiyakını uyandırırken onun bilim aşkı da bu eylemden güçlenerek çıkacaktır. Ayrıca, bütün önemli fikir akımlarının, bilginin ulaştırılmasıyla değil, büyük bir dava aşkının ve güzel çalışma metotlarının ulaştırılmasıyla gerçekleştiğine kolayca inanacaktır. İnsanın insana tesiri, insan ruhunun, diğer ruha temasıyla sağlanır. Sokrat, bu metodu, öğrencisi Eflatun'a hakikate duyduğu heyecanla aktarmıştır. Almanya'da çok önemli dehaların, hoca-öğrencinin bu ruhtan ruhu olan teması içinde, küçük üniversitelerden çıkmış olması da yine bununla açıklanabilir.

İKİNCİ BÖLÜM
BÜYÜK ÖLÜLERİN TESİRİ

Şayet entelektüel hayat ve irade enerjisi, öğretim üyesiyle, öğrencinin bu canlı diyalogunda güçlü şekilde mevcut oluyorsa, öğrenci, yalnızlığında, bu şahsi eylemin zayıfına sahip olabilir. Hakikatte, hayattaki insanlardan daha canlı olarak hayatı intikal ettiren ölüler vardır. Canlı ve konuşan örneklerin yokluğunda, insanın manevi heyecanını canlı kılacak en mükemmel şey, saf, sade, destan yazan ölülerin hayatlarını seyretmektir. Bu "meşhur örnekler ordusu" önemli savaşta başarılı olmamıza katkı sağlarlar. Yalnızlıkta ve sükûnette "bu en güzel asırların önemli ruhları" iradeyi oldukça güçlendirirler.

Michelet şöyle diyor: "Hatırlıyorum. Felaketin tam ortasında, bugünün mahrumiyetleri, istikbal endişesi, biraz ilerideki düşman (1814) ve benimle alay eden kendi düşmanlarım. Bir perşembe sabahı, kendi içime kapanmıştım. Her taraf karla kaplı ve ısınacak malzeme yoktu. Akşama ekmek olup olmayacağı bilinmiyordu. Ben her şeyin bittiğini görüyordum. Bu anda içimde Stoacı bir duygu meydana geliverdi: Üşüyen elimi masaya vurdum ve çok güçlü bir gençlik ve istikbal neşesiyle doldum Acaba bu duyguyu ne uyandırmıştı? Her günümü beraber geçirdiğim kişiler, beğendiğim yazarlarım. Her geçen gün, o büyük topluluk tarafından daha çok yakınlaşıyordum."[30]

---

[30] Ma Jeunesse, p.99.

Stuart Mill, babasının, karlışatıkları büyük zorluklara mukavemet göstermeyi başaran bu güçlü insanlardan bahseden kitapları, seyahat kitaplarını, Robinson Crusoe'yu, kendisine okuması için verdiğini söylemektedir. Ayrıca Platon'un bahsettiği Sokrates tabloları veya Turgot'nun, Condorcet tarafından kaleme alınan hayatını okumayı tavsiye ettiğini söylemektedir. Gerçekten böyle kitaplar, insanda unutulmayan izler bırakmaktadır. Çünkü bunlar, düşünce kahramanlarının, hayranlık uyandıran eylemleridir. İşte bunun için iki bin yıldan daha fazla bir zaman diliminde, bunların genç ruhlarda en saf heyecanları ateşleme gücünü muhafaza ettiğini görüyoruz.

Keşke biz de Katolik kilisesi gibi, azizlerin hayatını, gençlerin eğitiminde kullanabilir olsaydık. Dikkatli şekilde okuyan ve anlayan birinde Spinoza gibi bir dehanın hayatı, mükemmel bir örnek olmaz mı? Bu anlamda, oraya buraya dağılmış birçok biyografiyi toplayan bir kitabın olmayışı büyük bir eksiklik: Çünkü böyle bir kitap, entelektüellerin enerjilerini, güçlendirmek için müracaat edecekleri, Plutarkos'un biyografilerinin günümüzdeki nüshası olurdu. Meselâ beşeriyetin iyilikçi hayatının tefekkürünü empoze eden Auguste Comte'un takvim fikri fevkaladedir. Aslında klasik bir eğitimin hedefi, öğrencilerin kafasında, asil ve cesur olan bütün şeylere karşı sakin ve uzun müddet bir heyecan ateşi yakmak değil midir? Böylece ulvi bir ideale vasıl olan seçkin bir öğrenci, daha sonra bir daha sapmadığı zaman veya orta seviyeye düşmediğinde, eğitim hedefine vasıl olmuş olmuyor mu? Modern dünyanın hedeflediği bu kutsal grubu teşkil etmeye kaderi olan böyle bir öğrenci, üstünlüğünü Antik

İrade Eğitimi

Çağ'ın en temiz insani dehalarıyla, çok zaman geçirmiş olmasına borçludur.

Ancak böyle insanlarla beraber olmamız sayesinde müspet duygularımızı kuvvetlendirebilsek de, bu ölüler muhtaç olduğumuz kesin tavsiyeleri bize maalesef veremiyorlar ve bunun için deneyimli ve hassas bir hocanın kazandıracağı şuur istikametinin yerini hiçbir şey tutamaz.

SONUÇ

Buraya kadar işlediğimiz kısımlar şayet milli eğitimin bu büyük fetih hareketine doğru yönelseydi, öğrencilerin kendilerine egemen olma savaşının daha kolay olacağını düşünebilirdik. Sonuç olarak tembelliğe ve cinsel isteklere karşı verilecek savaş kolay olmasa da, en azından psikolojik kaynaklarımızı tanımak bize güven verirdi. Bu kitabın işlediği temel konu şudur: Karakterimizi yeniden inşa edebilir, irademizi kendimiz terbiye edebiliriz. Zaman içinde karakterimizin özelliklerini öğrendikçe kendimize egemen olma konusunda önemli bir mesafe kazanacağımızdan emin olabiliriz. Katolik kilisesinin, azizlerin hayatından elde ettiği faydalar, bizim de fikir dünyasının seçilmiş kişilerinden neler öğrenebileceğimizi görmemizi sağlıyor. Vahyedilmiş dinlerin sahip oldukları imkânlara biz de sahip olabiliriz. İnananlar üzerinde kilisenin gücünün nereden geldiğini tetkik edersek, bunu iki önemli başlık altında toplayabiliriz: İnsani metotlar ve dini metotlar.

İnsani metotları da üçe ayırabiliriz: Otoritenin gücü, ölmüş dâhilerin otoritesi, papazların, ilahiyatçıların, piskoposların otoritesi. Hatta bunlara eskiden var olan hapishaneyi, işkenceyi, ateşte yakma gibi cezaları da ekleyebiliriz. Bugün bu cezalar azalmıştır. Ancak bunun yerine bugün kamuoyunun ağırlığı gelmiştir (İnananların, inanmayanlara karşı nefreti, kötü muamelesi gibi). Sonuç olarak, dini eğitim küçük yaşlardan itibaren çocuğun beynine yerleştirilmekte ve dini duygular muhtelif metotlarla (ezberler, okumalar, dini törenler ve vaazlarla), devamlı tekrarlanmakla çocukların ruhunun derinliklerine yerleştirilmektedir.

Acaba bu güçleri biz, kiliselerden daha iyi bir biçimde kullanamaz mıyız? Bu konuda düşünürler arasında bir birlik yok mu? Bu konuda da birçok fikir ayrılıkları mı var? Bizler de çocukların eğitiminden sorumlu değil miyiz? Şayet, bu konudaki metotlarımız tutarlı olursa, izleyeceğimiz hedefin şuurunda olursak gücümüz önemli bir boyuta ulaşır. Biz de çocukların ruhuna istediğimiz gibi şekil verebiliriz. Kamuoyunu, eğitim değiştirir: İnsanlar, büyük ve cömert olana meyil göstermiyor mu? Ulvi duygular, insanlar arasında beraberlik nedenidir ve bölünmeye karşı daha hızlı güçlenir. Bunun için büyük çoğunluğu aşağıda olan kalabalıklar genelde, bütün doğru sözleri alkışlarlar. Kamuoyu, uysal koyun gibidir. Onu yönlendirmek için, dürüst ve dinamik birkaç insanın çıkması yeterlidir. Güzellik ve yetenek için Atina'nın, fedakârlık için Sparta'nın yaptığını, bugünün toplumlarının daha ulvi eserler için yapamayacaklarını söyleyemeyiz.

Şunu kesin olarak belirtelim: Şayet insan, temel bir inanca sahip değilse, hiçbir manevi iyileştirme mümkün olmaz. Biz buna inanıyoruz. Ancak şuna da inanıyoruz: Bize lazım olan dini hakikat, kâinatın ve insan hayatının manevi amaçtan yoksun olmadığına, iyilik için yapılan bir çabanın boşa gitmediğine inanmaktır. Yukarıda üzerinde durduğumuz bu tez, çok ciddi düşüncelere dayanmakta ve son tahlilde, onunla tam zıddı olan tez arasında kesin olarak bir tercih yapmak gerekiyor. Ancak her ikisini de deneyle ispat etmek imkânsız. Önemli olan seçim yapmaktır. Ama önemli olan seçilenin hakikate yakın olmasının, onu anlayabilmemizin haricinde, bizim için daha teselli edici ve sosyal açıdan daha zaruri görünen ahlakçı teoriden ziyade, ayakları yere en sağlam basan muhakemeleri tercih etmektir. İşte bu dini gerçek, düşünen kafalar için bereketli, güçlü dini duygulara dönüşebilir. Böyle bir inanç, vahyedilmiş dinleri incitmenin aksine, tıpkı biyolojik bir türün, türleri hiyerarşik olarak içine aldığı gibi, kendi muhtevası içine dâhil edebilir. Bu konuda düşünen bir düşünür Hıristiyanlığı (farklı fikirlere saygı gösterdiği sürece), aynı hedef için savaşan bir müttefik olarak görecektir. Çünkü Hıristiyanlık, insanın içindeki hayvani tabiata karşı savaşmayı, yani iradenin terbiyesini, içimizdeki egoist hassasiyetin adi güçleri konusunda aklın egemenliğini, kendisine temel dayanak olarak seçmiştir.

İşte bütün bunlardan dolayı, insanın, zaman ve bütün psikolojik kaynaklarının desteğiyle kendisine egemen olmayı başlatacağı inancı kendisini güçlü şekilde göstermektedir. Bu mümkün olduğuna göre, öneminden dolayı, bütün uğraşılarımız arasında temel meşguliyetimiz olmalıdır. Mutlu olmak, iradenin terbiyesine bağlıdır. Çünkü mutluluk denen şey, güzel fikirleri, güzel duyguları verebilecekleri en büyük neşeyi vermeleri için zorlamaya ve ızdıraplı düşüncelerin, kederli duyguların şuurumuza girmelerine mani olmaya ve onu istila etmelerine engel olmaya dayanmaktadır. Mutlu olmak, bizim en yüksek derecede dikkatimize egemen olduğumuzu gösterir. Aslında bu, iradenin en yüksek derecesidir.

Fakat sahip olduğumuz gücün derecesine bağlı olan şey, sadece mutluluğumuz değildir. En yüksek entelektüel kültür de ona bağlıdır. Deha, uzun bir sabır sonucudur. İnsan zihnini en çok şereflendiren şey, bilimsel ve edebi çalışmalardır. Zekâ, üstünlüğünü değil, hayranlık verici derecede kendine egemen bir irade üstünlüğünün meyveleridir. Hem orta öğretim hem de yükseköğretim sistemimizi bu bakış açısıyla düzene sokmalıyız. Milletimizin hayati dinamiklerini zayıflatan saçma ve ayrılıkçı hafıza yapısı derhal yok edilmelidir.

Her çeşit ders programının geçit vermez ormanlarında, baltaları bizim taşımamız, onlara güneşi ve oksijeni getirmemiz, son derece sıkışık oldukları için birbirlerine zarar veren bitkileri de yok etmeyi bilmemiz gerekecektir. Hafızayı şişirme faaliyetlerinin yerine, her yerde muhakeme, zihinsel çaba ve sağlam tümdengelimleri kuvvetlendiren çalışmaları ve aktif egzersizleri yerleştirelim[31]. Çünkü deha sahiplerini iradeyi işlemekle yetiştirebiliriz. Aslında zekâya yüklediğimiz önemli derecedeki özellikler, enerjinin ve irade kararlılığının özellikleridir.

Çağımızda, bütün gayretler, dış dünyanın keşfine yönlendirilmiştir. Ama bu, hırsımızı ve isteklerimizi azgınlaştırdı. Bunun için bugün, geçmişe göre, daha endişeli, daha stresli ve daha zavallıyız. Çünkü dış icatlar; iç dünyamızı iyileştirmeye yönelik dikkatlerimizi saptırmıştır. Böylece temel eserimiz olan irade terbiyesini terk ettik. Bu korkunç sapmadan dolayı, zihinsel gücümüzün ve mutluluğumuzun temel aletini güçlendirme işi tesadüflere bırakılmış oldu.

Sosyal problemler, eğitim sistemimizi kökten değiştirme zorunluluğunu zaten önümüze koymaktadır. İrade terbiyesine temel teşkil edecek olan manevi eğitimi, ilkokulda ol-

---

[31] Bu değiştirme oldukça kolaydır. Bordeaux Akademisinin rektörü, akademisyenlik sınavında dil jürisi başkanı Henri Auguste Couat da 1892 yılındaki raporunda (Revue Üniversitaire 1892) sınavlarda yazarları tanıma kısmının kaldırılmasını teklif ediyor. Bu veya şu metinleri hazırlamak yerine Latince ve Yunancaya daha çok önem vermek gerekiyor. Bu şekilde sözlü sınavların not ortalaması düşse de, bu değişimin zihinsel çalışmanın yerine, muhakeme çalışmasını getireceğini düşünebiliriz.

İrade Eğitimi

duğu gibi, orta öğretimde vermeyi ihmal ettiğimiz için, bu problemler çözülmez noktaya gelmekte ve kaygı verici bir konu teşkil etmektedir. Doğru hareket etmeyi öğretemediğimiz insanlara, bencil, saldırgan, tembel, şehvet düşkünü ve çoğu zaman, iyi niyetleri caydıran korkunç hür irade kavramından dolayı, kendisine egemen olmaya tedricen ulaşılması gerektiğini bir türlü öğrenememiş gençlere, oldukça güzel hareket kaideleri veriyoruz. Hiç kimse, onlara gerekli metotları uygulamak şartıyla, kendisine egemen olmayanın en ümitsiz olaylarda bile olabileceğini öğretmemiştir. Yani kimse onlara, zafere götüren stratejiyi öğretmemiştir. Onların kafasına bu büyük savaşa girme arzusunu sokmamıştır. İnsanın kendisine egemen olma duygusunun tek başına ne kadar ulvi bir şey olduğunu ve mutluluğun, aklın yüksek kültüre ulaşmasının sonuçlarının ne kadar zengin sonuçları olduğunu öğrenemedi. Eğer herkes, böyle bir çabanın zaruretini ve bunun için harcanan en küçük bir gayretin ne kadar önemli bir ödülle karşılık bulacağını düşünseydi, bunu, sadece şahsi ve kamusal kaygıların ilk sırasına koymakla kalmaz, en acil şekilde hayatta uygulanması için temel kaide olarak görürdü.

www.ingramcontent.com/pod-product-compliance
Lightning Source LLC
LaVergne TN
LVHW040046080526
838202LV00045B/3510